제국대학

帝
國
大
學

일본 본토의 7 제국대학 지도

홋카이도제국대학(1918)

교토제국대학(1897)

규슈제국대학(1910)

도호쿠제국대학(1907)

도쿄제국대학(1886)

오사카제국대학(1931)

나고야제국대학(1939)

제국대학

帝國大學

근대 일본의 엘리트 육성 장치

• 아마노 이쿠오 지음
• 박광현 · 정종현 옮김

산처럼

일러두기

1. 이 책은 天野郁夫의 『帝國大學: 近代日本のエリ-ト育成裝置』(中公新書, 2017)를 완역한 것이다.
2. 저자의 주는 미주로 책 끝머리에 정리했고, 옮긴이의 주는 본문 중 설명이 필요한 부분에 괄호를 표시해 달았다.
3. 일본어 인·지명 등 고유명사는 외래어표기법에 따라 표기했으며, 처음 나올 때 한자를 병기했다.
4. 외래어 인·지명 등 고유명사는 외래어표기법에 따라 표기했다.
5. 번역문이나 번역어에 대한 원어의 표기가 필요한 경우 병기했다.

帝 제
國 국
大 대
學 학

차 례

왜 제국대학인가

미국의 대학에서

‘제국대학’이라는 말을 들으면, 으레 생각나는 것이 있다. 꽤 오래 전의 이야기지만, 미국 예일대학에서 1년간 객원연구원으로 머물 때 일이다.

미국 대학에서 감탄하게 되는 것 중에 하나는 잘 정비된 도서관의 존재다. 예일대학도 예외가 아니어서, 여유가 있을 때면 관심 있는 영역의 책장을 살펴보면서 거닐었다. 그러던 어느 날, 대학사 관계의 자료를 모은 섹션에 발길이 가닿았다. 책장이라는 책장은 모조리 옥스퍼드대학, 케임브리지대학, 파리대학, 베를린대학, 하버드대학 등 세계 초일류 대학의 대학사, 카탈로그(대학일람) 종류로 가득 차 있었다. 압도되는 기분으로 서가를 거닐던 중 생각지도 못한 것을 발견했다.

도쿄東京제국대학의 영문 카탈로그가 나란히 꽂혀 있었던 것이다. 모두 20권 정도였을까. 책장의 반도 채우지 못한 숫자였다. 구미의 대학과 학문의 엄청난 축적물에 압도되어서인지, 그것은 마음을 뒤흔들며 복잡한 생각이 들게 만드는 만남이었다. 도쿄대학이 100주년을 기념했던 직후였다.

'The Imperial University of Tokyo'라는 준엄한 이름의 카탈로그가 미국의 명문 대학에 보내졌던 것은 그 탄생 후 아직 얼마 되지 않은 때의 일이었을 것이다. 영문으로 된 대학일람의 서가를 보고 있자니, 그 배후에서 어깨를 딱 벌리고 힘껏 발돋움을 하며 분발하고 있는 선배들의 모습이 보이는 것 같았다. 그 카탈로그 서가의 줄은 짧게 끝나고 마지막에 달랑 전후戰後 도쿄대학의 카탈로그 한 권만이 놓여 있던 것이 지금도 눈에 선하다.

일곱 형제

도쿄에 1개뿐이었던 제국대학은 얼마 후 형제를 늘려서, 설립 순으로 도쿄 · 교토京都 · 도호쿠東北 · 규슈九州 · 홋카이도北海道 · 오사카大阪 · 나고야名古屋 등 7개 제국대학(경성京城, 타이베이臺北 등 식민지의 2개 대학을 더하면 9개 제국대학)이 되었다. 제국대학은 우수한 연구 성과를 내고 많은 노벨상 수상자를 배출했으며, 국제적인 학술과 대학 세계의 중요한 일원으로서 이름을 알리게 되었다.

그사이 일본제국은 제2차 세계대전에서 패하여, 대학 이름에서도 '제국'이라는 말이 사라졌다. 그러나 지금도 '구 제대舊帝大'라고 불리는 7개 대학은 말하자면, 국가라는 부모의 그늘 밑에서 태어나 일찍이 '제국대학'이라는 공통의 성姓으로 불려왔던 일곱 형제. 뒤에 언급될 '학사회學士會'는 이 7개 대학의 졸업생이라는 유대로 결합된 단체이며, 도쿄 간다神田에 '학사회관'을 두고 국립대학 중에서 7개 대학의 학장만을 '총장'이라 칭하면서 모임을 가지며, 학생들은 '7대학전大學戰'에서 스포츠의 기량을 다투고 있다. 제국대학의 명칭이 사라진 지 이미 70년이 지났지만, 형제의 강한 유대는 지금도 건재하다.

제국대학이라는 명명

그럼 'The Imperial University', 다시 말해 제국대학에 대해서 살펴보자. 1877년 발족한 '도쿄대학'이 '제국대학'으로 명칭이 변경된 것은 1886년의 일이다. 왜 '제국'대학이었을까?

도쿄대학 시대의 졸업자로, 초대 문부대신 모리 아리노리森有禮의 비서관을 역임했으며, 문부차관까지 지냈던 고바 사다타케木場貞長라는 고급 관료가 있었다. 그는 '제국대학령' 제정의 사정에 대해서 「추회담追懷談」(1931)을 남기고 있는데, 거기에는 이러한 이야기가 적혀 있다.

모리 씨가 제국대학령을 제정하고, 도쿄대학을 제국대학이라 개칭한 것은 도쿄대학이 그전부터 영문으로 Imperial University of Tokio라고 칭해온 것으로, 그것은 아마도 관립대학이라는 의미였다고 생각하지만, 모리 씨는 Imperial이라는 말을 제국이라고 번역하고, 제국대학이라는 자구를 제안했던 것이라 생각한다. (중략) 그 후에는 제국헌법, 제국의회, 제국호텔 등 속속 이 말을 사용하게 되었지만, 당시는 왠지 거친 느낌이어서 아주 부자연스러웠던 것으로 기억한다. 그러나 제국대학이라는 것은 그 안에 관립이라는 의미가 포함되어 있었어도, 요컨대 오히려 국가를 본위로 하는 국가주의의 대학 교육을 표방하는 데 있다고 해석하는 편이 모리 씨의 의도를 제대로 파악하는 것이 아닐까? 더구나 (제국)대학령은 제1조에 제국대학은 국가의 수요須要에 부응하여 학술기예學術技藝를 교수敎授 운운이라고 했던 것을 보면, 그것은 더욱 분명하리라 생각된다. 하물며 당시는 오늘날과 달리 별도의 사립대학이 존립하지 않았다. 따라서 도쿄대학을 새롭게 제국대학이라고 칭해서 특별히 관립의 의미를 부여할 필요가 없었음은 말할 것도 없다. 그 점에서 모리 씨의 깊은 뜻을 헤아려야 할 필요가 있다고 생각한다.[1]

제국대학이라는 단어의 뉘앙스를 "이상하게 느꼈다"라고 말하고 있는 관계자는 더 있다. 그러나 모리 아리노리가 고안했다는 그 호칭은 교토에 제2의 대학이 탄생할 무렵에는 완전히 정착했고, 그 후 반세기에 걸쳐서 지속된다. 7개 학교의 대학명으로부터 '제국'이 사라지고, '국립종합대학'이라고 개칭된 것은 1949년의 일이다. 그로부터 벌써 70년이 되었다. '구 제국대학', '구 제대'라는 단어로부터 곧바로 7개의 대학 이름을 떠올리는 세대는 지금 어느 정도나 있을까?

제국대학의 성격

여하튼 고바 사다타케의 「추회담」은 '제국대학'이라는 제도의 기본적인 성격과 관련하여 중요한 지적을 몇 가지 포함하고 있다.

첫째로, 고바가 지적한 것처럼 그때까지 도쿄대학은 '도쿄'가 붙지 않은 그냥 '제국대학'이었다. 도쿄가 붙은 것은 1897년 교토에 제2의 제국대학이 창설되고 나서부터다. 여기에는 이 유일한 최고학부에 기울였던 정부의 남다른 기대가 엿보인다. 제국대학은 확실히 일본제국을 대표하는 대학으로서 설립된 것이다.

둘째로, '제국대학령' 제1조에서는 제국대학을 "국가의 수요에 부응하여 학술기예를 교수하고 그 온오蘊奧를 공구攻究함을 목적으로 하는" 대학이라고 적혀 있다. 즉 국가를 위한 봉사를 최대의 목적으로 만들어진 국가의 대학, 그것이 제국대학이었다.

셋째로, 1886년의 시점에서는 물론, 그 후에도 1918년에 '대학령'이 공포될 때까지 제국대학 이외의 대학은 설립이 허용되지 않았다. 30여 년에 걸쳐서, 일본에서는 제국대학만이 대학이었던 것이다.

넷째로, '대학령'의 공포로부터 제국대학 이외의 관립·공립·사립대학 설립이 인정되었다 하더라도, '제국대학령'이 폐지된 것은 아니었다. 그것은 일본의 대학 중에서 제국대학이 특별한 지위를 부여받아 계속 유지되었다는 점을 의미하고 있다. 전전기戰前期에는 48개의 관립·공립·사립대학이 설립되었지만, 19개의 관립대학 중 제국대학은 7개뿐이었고, 게다가 제국대학만이 복수 학부를 설치한 '종합대학'이었으며, 다른 관립대학은 모두 '단과대학'이었다. 고바가 지적한 "모리 씨의 깊은 뜻"은 전전기를 통틀어 훌륭히 계승되고 관철되었다.

흔들림 없는 존재감

"국가의 수요에 부응하는" 것을 추구했던 그들 제국대학들은 어떤 개성과 독자성을 갖고, 어떤 역할을 도모했던 것일까. 이제부터 그 역사를 돌아보려고 한다. 하지만 제국대학은 결코 과거의 존재는 아니다. '제국'이라는 문자는 지워졌지만, 일본을 대표하는 대학들로서, 모습을 바꿔서 지금도 흔들리지 않는 존재감을 보이며 성장하고 지속하고 있다.

예를 들면 세계의 각종 대학 랭킹을 보면, 일본의 대학 중에서는 도쿄대학을 필두로 구 제국대학의 후신 대학이 상위를 차지하고 있으며, 문부과학성이 여러 가지 형태로 특별 지원하고 있는, 이른바 '연구대학Research University'들에 있어서도 마찬가지다. 일본의 대학 역

표 P-1 제국대학의 설립 연도와 학부 편성(1945)

제국대학	창설 연도	개설 학부		
도쿄	1886년	문학·법학·경제학	이학·공학·제2공학·농학	의학
교토	1897년	문학·법학·경제학	이학·공학·농학	의학
도호쿠	1907년	법문학	이학·공학	의학
규슈	1910년	법문학	이학·공학·농학	의학
훗카이도	1918년		이학·공학·농학	의학
오사카	1931년		이학·공학	의학
나고야	1939년		이학·공학	의학
경성	1924년	법문학	이공학	의학
타이베이	1928년	문정학(文政學)	이농학(理農學)·공학	의학

사에서뿐만 아니라, 현재에도 7개의 구 제국대학의 존재를 제외하고
말하는 것은 불가능하다.

제국대학의 편성

본론으로 들어가기 전에, 우선 7개 제국대학의 전전기 마지막 해인
1945년 시점에서의 개요를 보자.
표 P-1에서처럼, 1886년에 도쿄부터 시작한 제국대학의 설립은

1939년 나고야에서 끝났다. 전국의 주요 지역에서 거의 10년마다 1개 학교가 설립되었던 것이다. 전국을 7개 혹은 8개의 블록으로 나누어, 각각에 국립대학을 설립하는 구상은 메이지 시대(1868~1912) 초부터 있었지만, 그것을 실현하기 위해서는 반세기여의 세월이 필요했던 것이다.

그 외에도, 주고쿠中國와 시코쿠四國, 호쿠리쿠北陸 등의 지역으로부터 제국대학 설립을 요구하는 운동이 있었지만, 실현하지는 못했다. 많은 경비를 필요로 하는 종합대학 설립이 얼마나 곤란했는가, 뒤집어 말하면 제국대학 설립에 얼마나 거액의 투자가 필요했는지를 알 수 있다. 또한 전전기에 식민지였던 조선과 대만에 경성제국대학과 타이베이제국대학이라는, 자매라고 말할 수 있는 2개의 제국대학이 설립되었다. 뒤에 그 개략을 살피겠지만, 자료적인 제약도 있고 해서 이 책에서는 일본 본토의 7개 대학을 중심으로 이야기를 진행하겠다.

종합대학주의

먼저 패전 후인 1947년, 7개의 제국대학이 '국립종합대학'이라고 바꿔 불렸다고 적었지만, 학부 편성을 보면 확실히 모든 제국대학이 3개 이상의 학부를 두고 있다. 사실 제국대학은 창설한 때부터 일관되게 '종합대학'이 아니면 안 된다고 여겨져왔다. 1886년의 제국대학령에 의하면, 제국대학은 법학·의학·공학·문학·이학, 여기에

1890년에 추가된 농학 등 6개의 분과대학分科大學(뒤에 '대학령'의 공포에 의해 학부로 명칭 변경)과 대학원으로 조직된 것이었으며, 1919년에 경제학부가 추가되었다.

'종합대학주의'에 대한 집착은 제국대학의 신설에 재정 부담과 함께 커다란 장애가 되어왔다. 다음 장부터 상세히 서술하겠지만, 일찍이 설립 계획이 있었던 규슈제국대학이 우선은 교토제국대학 후쿠오카福岡의과대학을 설립(1903)하는 형태로 출발할 수밖에 없었던 것은 그 때문이다. 홋카이도제국대학도 1907년에 창설된 도호쿠제국대학이 농과대학으로 삼았던 삿포로札幌농학교로부터 시작할 수밖에 없었다.

관립의 실업전문학교 중에서도 도쿄고등상업학교(현재의 히토쓰바시一ツ橋대학)와 같이 일찍부터 대학으로서 실질을 갖추고, 상과대학으로 승격 운동을 전개했던 학교가 있다. 그러나 '제국대학령' 이외에 준거할 수 있는 법률이 없고, 거기에 대학은 종합대학이 아니면 안 된다라고 규정되어 있는 이상, 단과만으로 상과대학 설립이 인정될 가능성은 없었다. 단과대학의 설립이 인정될 수 있게 된 것은 1918년의 '대학령' 공포 이후다. 그래도 제국대학이 종합대학에 한한다는 것에는 변화가 없었다.

다만, 그 종합대학주의가 '제국대학령'의 규정대로 엄격하게 관철되고 있었던 것만은 아니라는 것을 표는 알려주고 있다. 제국대학령이 규정했던 이상적인 종합대학상을 실현하고 있던 것은 도쿄와 교토의 두 대학뿐이다. 도호쿠·규슈의 문과 계통文系은 법문학부 형태이며, 홋카이도·오사카·나고야와 같은 후발의 3개 학교에서는 문학 계통의 학부 자체가 없었다. 전전기를 통해서 모든 제국대학에 공통으로 설치된 것은 이학·공학·의학의 3개 학부뿐이다. 즉 제국대학의 다수는 '종합대학'이라기보다, 이과 계통理系의 '복합대학'이었던 셈이다.

7개 대학이 지금과 같은 문자 그대로의 종합대학이 된 것은 제2차 세계대전 후의 일이다. 같은 형제라고 하지만 그 사이에는 출생 순서에 따른 학부 편성에서, 더 나아가 규모에서도 커다란 차이가 있었다.

전문학교의 존재

제국대학의 상대적인 위치 규정을 알기 위해서, 전전기 일본 고등교육 시스템의 전체상을 검토해보자.

고등교육기관이라고 말하면, 지금은 대학·단기대학(거기에 고등전문학교 상급 학년)으로 보고 있다. 그러나 전전기에는 대학 외에 제국대학과 관계가 깊은 구제 고등학교, 대학예과, 전문학교, 실업전문학교, 고등사범학교 등 대학 이외의 여러 가지 고등교육기관이 있었던 것을 표 P-2를 통해 알 수 있다.

대학예과는 고등학교에 상당하는 교육과정으로서 모든 공립·사립대학에 설치되었고, 제국대학에서도 홋카이도제국대학, 관립대학에서는 도쿄상과대학·고베神戸상업대학 등에도 부설되어 있었다.

표 P-2 전전기의 고등교육 시스템(1940)

	관립	공립	사립	계
제국대학	7			7
대학	12	2	26	40
소계	19	2	26	47
고등학교	25	3	4	32
대학예과	4	2	26	32
소계	29	5	30	64
전문학교	8	9	104	121
실업전문학교	51	3	18	72
소계	59	12	122	193
고등사범학교	4			4
합계	111	19	178	308

＊『문부성 연보』 1940년도를 토대로 작성.

고등교육기관으로의 진학이 전전기의 학교제도 아래에서는 소학교에서의 초등교육(의무교육) 6년, 중학교·고등여학교·실업학교에서의 중등교육 5년이 표준적인 수업 연한이며, 그 이후의 학교 계통은 2개로 나누어졌다. 하나는 고등학교·대학예과 3년에 더하여 대학 3~4년이라는 코스, 또 하나는 전문학교 3~4년 코스다. 즉 고등교육 시스템은 순조롭게 진학한다면 20~21세에 졸업하는 전문학교와, 23~24세에 졸업하는 대학의 두 가지 층으로 구성되어 있었다.

이 두 가지 층의 시스템 중에서, 학교 수나 학생 수에서 다수를 차지하고 있었던 것은 항상 전문학교 쪽이었다.

상업·공업·농업의 실업전문학교와, 의학을 포함한 그 이외의 일반전문학교 두 가지로 나뉘어 있던 이 전문학교의 존재는 대학과의 관계에서도 지극히 중요하다. 전신前身을 더듬어보면 제국대학을 포함해서 대부분의 일본 대학의 기원이 전문학교·실업전문학교에 다다르기 때문이다.

최초의 제국대학인 도쿄제국대학은 출발점이 도쿄개성開成학교라는 전문학교였다. 홋카이도제국대학의 출발점이 삿포로농학교라는 것은 잘 알려져 있다. 오사카·나고야 각 대학의 학부 몇몇도 기원을 더듬으면 전문대학에 가닿는다. 상업·공업·의학의 관립단과대학은 모두 전문학교로부터 승격된 학교이며, 공립·사립대학도 1918년의 '대학령' 공포에 의해 승격될 때까지 교명을 대학이라 부르고 있었어도, 제도상으로는 모두가 전문학교였다. 제국대학을 포함한 일본 대학의 역사는 전문학교와의 관계를 빼놓고는 말할 수 없다.

대학들 중에 제국대학

그렇다면, 대학들 중에서 제국대학을 보자. 1940년 시점에 일본에는 대학이 47개 있었다. 관립 19개교(그중 제국대학 7개교), 공립 2개교, 사립 26개교가 그 내역이다.

제국대학을 제외한 관립의 12개교는 단과대학으로서 이른바 '관립대학'이며, 도쿄상대·고베상업·도쿄문리과·히로시마廣島문리과·도쿄공업의 각 대학, 여기에 니가타新潟, 지바千葉, 가네자와金澤·아오야마岡山·나가사키長崎·구마모토熊本의 6개 의과대학(그 외에 내무성으로부터 이관된 고가칸皇學館대학이 있었지만, 전후 폐지되었다)을 더해서, '구 제대'와 대비해서 '구 관대舊官大'라 불리기도 하는 대학들이다.

사립대학 26개의 이름도 설립 연도순으로 나열해보자. 게이오기주쿠慶應義塾·와세다早稻田·메이지明治·호세이法政·주오中央·니혼日本·고쿠가쿠인國學院·도시샤同志社·도쿄지케카이의과東京慈惠會醫科·류코쿠龍谷·오타니大谷·센슈專修·릿교立敎·리츠메이칸立命館·간사이關西·다쿠쇼쿠拓殖·릿쇼立正·고마자와駒澤·도쿄농업東京農業·니혼의과日本醫科·고야산高野山·다이쇼大正·도요東洋·조치上智·간사이가쿠인關西學院·후지와라공업藤原工業(1944년에 게이오기주쿠의 공학부로 통합).

대부분이 지금은 종합대학이 되었지만, 당시 이과 계통의 학부는 공학(3)·농학(1)·의학(2)뿐이었으며, 대부분은 문학부만 있는 단과대학이었다. 복수 학부를 둔 대학은 12개교였는데, 그것도 법학·경제·상업의 문과 계통 학부뿐인 대학이 다수였고, 이과 계통 학부를 둔 '종합대학'은 게이오기주쿠(공학·의학), 와세다(이공), 니혼(공학·

표 P-3 고등교육기관 입학자 수(1940)

	관립	공립	사립	계
제국대학	7,061			7,061
대학	1,680	269	11,368	13,317
소계	8,741	269	11,368	20,378
전문학교	3,028	1,348	40,408	44,784
실업전문학교	14,067	478	3,382	17,927
소계	17,095	1,826	43,790	62,711
고등사범학교	962			962
합계	26,798	2,095	55,158	84,051
참고: 고등학교	5,524	468	387	6,379

* 『문부성 연보』 1940년도를 토대로 작성.

농학·의학)뿐으로, 제국대학을 비롯해 관립대학은 이과 계통, 사립대학은 문과 계통이라는 구분이 이루어졌다고 알려져 있다. 이처럼 대학·고등교육 시스템 전체 속에서 7개의 제국대학이 특출난 지위를 차지하고 있었던 것을 알 수 있다.

표 P-3은 1940년 시점에서의 고등교육기관 입학자 수를 학교 종류별로 살펴본 것이다. 고등학교·대학예과를 제외한 고등교육기관의 입학자 총수는 약 8만 4천 명, 그중 대학 입학자는 약 2만 명으로 전체의 24.5퍼센트, 제국대학은 7천 명으로 전체의 불과 8.4퍼센트를 차지하는 것에 지나지 않는다.

고등교육기관 입학 연령대의 인구 중 3~4퍼센트 정도만이 고등교육기관에 입학하는 데 그치고, 게다가 그 입학자 대다수도 연한이 짧은 전문학교·실업전문학교에 진학하고 있던 시대다. 제국대학과 그 학생들은 대학 입학자 수가 60만 명을 넘어서고, 진학률도 50퍼센트를 크게 웃도는 등 대학 입학이 일반화한 현재와는 비교할 수 없을 정도로 신분이 높고 확고했던 엘리트로, 선택된 자로서의 지위를 약속받고 있었다.

제 1 부

탄생과 발전

제 1 장

동서 양경(兩京)의 대학
도쿄 · 교토

제국대학 이전

7개의 제국대학이 탄생하게 된 역사를 더듬는 것부터 시작해보자.

도쿄에 '제국대학'이라고 명명된 최초의 대학이 탄생한 것은 1886년의 일이다. 『도쿄대학 100년사』를 읽어보면, 창설 연도는 1877년으로 되어 있으며, '제국대학'이 되기 이전에 '도쿄대학'이라고 불렸다는 것을 알 수 있다. 『도쿄대학 100년사』의 서술은 더욱 소급해서 막부幕府에 의해 설립된 번서조소蕃書調所 · 개성소開成所(막부가 1856년에 설립한 양학洋學 교육연구기관. 처음에 번서조소로 출발하여 1863년에 개성소로 되었다 – 옮긴이), 종두소種痘所 · 의학소醫學所의 역사로부터 설명하기 시작하여, 메이지유신明治維新 이후의 복잡한 변천을 거쳐 1874년에 전자가 도쿄개성학교로, 후자가 도쿄의학교가 된 것이며, 두 학교가 합병해서 1877년 일본 최초의 근대 대학인 '도쿄대학' 창설에 이르렀다고 적고 있다.

근대적인 학교제도의 골격을 세우기 위해서, 최초의 종합적인 교육법규인 '학제' 중에서 '대학'에 관한 규정이 등장하는 것은 그보다도 먼저인 1872년의 일이다. "대학은 고상한 여러 학문을 가르치는 전문과의 학교"로, 설치되는 학과는 "이학·화학·법학·의학·수리학" 등이라고 되어 있다. 대학은 종합적인 전문교육기관이라고 되어 있지만 공학과 농학은 없고, 또 교육 방면에 대한 규정만 있을 뿐 연구의 역할에 대한 언급도 없는 것에 주목할 필요가 있다. 규정은 간단하며, 구체적인 내용은 없는 것과 마찬가지다. 그 당시 모델이 된 구미 여러 나라의 대학에 상응하는 고등교육기관이 일본에는 존재하지 않았기 때문에 어쩌면 당연한 일일 것이다.

'대학'이란 무엇인가. 어떤 대학을 만들자는 것인가. 모색과 준비의 기간이 필요했다.

전문학교의 시대

대학이 구미 여러 나라의 선진적인 학술기예, "고상한 여러 학문"을 배우는 곳이라고 한다면, 우선은 외국인 교사의 힘을 빌려 학생에게 외국어 능력을 북돋우고 전문 학술을 배우게 하는 것으로부터 시작하는 것이 빠른 길이다. 도쿄개성학교는 '대학' 설립에 앞서, 그 준비를 위해 설립된 '전문학교'였다.

사실은 1873년에 추가된 '학제'의 규정에서는 '대학' 외에, 이 '전문학교'에 관한 기묘한 조항이 있다. 전문학교란 법학·의학 등 서구의 학술기예를 "외국교사가 교수教授하는 고상한 학교"이며, "사범학교도 마찬가지의 학교로 그 학술을 습득하는 것은 장래 일본어로써 우리 일본 사람에게 교수할 목적의 기구"라는 것이다. 즉 이 규정에 의한 도쿄개성학교 그리고 의학교는 장래 설립되어야만 할 '대학'의 교원 양성기관이었던 것이며, 1877년에 통합되어 '도쿄대학'이 되는 과정에서도 그 성격은 기본적으로 변하지 않았다.

1877년 전후 시기, 관립고등교육기관이 문부성 소관의 도쿄대학만은 아니었다.

근대화 추진에 긴급하게 필요한 각종 전문 관료를 양성하기 위해서, 도쿄대학을 전후해서 공부성工部省의 공부工部대학교, 사법성의 법학교, 개척사開拓使의 삿포로농학교, 농상무성의 고마바駒場농학교와 도쿄산림학교(합병해서 도쿄농림학교) 등, 다른 성省 직할의 학교가 차례로 설립되고 있었기 때문이다.

도쿄대학에 기대된 역할 또한 무엇보다도 대학을 비롯한 문부성 소관의 여러 학교의 교원 양성에 있었다.

표 1-1은 이들 관립고등교육기관의 졸업생 수를 살펴본 것이다. 제국대학 성립 이전의 시기는 비유하자면 프랑스의 그랑제콜Grandes Écoles과 유사한 '고상한' 전문학교의 시대였던 것을 알 수 있다. 도쿄대학은 유일한 '종합대학'이었지만, 전문 인재의 양성이라는 점에서

표 1-1 도쿄대학 · 관립전문학교 졸업자 수

	1876~1879	1880	1881	1882	1883	1884	1885	계
공부대학교	23	40	38	35	35	22	18	211
사법성법학교	25					37		62
삿포로농학교		13	10	18		17	12	70
고마바농학교		45		20	5		33	103
소계	48	98	48	73	40	76	63	446
도쿄대학	125	55	71	64	67	43	48	473
법학부	15	6	9	8	8	6	10	62
의학부	70	17	39	32	27	13	17	215
이학부	40	24	17	20	22	11	15	149
문학부		8	6	4	10	13	6	47
합계	173	153	119	137	107	119	111	919

＊ 출전 : 아마노 이쿠오(天野郁夫), 『대학의 탄생』상.

보자면, 혼자 빼어난 존재는 결코 아니었다.

대학상(像)의 모색

제국대학은 그 존재가 희미했던 도쿄대학이 다른 성省 · 청廳의 학교(삿포로농학교를 제외하고)를 서서히 흡수·통합하는 형태로 설립된 것이다. 이런 의미에서 제국대학은 일본 최초의 행정 개혁의 산물이라고 말할 수 있을지도 모른다. 그러나 제국대학의 탄생은 여러 가지 성립省立·청립廳立학교의 재편 통합을 훨씬 넘어서는 커다란 사건이었다. 일본에서 지금도 여전히 살아 지속되고 있는 대학 조직과 문화의 '원형'은 제국대학의 출현에 의해서 모양을 갖춘 것이기 때문이다. 제국대학 탄생 이전에는 대학이란 무엇인가, 어떤 대학이 일본이라는 국가에 어울리는 것일까를 생각할 여유도 능력도 없었다.

일본이 근대화·산업화를 시작했던 19세기 제4·4반기(1875~1900년 사이―옮긴이), 중세 이래의 전통을 가진 구미 여러 나라의 대학은 국가에 따라서 조직과 기능이 다른 다양화의 시대를 맞이하고 있었다. 어느 나라의 어떤 대학을 모델로 삼는 것이 좋은 것일까, 일본은 그것을 생각할 겨를도 없이, 임박한 인재 양성의 필요성에 부응하기 위해서 근대화·산업화의 최전선에서 각 성省과 청廳이 제각각으로 외국인 교사를 고용하여 학교를 세우고, 교육을 시작했던 것이다.

도쿄대학에서는 주로 영국인·미국인이 영어로 법학·이학·문학 세 분야의 학문을 가르쳤고, 의학부에서는 독일인 교사가 독일어로 의학·약학을 가르쳤다. 다른 성립省立·청립廳立학교에 대해 말하자면, 사법성법학교는 프랑스인이 프랑스법을, 공부대학교는 영국인이 공학을, 삿포로농학교는 미국인이 농학을, 도쿄농림학교는 독일인이 농학을 가르쳤듯이, 이렇게 학교에 따라 교사와 학문의 '국적'은 물론 교수 용어도 달랐다. 신중하게 모델을 선택할 처지가 못 되는, 혼란한 상황이었던 것을 알 수 있다.

1877년 도쿄대학 발족 당시, 의학부에 에르빈 폰 벨츠Erwin von Baelz라는 독일인 교사가 있었다. 그는 『벨츠의 일기』(이와나미문고)로 잘 알려져 있는데, 그 책에는 이런 구절이 있다.

(도쿄대학의 설립) 개혁을 결정했을 때, 관계 관청이 염두에 두었던 것은 분명히 일종의 독일식 대학이었다. 그래서 여하튼 4개 학부가 설치되었다. 그중 우리 학교는 의학부를 구성하고, 한편으로 개성開成학교는 다른 3개 학부 즉 이학, 문학, 법학의 각 학부를 인수한 것이다. 처음 우리는 표면상의 방침이 우리와 반대여서 이번에는 우리 학부에도 영국식을 채용할 것이라고 예상했다. (중략) 우스운 것은 이후에 알게 된 것이지만, 개성학교 쪽에서도 자신들 학교에 반대할 방침이라고 생각하고 있었다는 점이다. (중략) 명칭이 바뀐 것 이외에는, 지금까지 어떠한 변화도 없었기 때문이다.

도쿄대학이 발족할 당시에는 아직 대학은 '종합대학'이 아니면 안 된다는 정도의 이해밖에는 없었음을 엿볼 수 있다. 그에 비해서 제국대학은 뛰어난 선택의 결과로써 만들어진 대학이었다.

최초의 제국대학

이 시기, 베를린을 필두로 한 독일 대학이 세계 최고의 교육 연구 수준으로 알려져 있었다. 구미 여러 나라의 유학생도 독일에 집중되어 있던 시대다. 1882년, 헌법 조사를 위해 유럽에 건너갔던 이토 히로부미伊藤博文는 독일의 대학이 무엇보다도 국가의 대학인 점을 배워서 귀국했다. 1885년에 초대 내각 총리대신에 취임하고, 모리 아리노리를 문부대신에 임명하여 제국대학의 창설을 맡긴 것은 다름 아닌 이토 히로부미다.

1886년, 정부는 '소학교령', '중학교령', '사범학교령', '제국대학령'이라는 4개의 학교령을 공포했는데, '제국대학령' 제1조의 "국가의 수요에 부응한 학술기예를 교수 및 그 온오를 공구하는" 곳이라는 규정은 모델을 독일에서 취했다는 것을 보여주는 표현일 것이다.

도쿄대학을 중심으로 사법성법학교, 공부대학교를 통합해서 발족했던 이 제국대학에서는, 법학·의학·공학·문학·이학의 각 분과대학(뒤에 학부)이 설치되었고, 연구 역할을 담당하는 대학원도 설치되었다. 1890년에는 여기에 농상무성의 도쿄농림학교가 농과대학으로 추가되고, 삿포로농학교 하나만 남긴 채 이전의 그랑제콜은 모습을 감춘다.

이렇게 도쿄대학은 신흥 일본제국의 유일할 뿐 아니라 최고학부로서 '제국대학'으로 변신했다. 교수는 국가의 고급 관료라는 신분을 보장받았고, 필두筆頭 분과대학이었던 법과대학의 졸업생에게는 고급 관료로 무시험 임용되는 특권이 인정되었다. 문부성 예산의 절반 가까이가 제국대학 한 학교에 투입된 시기도 있었다. 차차 보겠지만, 그 제국대학에는 대학예과로서의 고등학교, 강좌제, 특별회계제도 등 특권적인 지위를 보장하는 여러 가지 독자적인 '장치'가 준비되어 있었다. 제국대학은 국가의 후한 비호 아래에서 국가를 대표하고 국가에 봉사하는 대학으로서, 발전의 궤도를 더듬어가기 시작한 것이다.

제국대학이 독일 대학을 충실하게 모방만 한 것은 아니었다. 무엇보다도 독일 대학에는 없었던 공학이 제국대학의 발족할 때부터 분과대학의 하나로 더해지고 있었다. 4년 후에는 다시 농과대학이 추가된다. 근대화·산업화를 서두르는 "국가의 수요"에 부응하는, 달리 말하자면 발전도상국catch up형의 대학, 그것이 제국대학이었다.

교토: 제2의 제국대학

앞서 언급한 1872년 최초의 종합적인 교육 법규 '학제'를 보면, 일본 열도를 7개 또는 8개의 블록大學區으로 나누고, 각각의 지역에 대학을 설립하려는 계획이 일찍부터 있었던 것을 알 수 있다.

먼저 도쿄에 대학을 설립한다면, 다음은 간사이 지역이 될 것인데, 최종적으로 선택된 후보지는 교토였다. 오사카가 아니라 교토가 선택된 이유 중 하나는 제3고등학교의 존재였다.

제국대학제도와 끊을 수 없는 관계의 고등학교제도에 대해서는 뒤에서 상세하게 서술하겠지만, 제국대학의 창설과 함께 1886년부터 다음 해에 걸쳐서 제국대학 진학자의 준비 교육의 장(대학예과)으로서 전국에 제1고부터 제5고까지 5개의 고등학교(당초는 '고등중학교'라고 불렸었다)가 설립되었던 즈음, 제3고등학교의 설치 장소로 선택된 것이 교토였다.

고등학교에서는 대학예과만이 아니라 전문학부를 두는 것이 가능했으며, 실제로 모든 고등학교에 의학부가 부설되어 있었다. 제3고등학교에는 그뿐만이 아니라 법학부·공학부도 설치되어 있었다. 즉 5개교의 고등학교 중에서 3고는 일찍부터 준準대학적인 성격을 부여받고 있었다. 제2의 제국대학은 3고의 전문학부를 전제로 교토에 설립된 것이다.

제2제국대학 설립 구상이 본격화한 것은 청일전쟁(1894~95) 때다. 당시 문부대신은 사이온지 긴모치西園寺公望였는데, 마키노 노부아키牧野伸顯 차관의 "교토 제3고등학교를 확장해서 교토제국대학으로 만들어, 법학, 의학, 공학, 문학, 이학의 5개 분과대학을 설치하여 점차 각 분과대학의 설비를 정리함으로써 도쿄의 제국대학과 대립시켜, 간사이 지역 최고 교육의 학부로 충당"하기를 요구하는 1894년경의 문서가 남아 있다.[1] 실제로 설립이 결정된 것은 1897년이 되어서였다. 청일전쟁으로 많은 액수의 배상금이 손에 들어온 뒤이긴 하지만 교토 제국대학 설립 자금의 조달은 쉽지 않았다. 3고를 이전시켜서 그 교지校地·교사校舍를 이용하고, 우선은 이공과대학(1897)부터 발족하여 1899년에 법과·의과대학을 추가하고, 1906년에 간신히 문과대학을 개설하기에 이른다. 이공과가 이과와 공과로 나뉘어, 5분과대학의 편성이 이루어진 것은 1914년부터다. 출발 당시에는 실질적으로 단과대학이었으며, 당초 구상대로 종합대학이 되기까지 17년이나 걸렸던 것이다.

빈약한 자원

시간이 걸린 이유는 정부의 재정 곤란 때문만은 아니었다. 초대 총장으로 취임했던 기노시타 히로지木下廣次는 사법성법학교로부터 프랑스로 유학하고, 귀국 후 법과대학 교수와 1고 교장을 역임한 인물인데, 근대화의 후발국에서 새로이 대학을 세우는 어려움을 당시의 유력한 교육 정보지 『교육시론』의 기자에게 절절하게 말하고 있다.

유럽 대학이 설립되는 모습을 보면, "무슨 무슨 대학이라고 칭하는 곳에서는, 우선 그 대학다운 실질이 있고, 비로소 대학이라는 이름을 얻은 것이기" 때문에, 이미 시설 설비가 정리되어 있고, "도서도 아주 많으며, 또 교사도 모여 있다." 그런데 우리 일본에서는 대학을 설립했다고 해도, 내막을 살펴보면 "도서, 기계器械, 표본標本 등 설비가 몹시 불완전"하며, 교육 연구를 할 처지가 아니다. 무엇보다도 교수가 결정적으로 부족하다. "적당한 교관도 없어서, 당황하여 외국 유학생을 파견하는 것"은 마치 "소 잃고 외양간 고치는"것과 같은 것은 아닐까.

그 곤란함은 최초의 (도쿄)제국대학의 경우에도 마찬가지였다. 도움닫기 기간에 해당하는 도쿄대학과 각 성립省立·청립廳立전문학교 시대의 교원 대부분은 외국인이었으며, 각 학교는 경쟁적으로 여러 외국으로 유학생을 보내 일본인 교수의 양성에 노력했다. 도쿄제국대학의 설립은 전신前身 학교의 시설 설비를 인계했을 뿐만 아니라, 그 유학생들이 서구의 최첨단 학문을 배우고, 전문교육을 담당하는 역량을 몸에 익혀서 귀국한 후 순차적으로 외국인을 대신하여 교수로 취임함으로써 비로소 가능했던 것이다.

교토제국대학의 도전

"소 잃고 외양간 고치는" 격이라는 문제는 별도로 하고, 교토제국대학의 경우에도 도쿄제국대학의 졸업자 중에서 선발된 교수 후보자들이 차차로 구미 여러 나라, 그중에서도 독일로 보내졌다. 도쿄제국대학의 전신 학교 졸업자들이 주로 영국·미국·프랑스 등 독일 이외의 나라에 보내졌던 것과는 커다란 차이다. 즉 제2제국대학은 세계 최고라 불렸던 독일의 대학에서 배우고, 거기서의 교육과 연구의 실태를 접촉했던 새로운 세대의 교수들을 담당자로 삼게 되었다. 그리고 귀국한 그들은 모교인 도쿄제국대학과는 다른, 독일 대학의 현실에 보다 가까운, 새로운 제국대학의 건설을 목표로 삼았다.

그들이 배우고 돌아온 것은 '대학과 국가'가 아니라, 무엇보다도

'대학과 학문'의 관계였다. 독일의 대학은 단지 전문교육을 교수하여 실용적인 인재를 양성하는 데 목적이 있지 않았다. 교육과 연구가 일체화한 "학문 그 자체의 양성소"이며, 따라서 "교수敎授·수학修學·전학轉學"의 자유를 중심으로 대폭적인 자치를 인정하고 있었다. 새로운 제국대학은 그와 같은 대학이 아니면 안 된다. 독일에서 귀국했기 때문에 '베를린당黨'이라고 불렸던 다카네 요시히토高根義人 등 법과대학 교수 4명은 그중에서도 혁신적이며, 도쿄제국대학과는 다른 법학 교육의 실현을 목표로 했다.

그들이 구상했던 새로운 법학 교육의 내용은 우시오기 모리카즈潮木守一의『교토제국대학의 도전』에 상세하게 소개되어 있다. 요즘식으로 말하자면, 법학과 정치학이라는 학과의 장벽 제거, 세미나제 도입, 졸업논문의 의무화, 학년제를 대신한 과목제의 채용, 과목 선택의 자유화 등이 그것이다. 어느 것도 도쿄제국대학이 실시하고 있지 않았던 "교수와 수학의 자유"를 전제로 하고, 교육과 연구의 통합을 목표로 한 개혁이다.

시험 중시에서 탈피

당시 도쿄제국대학의 법학 교육은 시험을 중시한 것으로 알려져 있었다. 엄격한 학년제로 이수 과목은 학년마다 배분되었고, 학년 말 시험에서 전 과목에 합격하지 못하면 다음 학년으로 진급이 인정되지 않았다. 게다가 한두 과목 불합격한 데 그치더라도 다음 해에 다시 전 과목 시험을 보지 않으면 안 되었다. 낙제를 2년 연속하면 자동적으로 퇴학시키는 엄격함이 있었다. 그뿐만이 아니라 고급 관료로 무시험 임용되는 특권이 비판받자 1892년을 마지막으로 폐지되었기 때문에, 난관으로 알려진 고등문관시험이 졸업 후에 대기하고 있었다.

거기에 비해서 교토제국대학의 과목제는, 학생은 과목마다 이수 등록을 하며 시험에서 불합격한 과목만을 재이수하면 되었고, 전 과목에 합격하면 언제라도 졸업시험을 받고 졸업할 수 있었다. 수업 연한도 도쿄제국대학은 4년이라고 결정되어 있었지만, 교토제국대학은 '3년 이상 6년 이내'라고 느슨하게 정해져 있었다. '수학의 자유'를 기축基軸으로 했던 교육은 도쿄제국대학의 시험을 중시하는 법학 교육에 대한 확실한 '도전'이었던 것이다.

좌절과 대항

그러나 이 도전은 단기간 만에 부득이하게 좌절되었다. 자유로운 수학으로는 졸업자가 고급 관료 등용문 - 고등문관시험에 합격할 수 없었던 것이다. 고급 관료가 엘리트 중의 엘리트로 보였던 시대다. 개학開學 때에 자유로운 학풍을 흠모하여 운집했던 학생들도 수년 후에 격감하고, 정원을 채우지 못하게 되었다. 메이지 40년대(1907~1912)에 들어설 즈음에는 개혁의 대부분은 골자가 빠진 상태가 되었다.[2]

다만 그로 인해서 제2제국대학으로서 교토제국대학에 기대되고, 또 목표로 했던 대립적·대항적인 성격을 잃어버린 것은 아니다. 1903년 당시의 『요미우리신문讀賣新聞』에 연재된 「동서 양경兩京의 대학」이라는 기사에서, 잔바겐젠斬馬劍禪이라는 필명의 기자는 2개의 제국대학을 대비하며 다음과 같이 적고 있다.

"활동적"이며 "세속적인 동경東京의 도쿄"와 "정지靜止적이고 출세간적인 서경西京의 교토"라는 차이가 "동서 양경의 대학에 영향을 미쳐, 도쿄대학은 실용적 인간 배출을 그 특징으로 삼고 있는 동시에, 교토대학은 학자적 인물에 기울게 만드는 기운"이 있다. "그런 까닭에 도쿄대학은 오히려 파리대학의 학풍과 유사하고, 교토대학은 다분히 베를린대학의 모습을 띠고 있다. 만약 전자를 예일대학이라고 한다면, 후자는 확실히 하버드대학의 분위기를 갖고 있는 것"이다. "훗날 교토대학의 설비가 완성되어 법학·문학·의학·공학의 4개 대학이 설립되면, 가장 이채로울 것은 문과대학"이며 "도쿄대학은 법과가 평판이 높고, 교토대학은 문과가 유명"하게 될 것이다.3

교토제국대학 문과대학의 발족은 1906년이다. 아직 형체를 갖추지 않았던 문과대학이지만, 그 후 철학과 동양사학을 중심으로 한 이른바 '교토학파'의 형성과 발전을 생각해보면, 정확한 예언이었다. 제2제국대학에 기대했던 학문의 부府로서의 대항성은 그 후에도 맥을 이어서 계속되었던 것이다.

제 2 장

일본열도의 남북으로

도호쿠 · 규슈 · 홋카이도

메이지 30년대(1897~1906)의 '8년 계획'

전전기의 일본에서 대학, 특히 제국대학의 신설은 대사업이었다. 그것이 얼마나 심각하게 곤란했는가를 표 2-1이 이야기하고 있다. 그 이유는 무엇보다도 재정난이었다.

제1 제국대학인 도쿄제국대학은 논외로 하고(그래도 십수 년의 발돋움 기간이 필요했지만), 제2의 교토제국대학은 1897년의 창설로부터 이공과대학이 이과와 공과로 분리하고 5개 분과대학이 된 1914년까지 17년의 시간이, 농학부가 개설되어 도쿄제국대학과 동일한 편성을 갖게 된 1923년까지, 모두 26년의 시간이 걸렸다. 그런데 그 교토제국대학이 이공학 · 법학 · 의학의 3개 분과대학이 되었을 뿐, 아직 문과대학은 개설되지 않았던 1899년에 제3 · 제4의 제국대학 창설 논의가 일

표 2-1 제국대학과 분과대학 · 학부의 신설 과정

도쿄제국대학	1886년 창설 1886년 법학 · 의학 · 공학 · 문학 · 이학 1890년 농학 1919년 경제학 1942년 제2공학
교토제국대학	1897년 창설 1897년 이공학 1899년 법학 · 의학 1903년 의학(제2, 후쿠오카. 1911년에 규슈제국대학으로 이관) 1906년 문학 1914년 이학 · 공학의 분할 1919년 경제학 1923년 농학
도호쿠제국대학	1907년 창설 1907년 이학 · 농학(1918년, 홋카이도제국대학으로 이관) 1915년 의학 1919년 공학 1922년 법문학
규슈제국대학	1910년 창설 1911년 공학 · 의학(교토제국대학으로부터 이관) 1919년 농학 1924년 법문학 1925년 이학
홋카이도제국대학	1918년 창설 1918년 농학(도호쿠제국대학으로부터 이관) 1919년 의학 1924년 공학 1930년 이학
오사카제국대학	1931년 창설 1931년 이학 · 의학(부립오사카의과대학 이관) 1933년 공학(관립오사카공업대학 이관)
나고야제국대학	1939년 창설 1939년 이공학 · 의학(관립나고야의과대학 이관) 1942년 이학 · 공학의 분리

어났다.

　메이지 30년대(1897~1906)는 청일전쟁을 거치면서 산업화의 진전이 본격화하고, 또한 중학교 졸업자가 급증해서 상급학교 진학률이 높아지기 시작한 시대다. 당시의 야마가타 아리토모山縣有朋 내각은 그 수용을 위해, 1900년부터 1907년까지 8년간 제국대학 2개교뿐만 아니라, 공업·상업·농업의 실업전문학교를 포함한 관립고등교육기관을 대량 신설 및 증설한다는, 이른바 '8년 계획'을 세운다.

　문제는 자금이다. 지금까지 정부는 교토제국대학을 예외로 하고, 지방에 고등학교와 실업전문학교 등 관립학교를 신설하면서 교지 구입과 교사 건축 등에 필요한 비용은 그 지역에서 부담하는 것을 원칙으로 했다. 정부가 신설 계획을 발표하면, 각 부府와 현縣이 다투어 창설비 부담을 제안하며 유치 운동을 전개한다. 그것이 전전기를 통해서 답습해온, 관립학교 신설의 기본적인 방식이다. 그리고 1899년의 2개 제국대학 신설 계획에서도 이 방식 그대로 전개된다.

규슈제국대학 · 도호쿠제국대학의 유치 운동

　이 방식에서 중요한 것은 무엇보다도 설립 장소다. 도쿄·교토 다음에는 어디에 제국대학을 설립할 것인가. 간토關東·간사이 다음이라면(주고쿠·호쿠리쿠도 있지만) 도호쿠·규슈가 순서일 것이다. 정부는 일찍이 은밀하게 미야기현宮城縣에 유치 활동을 촉구하기 시작했다. 운동 시작부터 유치 성공에 이르는 창설의 경위는, 어느 제국대학의 대학사에나 상세하게 언급되어 있지만, 『도호쿠대학 50년사』는 그것을 다음과 같이 기록하고 있다.

(당시 문부대신 가바야마 마스케노리樺山資紀는) 1898년 문부행정부를 통해 미야기현에 대학 설립의 건을 훈령하고, 25만 엔의 기부를 요구했다. 미야기현회는 기뻐하며 이 계획에 찬성하고, 25만 엔의 기부를 쾌락했다. 그런데 문부성은 그것 또한 부족하다며 35만 엔으로 증액할 것을 요청했다. 현의 재정은 곤궁했음에도 불구하고, 현민의 대학을 설립하려는 희망이 강해서, 그 증액까지도 수락했던 것이다. 그때 규슈 지방에서는 야하타八幡제철소가 있어서 부유한 후쿠오카현과, 오랜 양학洋學의 전통을 가진 나가사키현이 출사표를 던졌고, 두 현 모두 50만 엔의 기부를 제안하고 있었다. 또한 구마모토현은 제5고가 공학부를 부설하고, 제1고·제3고에 이어서 내실 있는 학교임을 지반으로, 대학 설립 운동을 전개하며 토지 기부를 제안하고 있었다. 도호쿠 지방은 빈곤했지만, 이에 뒤지지 않는 정열을 보이고 있었던 것이다.

규슈제국대학에 대해서는 후쿠오카·구마모토·나가사키의 3개현이 유치 운동을 전개했지만, 도호쿠제국대학의 설립 장소는 미야기현으로 거의 결정했다는 것을 알 수 있다.

다만, 도호쿠제국대학에 대해서는 삿포로농학교와의 관계를 어떻게 할 것인가라는, 별도의 문제가 있었다. 삿포로농학교는 개척사開拓使(홋카이도의 행정·개척을 맡은 관청―옮긴이) 소관의 관립학교로서 메이지 시대 초기에 창설되어, 농상무성과 내무성을 거쳐 문부성 직할의 실업전문학교가 되었다. 제도상으로는 전문학교라고 하지만, 그 기원은 말할 필요도 없고 교육의 연한·내용에 있어서도 제국대학과 어깨를 나란히 할 만한 수준이며, 졸업자에게는 전문학교로서는 예외적으로 '학사'의 칭호가 인정되었기 때문에, 계획이 발표되자 홋카이도에서도 금세 제국대학으로의 '승격' 운동이 전개된 것이다.

이렇게 격렬한 유치 경쟁이 전개되었지만, 재정난을 이유로 한 대장성大藏省의 강한 반대로 "이 계획은 중단되어버렸다. 대학의 경영은 단순히 일시의 기부금만으로 조달되는 것이 아니고, 매년 다액의 지출을 예정하지 않으면 안 되며, 교토대학의 건설도 시작 단계일 뿐이었기 때문이다."[1]

그러나 현실에서 중학교 졸업자 수가 증가하고, 상급학교 진학률이 높아지는 추세였기 때문에, 불붙은 유치 운동이 간단하게 수습될 리도 없었고, 제국의회에서는 반복해서 제국대학 설립을 요구하는 건의안이 제출되어 가결되고 있었다. 그런데도 정부는 설립을 피하고 있었는데 1901년에 도쿄제국대학 전 총장인 기쿠치 다이로쿠菊池大麓가 문부대신에 취임하면서 겨우 논의가 진전되기 시작했다. "기쿠치는 취임 당초, 기설既設 대학완성설을 주창하며 증설에 반대하고 있었지만, 머지않아 열렬한 증설논자로 바뀌어, 문부성 사업 중 일부를 중지하더라도 규슈대학을 설립한다라는 패기로, 대장성과의 예산 절충"

에 임했다. 그 결과, 규슈에 의과대학 설립을 인정하는 예산이 1902년도에 가결되었다.[2]

교토제국대학 후쿠오카의과대학

장소는 어쨌든, 왜 의과대학이 우선인가. 문부성의 설명에 따르면 고등학교와의 관계 때문이었다. 뒤에 상세히 서술하겠지만, 당시 고등학교는 순연한 대학예과이며, 제1부(법학 · 문학), 제2부(공학 · 이학 · 농학), 제3부(의학)의 3부로 나뉘어, 졸업자 전원에게 제국대학 진학이 보장되어 있었다. 그 예과 제3부 의과 진학 과정의 졸업자가 1903년에 300명을 넘었으나 도쿄제국대학 · 교토제국대학의 의과대학 수용력은 200명에 불과했다. 어떻게 해서라도 의과대학은 신설되지 않으면 안 되었다. 문부성도 매우 다급했다는 것을 알 수 있다.[3]

그 의과대학 유치 경쟁으로 후쿠오카 · 구마모토 · 나가사키 사이에 3파전이 벌어졌는데, 설립 장소는 후쿠오카로 정해졌다. 구마모토에는 이미 공학부를 두었고 제5고등학교가 있었으며, 나가사키에는 그 5고의 의학부가 입지하고 있는 데 더해 고등상업학교의 유치를 꾀하고 있던 것도 고려된 것인지 모른다. 창설 비용은 약 130만 엔, 후쿠오카현은 50만 엔의 기부금 외에 현립병원을 제공하여 의과대학을 신설했다.

그렇게 설립은 결정되었지만, 난제는 남아 있었다. 하나는 제국대학은 종합대학이 아니면 안 된다라는 '제국대학령'의 규정이다. 규정을 바꾸는 것은 쉽지 않고, 그렇다고 해서 의과 외의 다른 분과대학을 신설하는 것은 예산상 허락되지 않았다. 궁했던 정부는 교토제국대학의 처마를 빌려, 교토제국대학 후쿠오카의과대학으로 한다는 편법으로 문제 해결을 꾀했다.

도호쿠제국대학이라는 난제

여기에 더해 또 하나의 난제는 도호쿠제국대학 구상과의 관계다.

도호쿠·규슈의 두 대학 설립은 일찍부터 타진되었으며, 내락內諾하여 기부금의 액수도 늘리는 '정열'을 보였는데 규슈뿐이라니 어찌 된 일인가라며, 미야기현을 중심으로 도호쿠 지역 선출 국회의원들이 강하게 반발했다. 새롭게 '도호쿠대학 설치 건의안'을 제출하고, 후쿠오카의과대학만의 예산안 삭제를 요구하는 등 반대운동을 전개했지만, 기쿠치 문부대신은 "자신의 재임 중에는 절대로 도호쿠대학은 설립하지 않는다라고 언명"했다. 대신에 고등공업학교를 센다이仙臺에 설립할 것을 약속하며 수습을 꾀했다.[4]

앞서 『규슈대학 50년사』의 기술에서도 보이지만, 기쿠치는 거액의 자금이 필요한 제국대학의 증설에는 소극적이었으며, 연한이 짧고 교육 비용도 저렴한 전문학교, 특히 실업전문학교의 확충을 꾀해야만 한다라는 의견을 가진, '낮은 단계의 대학론자'·'전문학교론자'였다.

'전문학교령'(1903)을 공포하고, 와세다 · 게이오를 비롯한 일부의 사립전문학교에 '대학'의 명칭을 인정함으로써, 그 무렵 활발해지기 시작한 대학 승격열의 억제를 도모한 것도 기쿠치 문부대신이다. 그것뿐만이 아니라 현실 문제로서 1904년의 러일전쟁을 앞두고 정부는 실업전문학교를 포함해서 교육 관계의 새 사업을 추진할 여력이 남아있지 않았다. 제3 · 제4제국대학의 신설 계획은 완전히 좌절되어버렸던 것이다.

덧붙여서 유치 운동과 관련하여 말하자면, 제국대학을 대신한 실업전문학교의 신설 구상은 러일전쟁 후에, 나가사키고등상업학교(1905), 센다이고등공업학교(1906), 구마모토고등공업학교(1906, 5고 공학부의 독립)로서 실현되었다.

후루카와 가(古河家)의 기부금

러일전쟁이 종결한 후, 1906년 규슈의 공과, 도호쿠의 이과, 거기에 삿포로의 농과 등 3개 분과대학의 창설 예산이 다시 제국의회에 제출되었다.

그중 삿포로의 농과대학은 삿포로농학교가 승격한 것이다. 이 대학의 승격 운동은 '8년 계획' 무렵부터 시작하여, 1900년 '홋카이도제국대학 설립의 청원'과 '삿포로농학교를 대학으로 하는 건의안'이 각각 제국의회에 제출되어 채택 · 가결되고 있다. 운동 초창기에는 홋카이도제국대학의 단독 설립을 목표로 한 것이었지만, 종합대학주의 아래 정부의 당초 계획인 도호쿠제국대학·규슈제국대학의 신설 자체가 난항을 겪는 중에, 점점 도호쿠제국대학 농과대학론으로 변했다.[5] 후쿠오카의과대학의 경우도 마찬가지 방식이다.

1890년에 도쿄제국대학 농과대학이 된 도쿄농림학교보다도 일찍 설립되고, 게다가 같은 수준의 학교였던 것을 생각하면, 삿포로농학교의 농과대학 승격은 문부성에서도 상정하고 있었던 것이었음에 틀림없다. 부활한 2개 제국대학 창설의 구상은 최초부터 도호쿠제국대학에 삿포로농과대학을 더하는 것을 상정했던 것이다.

그러나 이 2개 제국대학·3개 단과대학의 신설에 대해서도 대장성은 예산을 인정하지 않았다. 다시 좌절된 그 계획을 구제하고, 실현시킨 것은 후루카와 가의 기부였으며, 중개 역할을 한 것이 내무대신인 하라 다카시原敬였다는 사실은 잘 알려진 이야기다.

하라는 후루카와 합명회사合名會社(사원 전원이 회사 채무에 대하여 직접 연대무한책임을 갖는 회사―옮긴이)의 부사장을 역임했으며, 내무대신 취임 이후에도 후루카와 가의 상담역을 맡고 있었다. 당시 그 후루카와 재벌은 아시오동산足尾銅山의 광독鑛毒 사건으로 사회의 혹독한 비판을 받고 있었다. 하라는 여론을 잠재우는 한 방책으로, 후루카와 가에게 '공공적 기부'를 요구하고, 그것을 2개 제국대학의 창설과 연결시켰던 것이다. 후루카와 가는 3개 분과대학의 창설에, 총액 104만 엔(규슈 공과 40만 엔, 도호쿠 이과 24만 엔, 삿포로 농과 40만 엔)을 기부했다. 한 사인私人의 "기부에 의해 제국대학이 설립된 것은 실로 파천황의 일"이었다고, 『도호쿠대학 50년사』에 나와 있다. 이 외에도 후쿠오카현 34만 엔, 미야기현 15만 엔, 삿포로구 10만 엔을 기부했다.

"국가의 수요에 부응한" 대학이지만, 국비만으로 설립된 것은 아니었다.

도호쿠제국대학 · 규슈제국대학 발족

그렇게 1907년에 도호쿠제국대학이 이과 · 농과, 1910년에 규슈제국대학이 의과 · 공과의 각각 2개의 분과대학을 두고 발족하게 되었다. 순전한 신설은 이과 · 공과의 두 분과대학뿐이었는데, 야하타제철소를 중심으로 일대에 공업지대가 형성되고 있었던 규슈의 공과는 당연하지만, 도호쿠의 이과에는 어떤 이유가 있었던 것인가.

『도호쿠대학 50년사』는 두 가지 이유를 거론하고 있다. 하나는 당시 문부대신 마키노 노부아키의 존재다. "마키노는 교토에 분과대학을 설치했던 사람으로 종합대학을 설립하려면, 기왕에 농과 · 의과 등이 존재하는 곳은 어쩔 수 없지만 새롭게 이과계부터 만든다고 한다면, 이과계의 기초 학문인 이과대학부터 시작해야만 한다고 주장했다"고 한다. 또 하나는 4개 학교로 늘어난 제국대학의 분과대학 사이의 균형이다. 제국대학 4개를 합해서 법과와 문과가 각 2개, 의과와 공과가 각 3개, 농과도 2개가 되었지만 이과만 1개여서는 "균형을 잃는다"는 것이다. 또한 교토는 이공과라고 해도 공과가 중심이었다.

"기초적인 학문으로서의 이과는 토지의 조건을 고려할 필요"가 없다. "센다이 이과대학은 말하자면 위로부터의 제국대학 구상에 의해 만들어진 것"이라고, 『도호쿠대학 50년사』에 적혀 있다.

아무튼 도호쿠제국대학의 이과, 규슈제국대학의 공과라는 각각의 간판 분과대학이 그렇게 발족하는 단계에 이르렀다. 새 분과대학의 창설은 창립준비위원이 맡았으며, 두 대학에서도 위원은 도쿄제국대학 교수 중에서 임명되었다. 교수에 선임된 것도 대부분은 도쿄제국대학의 졸업생들이었다. 교토제국대학은 설립된 지 아직 얼마 되지 않아, 도쿄제국대학 이외에는 교수의 공급원이 없었기 때문에 당연하다면 당연한 일일 것이다. 『규슈대학 50년사』는 "규슈대 공과는 도쿄대를 모체로 하여 탄생했다고 말할 수 있다"고 적고 있다. 최초의 유일한 대학이었던 도쿄제국대학은 일곱 형제의 맏형인 동시에 어머니 역할을 하고 있었던 셈이다.

홋카이도제국대학의 독립

1907년 삿포로농학교로부터 승격된 도호쿠제국대학 농과대학의 개학식 축사에서, 마키노 노부아키 문부대신은 "삿포로농학교는 홋카이도에서 성공한 것 중 가장 큰 성공"이며 "농과대학의 성립은 실로 뒷날 독립된 홋카이도대학을 성립시킬 기초"라고 말하고 있다.[6] 언젠가는 처마를 빌리고 있는 도호쿠제국대학으로부터 분리하여 독립된 제국대학이 되리라는 구상이 일찍부터 정부 측에도 있었던 것을 엿볼 수 있다. 이를 위해서는 우선 도호쿠제국대학에 새로 분과대학이 증설되지 않으면 안 되었다. 도호쿠제국대학에 의과대학이 신설되어 농과대학이 독립하고, 홋카이도제국대학 창설의 가장 큰 장애가 사라진 것은 1915년의 일이었다.

도호쿠제국대학 발족과 동시에 그 부속의학전문부였던 옛 센다이 의학전문학교(전신은 제2고등학교 의학부)를 기초로 의과대학을 신설하는 구상은 일찍부터 있었으며, 미야기현과 센다이시는 의과대학을 부속병원으로 이관하기 위해 현립병원의 정비를 꾀하고, 드디어 기부금 40만 엔을 준비하여 조기 실현을 요구하고 있다. 그 실현과 함께, 홋카이도제국대학의 설립 운동도 본격화한 것이다.

이미 1914년 홋카이도의 지역 신문에는 개도開道 50년이 되는 1918년까지 농과대학을 분리 독립시켜, "이공과 또는 의과 혹은 법과 문과의 1과 또는 2과를 조치措置"하여 홋카이도대학 창설을 요구하는 사설이 실려 있다.[7]

센다이보다 북쪽에는 의과대학도 의학전문학교도 없었다. 신설 요구는 의과대학으로 압축되어, 도청道廳장관과 삿포로 구장區長 등에 대학 관계자를 더해서 제국대학 유치 운동은 고조되었다. 창설에 필요한 비용은 농과대학 소유지의 매각과 지역 그리고 재계의 기부로 전액 조달, 국고에 부담을 끼치지 않는다는 조건으로 제국의회에서 예산이 승인된 것이 1917년의 일이다. 실제로는 창설 비용이 총액 383만 엔에 이르고, 대학 소유의 토지 매각 수입과 지역 부담, 기부금

등은 178만 엔에 그쳤지만, 그래도 대략 절반이 국비 이외의 자금으로 조달되었다는 계산이 나온다. 또한 제국대학 중에서 유일하게 설립된 홋카이도제국대학의 '대학예과'는 삿포로농학교의 예과를 계승한 것이다. 예과의 존재는 이 대학의 기원이 삿포로농학교에 있다는 것을 상징하는 것에 다름 아니다.

이렇게 1918년의 농과와 다음 해 개설이 결정된 의과의 2개 분과대학을 둔 홋카이도제국대학이 발족하면서 제국대학 수는 5개교로 늘었다. 이후 당분간은 이 5개교의 확충 정비의 시대가 지속되었다.

제 3 장

확충과 증설
오사카 · 나고야

'대학령' 공포

1918년은 일본의 대학 역사에서 더없이 중요한 해다. 이 해 12월
에 '대학령'이 공포되어, 제국대학에 의한 대학의 독점 체제가 붕괴되
었기 때문이다. 다이쇼 데모크라시라고 불리는데, 확실히 다이쇼 시
대(1912~1926)는 고등교육에 있어서도 '민주화'의 시대였다. 종합대
학주의 · 관학주의를 취해왔던 정부가 결국 제국대학 이외의 관립 · 공
립 · 사립대학의 설립을 인정하지 않을 수 없게 되었기 때문이다.

그 이전에도 일부의 사학에서 '대학'이라 칭하는 것이 인정되었으
나 그들 '사립대학'은 법제상 어디까지나 '전문학교'였다. 예를 들어
'사립와세다대학'처럼 교명에 반드시 '사립'을 붙일 것이 요구되는 엄
격함이 있었다. 관립전문학교 중에서도 도쿄고등상업학교처럼 메이

지 30년대(1897~1906) 초엽부터 '상과대학'으로의 승격을 요구하며 운동을 전개한 학교가 있다. 그러나 정부는 인정하지 않았다.

이른바 '학제 개혁 논의'라 일컬어졌던, 제국의회 안팎에서의 격렬한 논쟁 끝에 간신히 단과대학을 포함한 관립·공립·사립대학의 설립을 인정한다는 '대학령'의 공포로 결론이 난 것은 1918년이다. '제국대학령'은 약간의 개정은 있었지만 그대로 남았기 때문에, 일본의 대학제도는 대학령에 준거한 관립·공립·사립대학과 제국대학령에 의한 제국대학으로 구성되었다. 다음 해부터 제국대학 이외의 관립·공립·사립대학 설립을 시작하지만, 사실상 그 모두가 전문학교로부터 '승격'한 것이며, 대다수는 단과대학이었다.

고등교육 확장 계획

다이쇼 시대는 제1차 세계대전이 가져온 호황에 의해 산업화가 급진전하고, 국민의 소득수준이 상승하는 동시에 상급학교 진학률이 전에 비해 높았던 시대다. 민주화의 물결을 타고 정당 내각이 출현하고, 총리에 취임했던 하라 다카시는 대폭적으로 증가한 재정 수입을 기반으로 관립고등교육기관의 확장 계획을 내놓는다. 1919년부터 6년간 황실로부터의 내탕금 1천만 엔을 포함한 4400만 엔을 한꺼번에 투입해서 단과대학 6개 학교, 고등학교 10개 학교, 실업전문학교 등 19개 학교를, 제국대학에는 4개 학부를 신설하거나 증설하는 대계획이었다.(제국대학의 분과대학은 '대학령'의 공포와 함께 '학부'로 명칭이 바뀌었다.)

이 계획에 따라 다이쇼 시대에 설립된 것이 도쿄상과대학(구 고등상업학교), 니가타·오카야마岡山·지바·가네자와·나가사키의 각 의과대학(구 의학전문학교)이다. 그 후 쇼와 시대(1926~1989)에 들어서다시 도쿄·오사카의 공업대학(구 고등공업학교), 고베상업대학(구 고등상업학교), 구마모토의과대학(현립에서 이관), 여기에 고등사범학교를 모체로 한 도쿄·히로시마의 문리과대학이 더해졌다. 또한 공립에서는 다이쇼 시대에 오사카·아이치愛知·교토부립·구마모토의 4개의학전문학교가 의과대학으로, 쇼와 시대에 들어서 시립이었던 오사카고등상업학교가 상과대학으로 각각 승격했다. 그들 관립·공립 단과대학의 일부는 뒤에 보는 것처럼 오사카제국대학과 나고야제국대학 등 두 제국대학 창설에 깊은 관련을 갖게 된다.

제국대학의 정비

확장 계획의 일부로서 제국대학의 정비에도 박차를 가했다.

사실 제국대학의 정비 움직임은 확장 계획의 발표 이전부터 거기에 편성된 4개 학부의 신설 계획과는 다른 형태로 이미 시작되고 있었다. 표 3-1은 학부의 신설을 연도별로 나열한 것인데, 1919년에 한꺼번에 5개 학부가 개설되고 있다. 이들 5개 학부는 각각 다이쇼 시대 초기부

표 3-1 제국대학의 정비 확충(1919년 이후)

1919년	도쿄제국대학-경제학, 교토제국대학-경제학, 도호쿠제국대학-공학, 규슈제국대학-농학, 홋카이도제국대학-의학
1922년	도호쿠제국대학-법문학
1923년	교토제국대학-농학
1924년	규슈제국대학- 법문학, 홋카이도제국대학-공학
1930년	홋카이도제국대학-이학
1931년	오사카제국대학-이학(오사카제국대학-의학)
1933년	(오사카제국대학-공학)
1939년	나고야제국대학-이공학(나고야제국대학-의학)
1939년	규슈제국대학-이학
1942년	도쿄제국대학-제2공학, 나고야제국대학-이학

✱ 괄호 안은 다른 대학 · 학부의 이관.

터 신설 움직임이 있었으며, 준비가 진행되고 있었던 것이다.

홋카이도제국대학 의학부에 대해서는 앞장에서 서술했다. 도호쿠제국대학의 공학부 신설은 1907년 대학 발족 때 옛 센다이고등공업학교를 부속공학전문부로 통합하면서부터 예정되어 있었지만, 공업이 발달하지 않은 도호쿠에 공과대학은 불필요하다라는 의견도 있어서 좀체 진전을 보지 못했다. "그다지 실용적이지 않은 학술적 공과대학을 만드는 계획"으로, 이과대학에 응용화학과를 두고, 교수 후보자를 공학전문부로부터 유학을 보내는 등 준비를 진행하여 1919년이 되어서 겨우 실현되었다.[1]

규슈제국대학 농학부는 1915년, 당시 마노 분지眞野文二 총장이 신문 담화에서 그 필요성을 주장한 것이 출발이었다. 농과대학은 한랭지인 홋카이도와 중앙지인 도쿄에 이미 있었지만 연구상 난지暖地에도 필요하지 않은가. 또한 규슈제국대학에는 이미 의과·공과가 설치되어 있는데, 농과는 예컨대 수의獸醫와 토목 등과 밀접한 관계가 있다. "삼자를 합치는 일은 종합대학으로서 가장 필요"하다라는 것이 마노 주장의 골자였다. 이 담화는 커다란 반향을 불러일으켜, 금세 후쿠오카뿐만 아니라 사가佐賀, 구마모토에 가고시마鹿兒島까지 더해서, 농과대학 유치 운동이 전개되었다. 현의회가 135만 엔의 기부를 결의한 후쿠오카현이 승리를 거두어, 1918년 초엽에 설립이 결정되었다.[2]

경제학부의 신설

도쿄·교토의 두 제국대학 경제학부는 법과대학에 설치되어 있던 학과가 분리 독립한 것이다. 거기에는 앞서 언급했던 도쿄고등상업학교의 상과대학 승격 운동이 크게 관련되어 있다.

경제학부의 기초가 된 경제·상업 두 학과가 도쿄제국대학 법과대학에 개설된 것은 1907년대 초다. 당시 이 2개의 전문 영역은 도쿄고상東京高商이 선행하고 있었다. '전공부'라고 불리는 고도의 교육과정을 두고, 졸업자에게는 학사의 칭호를 인정하는 등 도쿄고상은 삿포로농학교와 함께 제국대학과 어깨를 나란히 하는 지위를 차지하며 승격 운동을 전개해왔다. 그러나 종합대학주의를 고집한 문부성은 승격을 인정하지 않고, 거꾸로 1913년에 도쿄제국대학에 상과대학 설치를 요청하고, 도쿄고상에는 전공부의 폐지를 요구했기 때문에 분규가 일어났다.

당초 법과대학 교수회는 상과대학 설치 요청에 소극적이었지만, 1915년경이 되면 상황이 바뀌어 '경제과대학' 창설론이 우세하게 되었다. 『도쿄대학 100년사』는 그것을 "교수회 내부로부터의 '경제과대학독립'안이, 학외學外 기원의 '상과대학 독립'안으로 바뀌었다"고 표현하고 있다. 도쿄제국대학 측이 적극적 자세로 돌아선 것이지만, 이번엔 재정 문제와 법제국法制局의 심의 등도 있어서 정부의 예산 제출이 늦어져, 1917년에는 화가 치밀은 다카노 이와사부로高野岩三郞 등 교수 일부가 사직서를 내는 등 난리가 있었다.[3]

이러한 사정을 거쳐 1919년에 경제학부가 발족하는 단계로 접어드는데, 분규의 원인이었던 도쿄고상도 그때에는 상과대학으로 승격을 인정받고 있었기 때문에, 아이러니한 이야기인 것이다. 또한 도쿄상과대학에도 고등상업학교 이래의 역사를 보여주는 것으로서 대학예과가 설치되어 있었다.

교양주의와 법문학부

하라 내각의 '확장 계획'에 거론된 신설 학부는 교토제국대학의 농학, 규슈제국대학의 법학, 도호쿠제국대학의 법학, 홋카이도제국대학의 공학 등 4개 학부다. 계획에 따라서, 1922년부터 1924년까지 순차대로 개설되었는데, 주목할 것은 법학부가 아니라 법문학부로 발족했던 규슈제국대학·도호쿠제국대학의 2개 학부다.

앞장에서도 언급한 것이지만, 고등학교와 제국대학과는 불가분의 관계로 연결되어 있었다. 고등학교 졸업생 전원에게 제국대학 진학을 약속하는 방침이 있었기 때문이다. 그것이 어디까지나 표면상의 방침에 지나지 않고, 실제 양자의 접속 관계가 복잡했던 점은 앞으로 진술하겠지만, 문부성으로서는 약속을 지킬 의무가 있었다. 고등학교의 입학 정원은 제도의 창설 이래, 대략 문과·이과가 같은 수로 정해져 있었으며, 그것은 제국대학에서도 이과 계열과 문과 계열의 입학 정원이 같은 수가 아니면 안 된다는 것을 의미했다.

그런데 지금까지 본 것처럼 분과대학의 신설은 한결같이 이학 계통이 중심이며, '대학령' 공포 후의 단과대학 설치도 의과를 중심으로 진행되어왔다. 이처럼 문과 계통 학부는 도쿄·교토의 두 제국대학에 문학·법학의 각 두 학부가 있었을 뿐, 신설된 경제학부도 법학부로부터 분리·독립한 것이었다. '계획'에는 고등학교의 대량 신설이 예정되어 있었기 때문에, 문과·이과의 균형을 맞추기 위해서라도 이과 계통밖에 없는 다른 제국대학에 문과 계통 학부를 신설하는 것이 꼭 필요했던 것이다.

『도호쿠대학 50년사』에 의하면, 같은 대학의 문과 계통 학부 설치 구상은 1918년경부터이며, 게다가 그것은 "이전의 교토 이공과대학"처럼 "법과와 문과를 합"쳐서 중점을 문과에 둔 '법문과대학'이었다. 그러나 문부성은 이 구상에 편승할 생각이 없었고, '계획'에서는 법학부의 설치가 나타나게 된다. 그것이 '법문학부'가 된 이유에는, 『규슈대학 50년사』의 기술에서 알 수 있듯이, '다이쇼 교양주의'의 영향이 있었다.

법학부 설치의 예산안이 제출되자, 귀족원에서 "법학사는 폭넓은 교양을 가져야만 한다는 관점"에 입각해 종래의 유형과는 다른 새로운 타입의 법학부를 구상해야만 한다는 의견이 나와서, 결과적으로 '법문학부'가 되었던 것이다. "법학부는 법률 전문의 연구에 전념하여 형식주의로 흐르고, 또한 문학부는 자칫 초월주의에 함몰되어, 세상 물정에 적합하지 못한 폐해"가 있으며, "각 극단으로 달리는 폐해를 완화"할 수 있는 '법문학부'가 이상적이지 않을까 하는, 그것을 환영하는 『도쿄아사히신문東京朝日新聞』의 기사도 인용되고 있다.

한편 도호쿠대학의 교사校史에는 예산 관계로 "법학부·문학부 그리고 당시 독립하기 시작한 경제학부의 3개 학부를 신설하는 것은 도저히 불가능"했기 때문에, "새로운 이상이란 명목으로 적극적인 의지를 갖도록 해, 이른바 3개 학부의 축쇄판을 만들려고 한" 것에 지나지 않는다는 번뜩이는 견해도 제시되고 있다.

그러나 이유가 무엇이든, 법학·문학·경제학의 세 분야로부터 나온 새로운 구상의 학부가 선발先發의 도쿄·교토 두 제국대학과는 다른, 새로운 교육 연구의 이상 실현을 목표로 했거나 혹은 목표로 할 수밖에 없었다는 것은 틀림없다. 무엇보다도 "법문계의 학부는 사립대학과 상과대학은 별도로 하고, 제국대학에 관한 한 약 20여 년 동안 신설이 이루어졌기 때문에, 그사이에 배출한 영재가 조야에 넘쳤다." 법문학부는 청신한 기운이 넘치는 출발을 했다고 보아도 좋을 것이다. 다만 그 이상을 교수와 학생들이 어느 정도 이해하고, 실현을 위해 노력했는가는 의문이 남지만.

오사카: 제6제국대학

이렇게 먼저 설립된 제국대학의 정비 충실, '종합대학화'에 힘을 기울이고 있었지만, 제국대학이 없었던 공백 지역에서 신설을 요구하는 목소리가 사그라진 것은 아니었다. 예를 들면, 1911년에는 '호쿠리쿠제국대학', 1916년에는 '주고쿠제국대학'의 설립을 요구하는 건의안이 제국의회에 제출되어 채택되고 있다.

반복하는 이야기지만 문제는 국가 재정이었다. 군사비가 늘어만 가는 가운데, 거액의 창설비와 유지비를 요구하는 제국대학의 신설은 쉽지 않았고, 결국 지금까지 보아왔던 것처럼 적어도 창설비는 지역 부담이 되지 않을 수 없었다. 부담 능력이 있는 부유한 부府나 현縣이 아니라면, 새 제국대학의 유치는 바라기 어려운 것이었다.

재정 부담의 문제는 부립府立·현립縣立대학의 경우에도 사실상 바뀌지 않았다. 공립대학 다수가 의과대학이었던 것은 이미 살펴본 대로인데, 지방 정부에게 그 유지·경영은 커다란 부담이었으며, 관립 이관은 관계자의 비원悲願이었다. 그리고 그러한 중에 오사카와 아이치의 두 부·현이 의과대학의 관립 이관, 게다가 제국대학화를 요구하는 운동을 시작한 것이다.

우선 1925년경부터 오사카에서, 오사카부회府會가 "국립종합대학을 오사카에 설립하고 (중략) (의대를) 그 의학부로 삼는 것을 만장일치로 가결"하는 등, 부립의과대학을 핵으로 제국대학의 설립을 요구하는 운동이 시작되었다. 쇼와 시대에 들어서, 관립인 오사카고등공업학교의 공업대학 승격이 결정된다면, 그것을 기회로 의대의 관립 이관을 꾀하면 "국비를 필요로 하지 않으며 용이하게 공과, 의과의 두 학부가 있는 종합대학"을 설립할 수 있지 않을까 하며, 운동은 드디어 고조되었다. 1929년에는, 오사카에는 관립공업대학, 부립의과대학 그리고 시립의 상과대학이라는, 설치 주체조차 다른 단과대학이 세 군데나 있었기 때문에, "이상의 각종 대학을 통일하고, 국립대학을 우리 부府에 설치"한다면 어떨까라는 이야기까지 나오게 된다. 이를 위해서라도 우선은 부립의대의 관립 이관을 말하게 된 것이다.

오사카부가 이처럼 관립 이관에 열심이었던 것은 일본 제2 대도시에 제국대학이 있는 것이 당연하다는 생각도 물론 있었거니와 의대의 경영 문제가 얽혀 있었기 때문이다. 당시 공립의대는 모두 독립채산제를 원칙으로 했으며, 시설 설비의 정비비를 포함해서 다액의 차입금을 떠안고 자금 마련에 부산했다. 오사카의대의 경우, 1926년 시점에 차입금이 340만 엔에 이르고 있다. 곤궁한 상황을 방치할 수도 없어서, 오사카부는 그 이자에 상당하는 10만 엔의 보조금을 내고 있었지만, 관립인 의학부에 비해서 시설 설비와 교육 연구 조건은 빈약함을 면할 수 없었다. "정부에 이관 촉진을 도모하고 이 기회에 부채 전부를 오사카부의 일반회계로 부담하는 것으로 수정하는 외과적 수술을 시행하는 외에, 본 학교의 재정 정리의 방도는 없다"라고 할 정도로 궁지에 몰린 것이다.[4]

오사카부가 의과대학의 채무를 전액 대신 떠맡고, 창설비 총액 185만 엔을 부담하는 신설 이학부에 대해서는 창설비만이 아니라 경상비의 2분의 1에 이르는 15만 엔을 설립 후 3년간 부담한다는 조건부로, 간신히 제국대학이 창설된 것은 1931년이었다. 1929년에 승격한 오사카공업대학이 공학부로 통합되고, 3개 학부가 된 것은 다시 2년 후인 1933년의 일이다.

나고야: 최후의 제국대학

현립의과대학을 가진 아이치에서도 다이쇼 시대 말에 제국대학 유치 운동이 일어났지만, 정부가 호응하는 기미를 보이지 않아 일단은 사그라졌다. 그것이 의대를 관립으로 이관하는 형태로 다시 타오른 것은 1922년에 의학전문학교로부터 승격했지만 재정난으로 고통받으며, 내분이 반복되고 있던 구마모토현 의과대학이 1929년에 관립 이관에 성공했기 때문이었다. 오사카의과대학도 또한 염원했던 제국 대학화를 얻어냈기 때문에, 운동은 다시 활발하게 되었다.

아이치현이 "십년간은 수입 지불에 관해서 정부를 괴롭히지 않는다"는 각서를 작성하는 등 고육지책을 통해 의과대학의 관립 이관을 쟁취했던 것은 1931년이다. 현은 대학의 교지·시설 설비의 일체를 국가에 기부한 것 외에, 약속대로 10년간 연간 5만 엔을 경상비의 일부로 부담했는데, 그래도 지금까지 15만 엔의 현비 지출에서 보자면, 싼 값이라는 것이 지사의 설명이었다.[5]

관립 이행 후, 교수 인사를 둘러싸고 분규가 있었고 학장이 퇴임하는 등 소동이 있었지만, 그것을 수습하고 새 학장 아래 의대를 중심으로 한 제국대학 유치론이 부상했다. 현지사 또한 유치에 적극적이었으며, 문부성에 타진을 거쳐 1938년에는 의학·공학·이학의 3개 학부부터 구성하는 '현비縣費에 의한 종합대학 건설안'을 작성하여, 준비위원회를 세우는 데까지 다다르게 되었다. 당시의 지사는 "아이치현은 (조세의) 자연 증수增收로써 대학 하나 정도는 세울 수 있다"며 허세를 부렸는데, 군수軍需 경기를 배경으로 전국 굴지의 중공업지대로 급성장을 이룬 아이치현이 이·공학부를 둔 제7 제국대학의 유치에 어울리는 장소였다는 것은 의심할 여지가 없다. 그것은 날로 증가했던 전시색이 농후하며, 과학 동원과 과학기술자 양성의 필요성을 외치는 가운데 이루어진 유치 운동이었다.

그러나 경상비 부담의 증가를 두려워한 대장성은 좀처럼 수긍하지 않았고, "창설에 필요한 경비는 (중략) 그 전액을 아이치현에서 기부하는" 것을 조건으로 의학부와 장래 분리를 예상한 이공학부의 2개 학부를 둔 최후의 제국대학이 발족한 것은 1939년의 일이다.[6] 지역이 부담한 창설비의 총액은 900만 엔에 달했다.

이렇게 7개의 제국대학이 갖추어졌다. 그 뒤 제국대학은 급격하게 총력전 체제 속으로 휘말려갔는데, 그것에 대해서는 뒷장으로 넘기도록 하자.

두 자매

주제와의 관계나 자료적인 제약 때문에, 뒤에서 직접 검토하는 곳은 거의 없지만, 일곱 형제의 두 자매라고도 할 수 있는, 옛 식민지에 설립된 경성·타이베이의 두 제국대학도 여기서 그 개략을 언급해보자.

조선·대만의 두 식민지에서 학교교육은 각 총독부의 관리하에 두고 각각 '조선교육령', '대만교육령'을 토대로 운영되었다. 그 교육령은 전문학교 이외에 고등교육기관의 설치를 인정하지 않았지만, 1922년에 개정된 "대학교육 및 그 예비교육은 대학령에 의한다"라는 조항이 추가되었다. 문장 중의 '대학령'은 1918년에 공포된 일본 본토의 대학령을 가리키며, 그것에 의해서 2개의 식민지에도 대학 설립의 길이 열리게 되었다.

경성제국대학

일본 본토의 경우에도 대학령 공포까지 제국대학 이외의 대학 설립은 인정되지 않았지만, 일본 정부가 식민지의 고등교육진흥에 노력하지 않았던 것은 틀림없다. 조선의 경우에는 소규모의 관립전문학교 몇 개교가 있었을 뿐이었다. 미션계 사립전문학교를 전개한 미국을 비롯하여 여러 외국에서 "일본은 조선 통치를 행하면서 어떠한 문화적 시설도 만들지 않는다. 대학 하나도 설립하지 않는 것을 보더라도 그 성의를 의심하지 않을 수 없다"라고 비난하는 상황이었다.

비판은 일본 국내에서도 있었으며, 1920년에는 도쿄제국대학 문학부의 핫토리 우노키치服部宇之吉 등 교수 5명이 연명으로, "식민지에서 문화를 연구하는 동시에, 식민지 사람들로 하여금 문화의 혜택을 입도록 하여 융화를 도모"하기 위해서라도 대학을 설립해야만 한다는 건백서建白書를 총독부에 제출하는 등의 일이 있었다.[7] 조선인이 세운 사립전문학교를 모체로 메이지 40년대(1907~1912)부터 시작된 '민립대학' 설립 운동의 흐름도 있었으며,[8] 대학 설립의 기운이 급속하게 높아지고 있었던 것을 엿볼 수 있다.

그러한 움직임 아래, 조선총독부는 교육령 개정을 예상하며 1920년경부터 대학 설립을 향한 준비를 시작했다. 당초는 관립경성의학전문학교의 의과대학 승격안과 관립고등학교 신설안도 있었지만, 최종적으로 대학예과를 둔 종합대학안이 선택되었다. 독립된 고등학교가 아닌 대학예과를 선택한 것은 "고등학교제도에 따를 경우에는 내지로부터의 입학 지원자가 쇄도함으로써 조선 재주자의 입학난을 초래하여, 조선에 대학을 설립하는 취지를 완수하는 것이 어려워지게 될 염려가 있다"라는 것이 이유였다.

'조선제국대학창설위원회'라는 위원회의 명칭에서도 알 수 있는 것처럼, 총독부가 목표로 한 것은 종합대학, 즉 제국대학의 창설이었다. 내각 법제국은 제국대학령에 의해서가 아니라, 대학령에 의한 대학으로 설립할 것을 주장하고, 명칭에 대해서도 조선제국대학은 '조선제국의 대학'이라고 오해받을 수 있다고 반대하며 분규가 있었지만, "총독부 측이 이름을 버리고 실질을 취하는 형태로, 명칭은 경성제국대학이라고 수정하는 대신에 제국대학령에 의해 설립하는 선에서" 결론이 났다.[9]

그렇게 조선총독부는 1924년 대학예과의 개설부터 시작하여, 1926년에는 법문학부와 의학부의 2개 학부로 구성된 경성제국대학의 설립이라는 목표에 도달했다. 처음부터 문과 계통 학부를 둔 제국대학이 되었다. 초대 총장에 취임한 것은 앞서 건백서를 제출했던 중국철학자 핫토리 우노키치였다. 또한 대학예과는 당초 2년제였지만 1934년에 3년제가 되며, 1941년에는 이공학부가 증설되었다.

타이베이제국대학

식민지 경영의 일환으로서 대학을 설립해야 한다는 의견은 대만의 경우에도 관계자 사이에 일찍부터 있었지만, 구체화한 것은 1922년의 개정 대만교육령이 공포되면서다. 조선의 경우와 마찬가지로 대만총독부도 제국대학 설립을 목표로 하고, 그 준비 단계로서 1922년에 심상과尋常科·고등과를 두는 7년제의 타이베이고등학교 설립에 발을 내딛었다. 이쪽은 조선총독부와는 다른 길을 선택한 것이다. 제국대학의 개강은 타이베이고교의 최초 졸업생이 나온 1929년, 발족 당초의 설치 학부는 문정文政·이농理農의 2개 학부로, 1935년에 의학부, 1941년에 공학부가 증설되었다.

'문정·이농'이라는 이례적인 학부 명칭에 대해서는 1924년부터 1926년까지 총독을 역임한 이사와 다키오伊澤多喜男의 의향이 강하게 작용했다고 알려져 있다.

제국대학 설립 시기상조론과 실업교육중시론이 있는 가운데, 대만 교육 진흥에도 진력했던 저명한 교육자인 이사와 슈지伊澤修二를 형으로 둔 그가 주장한 것은 문학부와 이학부를 둔 종합대학으로서의 제국대학 설립이었다. 그러나 총독부 안에서는 "본질로부터 논하자면 총독의 주장은 진정 이치에 맞는다 해도, 대만의 현상으로부터 관찰할 때는 문과·이과의 두 학부만으로 설치한다면, 학생 졸업 후의 수요도 적고, 결국 대학 건립의 효과를 박약하게 만드는" 것이 아닐까라는 이론도 있어, "여러 가지를 검토한 결과, 문과에 더해서 법과를 두고, 이과에 더해서 농과를 두는 것으로 대체의 결론을 얻"게 되었다.[10] 법과는 나중에 '정과政科'로 변경되었는데, 기초와 실용의 절충이 특이한 학부 명칭을 선택하게 만든 것을 알 수 있다.

또한 문과 계통 학부의 설치에 대해 "내지 쪽에서 비상한 반대가 있었다"는 것, 설치 장소는 "처음에는 대학 창설의 정신에 입각하여 대만 문화의 발상지인 타이난臺南으로 했었지만, 정세에 의해 타이베이"가 되었다는 것, 또한 교명은 당초 '대만제국대학'이 예정되었지만, "일본 내지의 제국대학 명칭과 일치시키기 위해 '타이베이제국대학'으로 개칭"되었다는 것 등을 알 수 있다.

일본인을 위한 대학인가

두 제국대학의 1942년도 입학 정원을 보면, 경성제국대학 200명(법문학 80명, 의학 80명, 이공학 40명), 타이베이제국대학 160명(문정학 60명, 이농학 60명, 의학 40명)으로 일본 본토에서 마지막으로 설립된 나고야제국대학의 300명(이공학 200명, 의학 100명)과 비교해서도 소규모였다. 그리고, 특히 타이베이제국대학의 경우에는 그 적은 입학 정원을 채우는 것도 쉽지 않았다. 타이베이고등학교의 졸업자 대부분이 '내지'의 제국대학을 지망했기 때문이며, 타이베이제국대학은 공학부 신설을 기다리며 1941년에 대학예과 설치에 발을 내딛고 있다. 더욱이 '내지'의 고등학교에서 식민지 대학에 진학하는 자는 극히 소수였다.

입학자의 주류는 각각의 식민지 거주자의 자제들이었다. 1942년 경성제국대학의 경우, 일본인·조선인별 내역은 법문학부 68명(일본 35명, 조선 33명), 의학부 64명(일본 35명, 조선 29명), 이공학부 50명(일본 40명, 조선 10명)이었으며, 학부에 따라 달랐지만 전체적으로 182명 입학자의 60퍼센트로, 다수를 차지한 것은 일본인이었다.

타이베이제국대학의 경우 1941년의 입학자 내역이 알려져 있는데, 총수 100명의 내역은 문정학부 33명(일본 31명, 대만 2명), 이농학부 48명(일본 47명, 대만 1명), 의학부 19명(일본 5명, 대만 14명)으로, 의학부 이외에는 여기서도 압도적으로 일본인 중심이었던 것을 알 수 있다. 이런 수치는 조선인·대만인 대상의 초·중등교육이 낮은 수준에 멈추어 있었기 때문이기도 하며, 식민지 제국대학이 실질적으로 일본인 주민을 위한 대학이었다는 것을 말하고 있다.

패전 후 식민지 제국대학 2개는 폐교되며, 일본인 학생들은 일본 본토의 제국대학 등으로 전·입학을 인정받았다. 또한 교원의 대다수도 일본의 대학 등으로 옮기면서 막을 내렸는데, 그 유산의 일부는 국립서울대학교, 국립대만대학교에 계승되어 현재에 이르고 있다.

제 2 부

고등학교 생활

제 1 장

예과와 교양교육 사이

대학이라는 공동체

　순조롭다고 말하기는 어렵고, 또한 종합대학주의의 이념에 충분히 부합하는 것은 아니었지만, 그렇게 1886년부터 50년의 세월을 거쳐서, 일본을 대표하는 7개교의 제국대학이 얼굴을 갖추었다.

　제국대학은 제도이며 조직인 동시에 건조물 등의 시설 설비이며, 더 나아가 거기서 교육을 받은 학생들, 교육 연구에 종사한 교수들의 집단 · 공동체다. 그리고 대학의 생명과 실체는 무엇보다도 그러한 학문을 하는 자들의 공동체 속에 있었다. 제국대학을 도량으로 삼아 그들이 어떤 생활을 했으며, 어떤 교육과 연구의 장을 만들어간 것인가. 여기서는 인생의 한 시기를 혹은 대부분을 제국대학이라는 국가의 최고학부에서 지냈던 사람들의 생태를 묘사하는 가운데, 법령과 규칙의 조문으로는 알기 어려운 제국대학이라는 제도와 조직의 현실적인 모습을 살펴보도록 하자.

제국대학예과

우선, 학생들이다.

학생들에게 제국대학 이야기는 '구제 고등학교'라고 알려진, 그들이 대학에 입학하기 이전에 생활했던 데서부터 시작하지 않을 수 없다. 고등학교(1894년까지는 고등중학교라고 불렀다)는 제국대학과는 별개로 독립한 학교이지만, 동시에 제국대학이라는 제도와 분리하기 어려운 일부이며, 그 존재를 빼놓고 제국대학을 말하기 어렵다.

현재는 도쿄대학의 교양학부인 구제 제1고등학교의 교사敎史를 읽어보면, 가장 앞부분에 "본교의 실질적 기원은 도쿄대학 예비문豫備門이며, 더 거슬러 올라가면 도쿄영어학교가 있고"라고 기록하고 있다.[1] 복잡해지기 때문에 도쿄영어학교의 이야기는 생략하지만, 제국대학 발족과 동시에 그 '도쿄대학 예비문'을 이어받았던 제1고등학교를 필두로 고등학교들은 일관되게 사실상의 제국대학예과로서의 역할을 달성·지속하다가 패전을 맞는다.

전후의 학제 개혁으로 모습이 사라졌기 때문에, 그 고등학교제도의 폐지를 아쉬워하는 평가의 목소리가 높으며, 부활 운동이 일어나기도 했다. 실제로 이제부터 살펴볼 것처럼, 구제 고등학교가 제국대학 진학자의, 나아가서는 국가 엘리트의 인간 형성에서 담당한 역할은 매우 컸다. 그러나 고등학교, 나아가서는 제국대학제도를 이해하기 위해서는 전전기를 통해서 그 제도상의 위상이 반드시 안정된 것만은 아니었고, 때론 흔들렸으며 폐지론도 부상하는가 하면, 인간 형성 기능에서도 시대에 따라 변동이 있었다는 것을 함께 알아둘 필요가 있다.

특이한 학교

고등학교는 구미 여러 나라에서도 예를 찾아볼 수 없는 일본의 독특한, 그런 의미에서 특이한 학교였다.

대학에서 전문적인 학술기예를 배우기 위해서는 고도의 기초 학력이 요구되지만, 그것을 제공하는 것은 어느 나라에서건 중등교육의 역할이다. '고등보통교육'이라 불리는, 중등학교가 담당한 그 기초 학력의 교육에서, 일본과 같은 근대화의 후발국일 경우 외국어 교육이 중요한 부분을 차지한다. 외국어 능력이 없이는 구미의 선진적인 학술기예를 배우는 것이 불가능하기 때문이다. 도쿄대학 예비문의 전신이 영어학교였던 것도 그 때문이다. 도쿄대학의 예비문은 영어 교육을 중시하는 대학 부설의 중등학교에 다름 아니었다.

1886년 제국대학의 발족과 동시에 중등교육에 대해서도 제도의 정비가 논의되었다. '제국대학령'과 같은 해에 공포된 '중학교령'을 보면, 6년간의 초등교육을 이은 중학교, 즉 중등교육 단계의 학교를 심상(5년제)과 고등(2년제, 뒤에 3년제)의 두 층으로, 다시 말해 '고등보통교육'을 두 단계로 나누어 공립·사립의 심상중학교에 대해서 고등중학교는 관립으로 하여, 제국대학 진학자를 위한 예과교육의 역할을 담당하도록 했다. 도쿄대학 예비문은 제1고등중학교가 되며, 다시 4개의 고등중학교가 개설되어 구제 고등학교제도가 시작되었다.

그 고등학교가 다른 나라에서는 예를 찾아볼 수 없다고 한 것은 구미 나라들에서는 중등 단계의 '고등보통교육'을 대학 진학자용과 비진학자용의 두 계통으로 나누더라도, 그것을 두 단계로, 게다가 고등중학교는 관립, 심상중학교는 공립·사립과 같이 설치 주체가 다른 학교로 나누는 나라는 없었기 때문이다.

예과로서의 고등중학교

여하튼 고등중학교는 관립으로 한정한다는 규정에 따라서, 문부성은 전국을 5개 구역으로 구분하고, 1886년부터 1887년에 걸쳐서, 제1(도쿄), 제2(센다이), 제3(교토), 제4(가나자와金澤), 제5(구마모토)의 5개 관립고등중학교를 설립했다.(또한 그 외에, 설립·운영에 필요한 자금을 기부하면, 관리를 문부성에 위임한다는 조건부로, 즉 준관립의 형태로 고등중학교를 설립한 것도 인정되었으며, 메이지유신을 주도한 2대 중심 번雄藩인 사쓰마薩摩와 조슈長州의 옛 번藩 관계자에 의해서, 야마구치山口고등중학교와 가고시마고등중학 조시칸造士館의 2개 학교가 창설되었다. 전자는 1905년에 관립야마구치고등상업으로 조직 변경되고, 후자는 1896년에 일단 폐교된 뒤 1901년에 제7고등학교로 부활된다.)

왜 고등중학교였을까. 지금까지 보아온 것처럼, 신흥 일본제국의 최고학부인 제국대학은 구미 여러 나라와 비견할 만한 수준의 대학이 아니면 안 되었다. 입학자에게는 구미의 최첨단 전문학을 배우기 위한 영어·독어·프랑스어 등의 외국어를 포함해 고도의 기초 학력이 요구되었지만, 5년간의 중등교육으로는 도저히 충분치 않았다. 국제 수준의 대학 교육을 실현하기 위해서 예과로서의 고등중학교를 두고, 중학교 졸업자에게 다시 외국어를 중심으로 한 '고등보통교육'을 하는 것이 꼭 필요했던 것이다.

관립고등중학교에 입학을 허락받고 순조롭게 졸업할 수 있다면, 고급 관료를 비롯한 국가 엘리트 양성기관으로서 최고이자 유일한 제국대학으로의 진학이 자동적으로 보장되었다. 중학교 졸업자에게는 고등중학교 이외에 3~4년제의 관립·공립·사립 전문학교가 평이한 진로였지만 입신출세를 목표로 한 젊은이들의 눈은 당연하게도 제국대학 진학으로 향했다. 고등중학교는 금세 다수의 진학 희망자를 모집하게 되었다.

그러나 아무리 진학 희망자가 늘어나더라도 제국대학의 수와 수용력에 한정이 있는 이상, 고등중학교의 문호만 넓힐 수는 없었다. 수험 경쟁은 해마다 격렬해졌고, 1887년대 중엽에는 이미 예비교豫備校와 재수생이 출현하고, 수험 경쟁이 사회 문제가 되고 있었다.

고등중학교로부터 고등학교로

높아만 가는 제국대학, 나아가서는 고등중학교로의 진학 압력을 완화하기 위해서는 어떻게 해야 했을까.

최초로 구상된 것은 고등중학교의 전문교육기관화 · 전문학교화다. 원래 고등중학교에는 본체인 대학예과 외에 법학 · 의학 · 공학 등의 전문학부를 설치할 수 있었으며, 실제로 5개 학교 모두 의학부가, 제3고등중학교에는 그 위에 법학부가 부설되어 있었다.

1894년 당시의 문부대신 이노우에 고와시井上毅는 새롭게 '고등학교령'을 공포하고, 고등중학교를 고등학교로 개칭하여 3년제로 하는 동시에 그 전문학부를 주主로 하고 대학예과를 종從으로 하는 조직으로 개조하는 대개혁을 단행했다. 고등학교를 중등학교로부터 고등 단계의 전문교육기관으로 전환시키고, 진학 희망자를 전문학부로 유도하려 한 것이다. 이 대개혁의 상징으로서 제3고등학교의 대학예과는 폐지되고, 제3고등학교는 법학부 · 의학부에 신설된 공학부를 더한 순연한 전문교육기관이 되었으며, 또한 제5고등학교에서도 공학부가 신설되었다.

이노우에는 고등학교를 '전문학교'화하는 한편, 제국대학을 학술 연구기관으로 승격시키는 구상을 품고 있었던 듯하다. 제국대학은 "대학원을 확장하고, 전적으로 학문적 전문교육의 부府로 하여, 세계 각국과 학술의 빛을 다투는 자리에 도달"시키며, 그것과는 "별도로 단과대학(즉 전문학교)을 일으키고, 전적으로 응용적 전문교육의 장소로 하여, 고등 실업으로 나아가고자 바라는 자를 양성"한다. 결국 연구와 교육의 기능을 나누어, 전자는 오로지 제국대학의 역할로, 후자를 '대학(즉 전문학교)' 즉 '고등학교'의 역할로 한다는 그의 구상을 기록한 문서도 남아 있다.

전문학교화 구상의 좌절

그러나 이노우에의 그 구상은 어이없이 좌절한다. 국가 엘리트의 등용문인 제국대학으로의, 나아가서는 대학예과로의 진학 경쟁은 제도 개혁 후에도 격렬함이 더해가는 추세였던 데 비해서, 고등학교를 중심으로 한 전문학부는 인기가 없어서 충분한 수의 지원자를 모을 수가 없었기 때문이다.

1897년 제3고등학교의 시설 설비와 교원의 일부를 계승하여 교토에 제2제국대학이 창설되면서, 3고에 대학예과가 부활하고, 다시 1900년 제6고(오카야마), 1901년 제7고(가고시마), 1908년 제8고(나고야) 등, 대학예과만의 고등학교가 증설되었다. 그것만이 아니라, 관립·공립·사립의 전문학교·실업전문학교가 수를 늘리는 중 1901년에는 제1(지바), 제2(센다이), 제3(오카야마), 제4(가나자와)·제5(나가사키)의 각 고등학교에 부설되어 있던 의학부(괄호 속은 소재지)가 분리 독립하여 의학전문학교가 되며, 유일하게 남아 있던 제5고 공학부도 1906년에 구마모토고등공업학교로 독립했다.

이노우에 문부대신의 구상에 반해서, 전문교육은 전문학교·실업 전문학교의 역할이 되었으며, 고등학교는 대학예과가 되어버리고 말 았던 것이다.

교양교육과 '신제 고등중학교' 구상

이렇게 고등학교가 대학예과로 되면서, 다시 중학교와의 관계가 문제되기 시작했다. "우리나라의 고등학교처럼 (대학 예비교육만을 목적으로 하는) 일종 특별한 학교를 인정하는 곳은 어디에도 없다."[2] 다시한 번 고등중학교로 돌아갈 것인가, 폐지·축소하여 대학예과로 할 것인가. 요컨대 중등교육·고등교육 중 어느 쪽의 일부로 할 것인가, 확실히 하라는 것이었다. 문부성의 심의기관인 '고등교육회의'의 논의는 전자로 기울었고, 1911년에는 새롭게 '고등중학교령'이 제정되어, 관립 한정으로 20개 학교까지 고등중학교의 증설을 인정하기로 결정되었다.

이 시기에 제국대학은 도쿄·교토에 도호쿠·규슈를 더해서 4개교가 되었지만, 그렇더라도 고등중학교가 20개교라는 건 너무 많지 않은가. 고등중학교의 입시 경쟁은 완화되더라도, 이번엔 제국대학으로 자동 진학이 곤란해지면서, 새로운 경쟁을 만드는 것은 아닌가. 그렇게 강한 반대론을 막기 위해 등장한 것이, 신제도의 고등중학교를 대학예비교육이 아니라 '교양교육' 실시 기관으로 한다는 논의다.

그런 주장을 했던 유력한 인물로서 문부대신을 역임했던 고마쓰바라 에이타로小松原英太郎는 이렇게 말하고 있다. 지금까지 관립학교라 하면 "관리, 기사技師, 학자의 양성소로서의 현황을 드러내"왔다. '신제 고등중학교'의 졸업자에게는 "대학에 들어갈 자격을 주는" 동시에 "지방 신사紳士'(gentleman의 번역어로서 『미구회람실기米歐回覽實記』(1877) 이후 한때 지방의 관리나 퇴관한 사람을 지칭했다—옮긴이)의 자제 중에서 전문적인 학문까지는 필요로 하지 않은 자나, 중학교 과정만으로는 만족스럽지 않다면 이제 더욱 높은 수준의 교육을 받고, 또 다소간의 법률 경제의 지식을 얻어 장래 지방의 신사로서 사회에 나서려 하는 자"도 입학시켜 "선택과목으로 법률, 경제, 또는 농업 혹은 상공업의 대강"을 배울 수 있도록 해야 한다.[3]

구미 여러 나라의 고등보통교육에는 원래 대학 예비교육과 나란히 교양교육의 역할이 있으며, 그쪽 편이 중시되어왔다. '신제 고등중학교'의 교육에서 '지방 신사', 요컨대 중류계급을 위한 교양교육의 역할도 갖게 한다면 제국대학으로의 진학 압력은 경감되리라는 것이다.

'학예대학교'론의 등장

그런데 2년 후로 예정된 '고등중학교령'의 시행이 재정난을 이유로 계속 지연되고 있는 가운데, 이번에는 점점 격렬해지고 있었던 전문학교의 대학승격론, 요컨대 제국대학 이외의 관립·공립·사립대학의 설립 인가 문제와 얽혀서 별도의 개혁 구상이 부상했다.

전문학교·실업전문학교·고등학교라는, 중학교 졸업생을 입학시킬 수 있는 학교는 모두 3-4년제의 새로운 대학으로 변경하고, 고등학교는 4년제의 '학예대학교'로 만들어, 2년 수료 뒤에 제국대학 입학을 인정하거나, 혹은 제국대학에 2년제 '학예부'를 부설한다는 꽤나 대담한 구상이었다. 중심적인 주장자는 도쿄와 교토 두 제국대학의 총장을 역임하고, 문부대신도 지냈던 기쿠치 다이로쿠이며, 그가 모델로 삼았던 것은 시찰하면서 강한 인상을 받았던 미국의 대학제도였다.

일본이 그때까지 모델로 삼았던 유럽 여러 나라에서는, 예를 들면 독일의 김나지움Gymnasium, 프랑스의 리세lycee처럼, 고등보통교육은 중등 단계로 끝내고 대학에서는 학생에게 전문교육만을 시행했다. 그런데 하버드대학을 비롯한 미국의 유력 대학은 중등학교 졸업생을 입학시키는 4년제 칼리지College를 보유하고 있었으며, 거기에서 보다 고도의 교양교육Liberal Arts을 시행했다. 대다수 학생들은 그 4년제 과정을 수학하여 졸업한 후 사회에 진출했지만, 2년이나 3년의 단계에서 전문학부로 진학하여 직업교육을 받는 경우도 있었다. 기쿠치가 구상한 고등학교의 '학예대학교'화는 미국의 '리버럴 아츠 칼리지'의 일본판인 것이다.

고등중학교인가 학예대학교인가, 중등교육의 일부인가 고등교육의 일부인가. 관립·공립·사립의 전문학교·실업전문학교 사이에서 높아가는 대학승격열을 배경으로 논의는 혼미해졌다. '고등중학교령'의 시행은 중지되었고, 그 결론은 1917년에 설치된 '임시교육회의'에서의 논의에 맡겨지게 되었다.

신고등학교령과 대학령

　일본 최초인 이 내각 직속의 강력한 심의회의 답신에 토대해서, 제
국대학 이외의 관립·공립·사립대학의 설립을 인정하는 '대학령'과,
신'고등학교령'이 공포된 것은 1918년 말의 일이다. 그것에 의해서 관
립·공립·사립의 유력 전문학교, 특히 게이오기주쿠와 와세다를 비
롯한 사립전문학교가 차차 대학으로 승격하고, 동시에 고등학교의 성
격도 크게 변하게 되었다.
　새로운 '고등학교령'에 의해, 고등학교의 목적은 "남자의 고등보통
교육"의 "완성"에 두고, 수업 연한은 7년으로 고등과 3년·심상과 4
년으로 이루어졌으며, 고등과의 교육과정은 문과·이과로 나눠졌고,
고등과만의 학교 설립은 물론 공립·사립학교의 설립도 인정되기 시
작했다. 즉 고등학교는 대학예과가 아니라 문과·이과로 나누어 '교
양'으로서의 고등보통교육을 담당하는 중등 단계의 학교로서, 다시
말하자면 미국적인 '리버럴 아츠 칼리지'가 아니라, 독일의 김나지움
으로 대표되는 유럽적 중등학교로서 재설계되었던 것이다.
　이 신고등학교령에 기초해서 관립·공립·사립고등학교의 신설
이 잇따라, 학교 수는 그때까지의 8개 학교에서 1940년에는 관립 25
개, 공립 3개, 사립 4개의 모두 32개 학교로 급증했다. 특히 관립학

표 4-1 고등학교의 설립 과정

설립 연도	교명(소재지)
1886년	제1(도쿄) · 제3(교토)
1887년	제2(센다이) · 제4(가나자와) · 제5(구마모토)
1900년	제6(오카야마)
1901년	제7(가고시마)
1908년	제8(나고야)
1919년	니가타 · 마쓰모토 · 야마구치 · 마쓰야마(松山)
1920년	미토(水戶) · 야마가타 · 사가 · 히로사키(弘前) · 마쓰에(松江)
1921년	*도쿄 · 오사카 · 우라와(浦和) · 후쿠오카 · *무사시(武藏, 도쿄)
1922년	마쓰오카 · 고치(高知)
1923년	히메지(姬路) · 히로시마 · *도야마(富山) · *고난(甲南, 효고)
1925년	*세이케이(成蹊, 도쿄)
1926년	*나니와(浪速, 오사카) · *세이조(成城, 도쿄)
1929년	*부립(府立, 도쿄)

＊ 네모의 음영 부분은 공립, 아래 밑줄 그은 부분은 사립, 별표(*)는 7년제.

교는 그때까지 제1부터 제8까지의 '넘버 스쿨' 8개 학교에 더해서 니가타·마쓰모토 등 지명을 붙여 '지명 스쿨'이라 불렸던 17개 학교가 1919년부터 1923년에 걸쳐서 한꺼번에 신설되었다.

교양교육이라는 표면상의 방침

이렇게 독립된 '완성' 고등보통교육의 기관으로서 큰 확장을 이루었던 고등학교들의 제도상 방침과 현실 사이에는 커다란 괴리가 있었다.

새로운 고등학교는 제국대학예과가 아니라 독립한, 그 자체로 완결적인 교양교육의 장이었기 때문에, 당연히 졸업자는 제국대학 진학의 자격을 갖지만, 자동적인 진학을 약속받은 것은 아니었다. 그리고 임시교육회의는 새로운 고등학교에서 고도의 교양교육을 받은 졸업자가 제국대학 진학 이외의 길, "혹은 지방에서 각종 사업의 경영자가 되거나, 혹은 지방 행정에 종사하는 관리가 되며, 혹은 지방 자치체의 명예직이 되"는 길을 선택하면서, 그로 인해 제국대학 진학 압력은 완화될 것이라고 크게 기대했다.

임시교육회의의 위원 중에는 고바 사다타케처럼 "오늘날의 일본 상황은 학문을 도락으로 삼으려 하는 자는 극히 적고 (중략) 역시 학문으로써 어떤 직을 가지려는 것이 목적"이기 때문에 제국대학에 진학하지 않고, 고등학교만으로 직업을 갖는 자는 한정되어 있다고 현

실론을 주창하며 반대했던 사람도 있었다.[4]

그렇게 일부 위원의 강한 반대를 무릅쓰고 대개혁을 실시했지만, 현실은 개혁의 이념대로 움직이지 않았다. 뒤에서 보겠지만, 졸업 후에 제국대학 진학 이외의 길을 선택한 사람은 거의 없었고, 새로운 고등학교가 상정했던 교양 중심의 '고등보통학교'의 장場은 전혀 되지 못했던 것이다.

실체는 제국대학예과

무엇보다도 심상과 · 고등과를 합해서 7년 일관제一貫制 고등학교가 본체本體가 되었지만, 관립의 경우 이미 설립된 학교는 물론 신설 학교도 도쿄고등학교 하나를 제외하고 모두 고등과의 3년제이며, 7개교의 공 · 사립고교만이 7년제였다. 그뿐만이 아니라 신설된 공 · 사립대학에서는 고등학교와 동일 기준에 의해 '대학예과'가 부설되었으며, 관립의 경우에도 홋카이도제국대학과 도쿄상과대학에서는 예과가 설치되었다. 고등학교의 실질은 여전히 '대학예과', 그것도 '제국대학예과'에 다름 아니었으니, '신제' 고등학교와 제국대학의 관계는 그것을 입증하는 것이었다.

고등학교 졸업자에게는, 그때까지처럼 제국대학으로 자동 진학을 보장하지 않았다. 그러나 공 · 사립대학에는 모두 고등학교 상당의 예과가 설치되어 있었기 때문에 고교 졸업자의 진학 루트는 사실상 제국대학·관립대학으로 한정되어 있었던 것이다. 그리고 실제로 고교생들이 목표로 했던 것도 이전과 마찬가지로, 무엇보다도 제국대학 진학의 길이었다.

뒤에서 상세하게 언급하겠지만, 이렇게 학교가 4배로 늘어난 고등학교 때문에, 제국대학의 수용력과 관계없는 졸업자가 다수 배출되었고, 금세 격심한 제국대학 진학 경쟁이 발생해서 '백선낭인白線浪人'(시험에 합격하지 못해 재수하는 사람. 백선白線은 구제 고등학교 제모制帽의 흰색 선에서 따온 것으로 고등학생을 표상하며, '낭인'은 상급학교에 진학하지 못한 지원자를 의미한다—옮긴이)이라는 진로 미정자가 대량으로 나왔다. 고교생들은 교양을 몸에 익히는 것이 아니라, 진학 준비에 시간을 쓰지 않을 수 없었다. 요컨대 고등학교의 실태는 개혁의 이상에 반해서, 다시 제국대학예과의 방향으로 되돌아가버린 것이다.

고등학교의 위기

그뿐만이 아니다. 다이쇼 시대 후기부터 쇼와 시대 초기에 걸쳐서, 임시교육회의의 답신으로 일단은 사그라졌던 학제 개혁 논의가 다시 불타오른다.

메이지 시대 이래 필요에 응해서 가지각색의 학교가 세워졌으며, 땜질투성이로 진학 계통에서 복잡하게 되어버린 교육제도를 초등·중등·고등의 3단계로 정리하고, 합리화·효율화하자는 시비가 있었는데, 그 중심적인 논점으로 고등학교 문제가 재부상한 것이다. 그리고 논의는 크게 고등학교제도의 폐지와 대학·전문학교의 제도적 통합으로 기울고 있었다.

1930년에는 당시의 유력지『고쿠민신문國民新聞』이 학제 개혁에 관한 논문을 현상 모집했던 바, 132편의 논문이 모였다. 그 내용을 보면, 고등학교제도를 언급한 48편 가운데 전폐 32편, 대학예과 부활 7편으로, 현상 유지는 겨우 9편뿐이었다.[5] 또한 각종 단체 등으로부터 24개의 개혁안이 제출되었는데, 문부성이 1935년 시점에 정리·분석한 결과 고등학교의 폐지 7개안, 대학예과로의 전환 4개안, 문리과대학으로의 개조 2개안 등이었으며, 현상 유지는 3개안에 지나지 않았다.[6]

1933년 간행된『이와나미강좌·교육과학』(제17책)에는「고등학교 교육의 문제」에 대해서 지상紙上 심포지엄이 실려 있는데, 이것을 읽어보면 당시의 고등학교장들이 학교의 앞날이 불투명하다고 생각했음을 알 수 있다.

예를 들면 도쿄고등학교의 쓰카와라 마사지塚原政次 교장은 "고등학교를 대학의 예비교육이라고 생각하지 않는 사람"이 드물며, "졸업생 전부를 순탄하게 대학에 입학시키기 위해서는 아무리 하여도 고등보통교육은 쓸모가 없으며, 예비교육이라는 태도로 나아가지 않으면 안 된다"고 언급하며, 1930년도의 고등학교장 회의에서도 이미 대학예과로의 회귀론이 다수를 차지하고 있었다고 서술하고 있다. 문부성이 고등학교를 폐지하고 2년제의 대학예과로 개정하는 안을 발표해서 파문을 일으킨 것도 이 무렵의 일이다. 교양교육의 이상은 물론 고등학교제도 자체가 존폐의 위기에 서 있었던 것이다.

대학예과로 회귀

결국 1937년 말에는 다시 내각 직속의 '교육심의회'가 설치되었고, 그곳에서 학제 개혁 논의가 전개되었다.

전쟁의 발소리가 높아가는 가운데 고등교육제도 전체의 발본적인 개혁에는 다다를 수 없었지만, 답신에 의해 고등학교에 대해서는 대학예과로서의 성격·역할을 강화하는 방향으로 얼마간의 개혁이 행해졌다. 고등학교령 제1조의 "남자에게 정심精深한 수준으로 고등보통교육을 실시"한다는 종래의 목적 규정에 "대학교육의 기초가 되는"이라는 문장이 더해졌고, 또한 7년제가 아니라 3년제를 중심으로 한다는 표현이 그 단적인 예다.

대학예비문으로부터 출발한 고등학교는 결국 독립된 완결적인 교양교육의 장이 아니라, 대학예과로 회귀하여 제2차 세계대전 후 학제 개혁 와중에 제국대학과 함께 그 역사를 끝마쳤다.

제 2 장

자유와 인간 형성

예비교육 시대

중등교육과 고등교육, 대학예비교육과 교양교육 사이에서 동요했던 고등학교제도였지만, 제국대학을 졸업한 국가 엘리트들의 인간 형성에는 커다란 역할을 했다. 다만 그것은 교육의 목적 규정과 커리큘럼 이상으로, 3년간의 자유로운 캠퍼스 생활이라는 '시간과 공간'이 고교생들에게 약속했던, "숨은 커리큘럼"의 덕택이었다는 것을 지적해두지 않으면 안 된다.

1918년의 신고등학교령 공포를 경계로, 고등학교의 교육 목적 · 교육과정이 크게 변화한 것은 앞장에서 본 그대로다. 여기에서는 그것 이전을 '대학예비교육' 시대, 이후를 '교양교육' 시대라고 부르기로 한다.

'대학예비교육' 시대의 교육과정은 몇 차례 변했는데, 1894년에 제정되어 1900년에 개정된 '대학예과학과규정'을 보면 다음과 같다.

① 진학 희망의 분과대학에 따라 학과를 제1부(법학·문학), 제2부(공학·이학·농학), 제3부(의학)로 나눈다. ② 수업 연한은 3년, 수업 시간 수는 주당 30시간 전후, ③ 수업과목·시간 수는 진학 희망의 분과대학·학과별로 정하며, 모두 필수로 한다.

실제 수업과목을 보면, 공통과목은 윤리, 국어한문, 제1·제2외국어뿐이며. 나머지는 모두 제국대학 진학 후의 전문교육에 필요한 과목이다. 예를 들면 제1부에서는 수학물리數物 계열의 과목이, 제2·제3부에서는 인문사회人社 계열의 과목이 모두 철저하게 전무했다. 국어와 한문도 제1부는 3학년의 총계로 주 15시간인 데 반해서, 제2·3부에서는 1학년의 3시간에 지나지 않았다. 가장 중시했던 공통과목은 영어·독일어·프랑스어의 외국어이며, 3년간의 합계 시간 수는 제1부 52시간, 제2부 38시간, 제3부 45시간으로, 총 수업 시간 수에서 차지하는 비율은 각각 57퍼센트, 41퍼센트, 50퍼센트였다. 외국어교육이 얼마나 중시되었는가를 알 수 있다.

외국어 중심의 '교양교육'

'교양교육' 시대가 되면서 '고등보통교육의 완성'이라는 교육 목적에 따른 3부제는 폐지되며, 문과·이과의 2과제가 되어, 수업과목 구

표 5-1 고등학교의 교육과정(1918)

	문과		이과	
	수업시간 수	퍼센트	수업시간 수	퍼센트
수신	3	3.0	3	3.1
국어 및 한문	16	16.3	6	6.3
제1외국어	25	25.6	20	20.9
제2외국어	(12)	(12.3)	(12)	(12.5)
수학	3	3.0	12	12.5
법제 및 경제	4	4.1	2	2.1
심리 및 논리	4	4.1		
심리			2	2.1
역사	12	12.3		
지리	2	2.0		
철학	3	3.0		
자연과학	5	5.1		
물리			8	8.3
화학			8	8.3
식물 및 동물			8	8.3
광물 및 지질			2	2.1
도화			4	4.2
체조	9	9.2	9	9.3
계	86 (98)	100.0	84 (96)	100.0

* 수업 시간 수는 주당 32~33시간. 표에 나온 것은 3년간의 합계 시간 수. 예를 들면 수신 3시간은 각 주 1시간 수업의 3년간을 의미한다. 제2외국어는 '수의과목'으로 되어 있지만, 실제로는 모든 고등학교에서 필수였다.

성도 표 5-1에서 보는 것처럼 크게 변했다.

'법제 및 경제'와 '심리'가 문·이과 공통 필수과목으로 추가되고, 문과에서도 '자연과학'이 필수과목이 된 것은 커다란 변화다. 그러나 동시에 문과·이과의 구별은 입학 때 이미 결정되었으며, 이수할 수 업과목도 그에 따라서 결정되어 있었다. 미국의 리버럴 아츠 칼리지와 달리 선택의 자유는 전혀 인정되지 않았던 것이다.

공통과목 중에서는 외국어의 수업 시간 수가 감소했다지만, 문과에서 전체의 38퍼센트, 이과에서도 33퍼센트로, 의연하게 높은 비율을 차지하고 있다. 그뿐만이 아니라, 정말이지 '교양교육'의 시대답게 그 목적에 대해서도 "영어, 독일어 또는 프랑스어를 요해하고, 다시 그것에 의해서 사상을 표현하는 능력을 얻으며, 겸하여 지덕의 증진에 이바지하는 것을 요지로 한다"라고, 어학력뿐만이 아니라 인간 형성에 이바지하는 교양교육적인 역할을 기대하는 것이 명기되어 있었다.

중요한 것은 외국어 교육을 맡았던 교사와 사용했던 교과서다. 당시의 학교일람 등을 보면, 외국어 담당 교원은 대부분 제국대학 출신의 문학사文學士였다. 또한 졸업자의 자서전 등에서 거론되고 있는 명물 교사도 대다수가 문과대학 문학부 졸업의 어학교사였다. 교과서는 예를 들면 『독일어독본』 같은 어학 교과서뿐만 아니라, 상급 학년이 될수록 문학을 중심으로 한 인문학 책이 선택되고 있다. 대다수의 고교생에게 코난 도일, 마크 트웨인, 로버트 루이스 스티븐슨, 라프카디오 헌(영국 출신으로 일본에 귀화한 작가로, 일본 이름은 고이즈미 야쿠모小泉八雲―옮긴이) 등과 함께 밀, 러셀 등의 저작이 교과서로 사용되고 있었다.

구미의 문학·철학·역사 등 인문학과 사회과학, 게다가 음악과 회화에 대한 고교생들의 관심은 그로부터 폭넓어져 문과·이과의 구별을 넘어서 '교양주의'라고 불리는 독자적 학생 문화를 양성하고 있었다. 외국어 교육은 단순한 어학 교육이 아니라, 텍스트를 통해서 근대 서구의 사상·문화·사회 등에 대해서 배우게 하는, 그런 의미에서 바로 서구적·근대적인 '교양'교육의 역할을 다한 것이다.

캠퍼스 생활

그러나 고교생의 인간 형성에 정규 교육과정 이상으로 커다란 역할을 한 것은 그들의 캠퍼스 생활이었다.

'넘버 스쿨' 시대에 관립고등학교가 설립된 곳은 옛날 큰 번藩의 도읍지다. 1920년 이래의 신설 고등학교 중에서, 공립·사립학교는 도쿄와 인접권에 집중됐지만, 관립 '지명 스쿨'은 지방의 소도시에 분산적으로 설립되었다.

고등학교의 중요한 특징은 그러한 입지도 물론이거니와, 그 규모에 있었다. 고등학교(3년제)의 수용 정원은 원칙적으로 한 학년 200명, 전체 600명 이내로 정해져 있었으며, 1935년 당시 생도 수를 보더라도 최대인 1고가 1천 명 정도, 다른 넘버 스쿨은 600명부터 700명, 지명 스쿨에서는 400명 전후에 지나지 않았다. 진학 희망자는 문과·이과, 여기에 이수를 예정하고 있는 제1외국어(영어·독일어·프랑스어. 단 프랑스어를 두지 않는 학교도 있었다)를 선택한 뒤 시험을 치르고, 입학 후에는 '같은 과 같은 학년의 생도들로 편성'된, '정수 40명 이내' '학급'에 소속되었다. 학급마다 교실이 주어지고, '학급 주임'이라고 불리는 담임 교관을 배치하여, 외국어를 비롯해 각 교과의 수업은 원칙상 그 학급 단위로 행해졌다. 철저한 소수 교육주의를 취한 고등학교는 극히 밀도가 짙은 교육적 공간이었음을 알 수 있다.

덧붙여 지방 도시에 입지한다는 것은 교원도 학생도 같은 지역에 거주하고, 소규모 학교공동체를 중심으로 생활을 함께한다는 것을 의미했다. 그것은 교원과 생도, 동급생 간, 상급생과 하급생 사이에 긴밀한 인간관계를 약속하는 것이었다. 20여 명의 전임 교원과 400~600명 전후의 학생이 어우러지는 캠퍼스 생활은 그것만으로 이미 강한 인간 형성적인 기능을 약속하고 있었다.

기숙사와 농성주의(籠城主義)

그 캠퍼스 생활에서 중시된 것은 기숙사와 교우회로 상징되는 '자유와 자치'였다.

원형을 만든 것은 제1고등학교의 초대 교장으로 교토제국대학 창설 때 총장도 역임한 기노시타 히로지다. 제국대학 법과대학 교수였던 기노시타는 당시 모리 아리노리의 청으로 제1고등학교 교장으로 취임했는데, 그것은 "향후 사회의 상류에 서서 (중략) 일본 가운데 선도자가 되어 일본을 지휘해야만 할" 햇병아리 국가 엘리트로서 "품행은 단정하게 뜻은 고상하게 하여, 다른 청년들의 표준이 되어야만 할" 고등중학교생들의 풍기風氣의 어지러움에 대해서, 모리가 품고 있던 위구危懼의 염려에 공명했기 때문이다.

기노시타에 의하면 이에 대한 가장 큰 원인은 서생이라고 불렸던 젊은이들의 하숙 생활에 있었다. "외박의 풍습은 실로 제군들에게는 독약이며, 학교 일보 바깥도 모두 적이라는 결심이 선다면, 기숙사의 필요성은 두 말할 필요가 없다. 따라서 향후는 학생 1명도 남김없이, 모두 기숙하는 것을 규칙으로 정하고, 제군이 단결하여 수신修身의 온습溫習을 용이하게 하고, 기숙사 안의 여론을 일으키는 데 도움이 되게 한다."[1] 또한 "우리 학교의 기숙료寄宿寮를 설립하는 까닭은 그것으로써 금성철벽金城鐵壁(쇠로 만든 성과 철로 만든 벽이라는 뜻으로, 방어 시설이 잘되어 있어 공격하기 어려운 성을 이른다—옮긴이)을 삼아, 세간의 악풍오속惡風汚俗을 차단하여, 순수한 덕의심德義心을 양성시키고자" 함에 있다.[2]

기노시타가 주장하고, 고등학교 최대의 특색이 되었던 '전료제全寮制(학생 전원에게 기숙사에서 생활할 것을 의무로 규정하는 제도—옮긴이) · 농성주의籠城主義'(문명의 개화로 세속화되어가는 세간의 속진俗塵에 물들지 않기 위해 '농성'하듯 제1고생 전원이 자치 기숙사에서 고교 3년을 보낸 데서 기원한 말이다. 이러한 농성주의를 반대한 니토베 이나조新渡戶稻造는 "농성주의도 좋지만, 그것은 수단이지 목적이 아니다. 기숙사의 창을 열어 더욱 세상과 접하고 사회적 관념을 양성하여 실實사회에서 활동할 수 있는 기질을 만들라"고 충고하기도 했다─옮긴이 주)는 그러한 위기감으로부터 생겼던 것이다.

기숙사는 다른 고등학교에서도 점차 개설되었지만, 3년간의 학교 기숙사 생활을 의무로 부여했던 것은 1고뿐이며, 그 이외는 첫 1년만, 그것도 자택 통학을 인정하는 학교와 희망자만 받았던 학교 등 다양한 형태가 있었다. 1938년에 문부성이 행한 조사에 의하면, 고교생의 거주 형태는 학교 기숙사 33퍼센트, 자택 32퍼센트, 하숙 21퍼센트, 셋방 6퍼센트, 친척·지인 4퍼센트 등이라고 되어 있다. 그렇다고 하더라도 그 비율은 사립대학예과와 전문학교에 비해서 눈에 띄게 높다. 입학 때 1년 동안이라고는 하지만 거주를 의무로 부여한 학교 기숙사는 확실히 고등학교에 특징적인 시설이었다.

교우회의 역할

기노시타 교장의 찬조 아래, 교우회가 최초로 조직된 것도 제1고등학교다. 기숙사생은 "적절히 동심 협력하여, 견고한 단체를 만들고, 염치廉恥의 마음을 장려하며, 공공公共의 마음을 일으켜서, 덕의德義의 진수進修를 도모"하지 않으면 안 된다.[3] 기노시타에게 기숙사와 교우회는 일체의 것이었다.

그 이전부터 생도들이 자발적으로 활동해왔던 운동부, 변론부辯論

部, 잡지부 등을 통합하는 형태로 1890년에 학교 공인의 전 학교적인 조직, 즉 모든 생도가 가입하는 '교우회'가 1고에 만들어진 것은 자치료自治寮가 개설되고부터 대략 반년이 지난 후였다. 명칭은 가지가지였지만, 그 후 모든 고등학교에 동일한 조직이 만들어지며, 드디어 다른 학교와 대학으로도 확대되어갔다.

기숙사생이 스스로 기숙사 생활에 관한 규칙을 정하고, 기숙사생의 공선公選에 의해 뽑힌 총 대표가 책임을 지고 식당을 포함한 기숙사의 운영을 맡는다는, 제1고로부터 시작한 기숙사 운영 방식은 20세 전후의 젊은이들에게 엘리트의 길에 막 들어서는 햇병아리 엘리트로서의 자부심과 책임감을 드높이고, 게다가 특권의식을 키우는 데 중요한 역할을 했다. 교우회의 경우에도 "본회의 대목적은 이미 문무文武의 여러 기능을 장려함에 있으나 그것을 이루는 데는 만사 자유의 공기와 자연의 경쟁에 맡기지 않으면 안 된다"라는 제5고 교우회 '용남회龍南會'의 예4에서 알 수 있듯, 고교생 자신의 주체성과 책임에 의한 운영이 원칙이었다.

"학교에 의한 교육과 보완 관계에 서" 있는,5 "이면의 조직"6이라고 불렸던 학교 기숙사와 교우회는 고교생들이 "자유와 자치"를 배운 "숨겨진 커리큘럼"으로서 커다란 역할을 했다.

자치와 자유의 형해화

교양과 인간 형성에 있어서 중요한 '이면의 조직'이었지만, 역설적이게도 교양교육의 이상을 내건 신고등학교령의 공포 이래로 그 기반이 흔들리면서, 캠퍼스 생활은 크게 변하기 시작했다.

변화의 조짐은 1906년에 1고 교장으로 취임한 니토베 이나조가 한편으로는 농성주의의 전통을 지지하면서도 "소시얼리티(사교성)"의 중요성을 이야기함으로써, 1고생들이 한편으로는 공감, 다른 한편으로는 반발했던 즈음부터였다. 다이쇼 데모크라시와 연결된 구미적인 근대주의·개인주의가 햇병아리 국가 엘리트들 사이에 침투하여 그들의 의식을 변화시키기 시작했던 것이다. 신고등학교령은 거기에 박차를 가한 것이었다.

제1고등학교 기숙사의 역사인 『향릉지向陵地』는 중학교 4년 수료자에게도 입학을 인정하는 신제도를 언급하면서 "17세가량의 자들도 들어오면, 장래 과연 빛나는 자치의 역사를 유지할 수 있겠는가"라는 걱정을 적고 있다. 실제로 교우회의 각 부 친목회비 징수에 참여했던 위원이 출석을 강제하는 것은 이상하며, 출석하지 않는 이에게 회비를 거둘 필요는 없다는 등 신입생으로부터 항의를 받았다. "일이 용이하지 않다. 자치 기숙사의 장래에 어떠한 결과를 초래하겠는가, 예측하기 어렵다"라고 개탄하는 사실이 적혀 있다.

이전에는 1고처럼 1실에 십수 명, 적더라도 4명이 보통인 기숙사였는데, 신설 고교에서는 1실 2명, 1인실도 나타났다. 교우회 활동도 각

부의 정규 활동 외에 동호회적인 취미오락단체가 늘어나고, 또한 많은 고교에서 사회과학연구회가 생겨나는 등 좌익 운동의 파도가 높아졌던 쇼와 시대 초년에는, 교우회비 인하 운동에서부터 선수 중심으로 변화한 운동부의 폐지론까지 나왔다.

그와는 반대로 그즈음부터 유행한 것이 "헤진 옷에 낡은 모자弊衣破帽, 일본식 옷차림紋付羽織의 서생풍 문화"였다. 고등학교 연구자인 다카하시 사몬高橋佐門에 따르면, 1897년대 중반 이래 "헤진 옷弊衣이나 이색적인 의복異裝이 점차 사라지고, 정상화해가는" 경향이 "다이쇼 시대 중반까지는 계속되었다." 그것이 일변하여 '헤진 옷에 낡은 모자', 이색적인 일본식 의복, 거기에 장발·멋대로 흐트러진 머리蓬髮 등, 고교생의 상징적인 스타일이 지배적인 풍토가 되었던 것은 '신제' 고등학교의 대량 신설 즈음부터였다. "장발의 풍습이 지명 고교에서부터 생기고 보급된 것은 사실인 듯하며, 일본식 옷과 조리 신발 등의 풍속을 과장하고 이풍속화異風俗化한 풍조도 역시 지명 고교에서부터 생겼다고 보아도 좋다."7

"자치와 자유"가 형해화하고, 학교 기숙사와 교우회 활동의 인간 형성 기능이 약체화되어가는 와중에, 고교의 독자적 문화는 '폐풍弊風'화하여, 그 외형만 계승되기 시작했던 것이다.

진학 준비로 쏠림

'자치와 자유'의 기반을 허물어뜨리는 역할을 한, 또 하나의 변화는 역시 신고등학교령이 가져온 제국대학으로의 진학 경쟁의 격화였다. 그 실태에 대해서는 다음 장에서 다루기로 하고, 그것이 고교생들의 생활과 행동에 어떻게 커다란 영향을 끼쳤는지를, 어느 고교 교원은 다음과 같이 쓰고 있다.

고등보통교육을 통해서 인격 형성을 목표로 한 고등학교가 "사실 (중략) 대학예과로 취급되고, 생도는 대학 입학시험에 필요한 과목만을 공부하며 다른 과목을 등한시할 뿐만 아니라, 상급생의 경우 이런 과목은 결석하고 귀가하는 자가 많으며, 강제로 이를 참석케 하여도 그 과목을 건성으로 듣고 몰래 교실에서 입학시험 공부를 하고 있는 상태다." 고교생들은 "대학 입학준비에만 몰두하고, 도쿄 같은 곳은 도쿄제국대학의 입학시험을 준비하는 학교에 야간 통학까지 하며 공부에 편안한 날이 없다"는 것이 실태이며, "옛날과 같이 유유히 고등학교 생활을 맛보는 자는 없고 (중략) 인격의 완성 교육 등은 생각지도 못하는 상태에 있다."[8]

자립적인 고등보통교육의 장으로 전환되었어야 할 '신제' 고등학교에서, 고교생들이 중학생처럼 수험공부를 열심히 해야만 하는 현실이 실태를 드러낸 것이다. '신제' 고등학교는 과거의 대학예과 시대가 어디든 제국대학 학부의 입학이 보장되어 있었기 때문에 인격 형성의 장으로서 훨씬 충실했다고 하는 패러독스에 직면하지 않을 수 없었다. 쇼와 10년대(1935~1945)를 맞이할 즈음에 고등학교는 자립적인 인간 형성의 장으로서의 특색을 서서히 잃어버리기 시작했다고 말하지 않을 수 없다.

　고교 수는 굉장히 많아졌다. 당연히 대학 입학은 곤란해졌다. 고교생의 관심 대상은 바로 그것이다. 거기에 연령도 어려졌다. 누군가가 말했던 것처럼, 대학생은 고교생처럼 고교생은 중학생처럼 되어버렸다. 매우 성실해졌지만, 어쩐지 사색의 깊이와 여유는 적어졌다. 따라서 그중에는 인생관 등을 생각하기보다 단어를 1개라도 더욱 암기하려는, 매력 없는 이들도 나타났다. 옛날에도 고등학교 교단에서 너무 기뻐 어쩔 줄 모를 정도의 고설高說을 들은 기억은 없지만, 학교 특히 기숙사의 공기는 청춘의 꿈을 키우기에 어울리는 멋과 정취가 있었다. 그러나 지금은 대학 입학시험이라는 것이 결핵균과 같이 청년의 뇌리에서 똬리를 틀고 앉아 그들의 공상을 늘 어둡게 하고 있다.[9]

이것이 도쿄제국대학 학생주사學生主事인 오히로 데이치로大室貞一郎가 진단했던, 과거 자신도 그 일원이었던 동시대 고교생들의 모습이었다.

제 3 장

입시부터 진학까지

고등학교와 입학시험

제국대학에 진학하기 위해서는 우선 고등학교를 나와야 했는데, 전전기를 통틀어 젊은이들에게 고등학교 진학은 항상 최대의 난관이었다.

일본이 모델로 삼았던 유럽의 여러 나라에는 독일의 김나지움, 프랑스의 리세처럼 교양교육과 진학준비교육을 겸했던 중등학교가 있었으며, 그 졸업 자격인 아비투어Abitur(독일)와 바칼로레아Baccalaurea(프랑스)를 취득하면 조건 없이 대학 진학이 인정되었다. 일본의 경우에도 자격을 주는 특별한 명칭을 가진 제도는 없었지만, 1918년까지는 고교 졸업자에게 제국대학에 자동적으로 진학하는 것을 인정하고 있었다. 다만, 그 고등학교가 중학교와는 분리되어 한정

표 6-1 관립고등학교의 입학자와 입시 비율

	입학자(명)	입시 비율
1900년	1,426	2.68
1905년	1,470	3.20
1910년	2,147	2.97
1915년	2,061	4.69
1920년	3,439	6.85
1925년	5,228	6.03
1930년	5,297	5.99
1935년	3,952	7.30
1940년	5,524	6.90

＊『문부성 연보』 각 연도에 입각하여 작성.

적으로 설치된 '대학예과'였다는 점이 독일이나 프랑스와는 근본적으로 달랐다. 그 때문에 제국대학을 목표로 한 젊은이는 우선 고교 입시라는 형태의 엄격한 선발시험을 통과하지 않으면 안 되었다.

대학예과 시대의 고등학교 입학 정원은, 당연한 일이지만 제국대학의 수용력과 연동하여 정해져 있었다. 그 제국대학도 학교 수나 학생 수용력을 늘리는 것이 얼마나 곤란했는가는 보아왔던 그대로다. 중학교 졸업자나 제국대학 진학을 희망하는 자가 늘어나는 추세였지만, 고등학교의 입학 정원을 거기에 부응하여 늘릴 수는 없었다. 입학시험은 더욱 어려워져만 갔으며, 고등학교의 역사는 수험 경쟁을 완화하기 위한 입학제도의 개혁과 좌절의 역사가 될 수밖에 없었다.

'종합시험'제도의 도입

입시 개혁의 핵심은 지금 식으로 말하면 '공통학력시험'제도의 도입이었다. 1902년의 '종합시험'이 그 시작이다.

고교 입학시험은 창설 이래 각 학교가 독자적으로 행해왔지만, 수험생의 지망 순위에서는 제1고를 정점으로 뚜렷한 학교 간 서열이 만들어졌고, 경쟁률에서도 학교에 따라 커다란 차이가 있었다. 그것은 진학 기회의 불평등·불공평성을 의미할 뿐만 아니라 제국대학 입학자 간의 학력 격차로 이어진 듯하다. 졸업자의 자동적인 진학을 인정하고 있는 문부성·제국대학에 있어서 그것은 바람직하지 않았다.

그래서 고안해낸 것이 '종합시험', 즉 고등학교가 일제히 같은 날, 같은 시간에 입학시험을 시행하고, 전체 입학 정원수만큼의 합격자를 결정하여, 사전에 제출토록 한 지망 순위에 따라 각 고등학교에 배정한다는 선발 방법이다.[1]

그러나 평등·공평성을 보장하려고 도입한 그 제도는 길게 지속되지 않았다. 교통 통신 수단이 발달하지 않은 시대다. 문제의 작성, 송

부添付, 채점, 합격자의 할당 등 어느 모로 보나 기술적인 곤란이 컸으리라는 점은 쉽게 상상된다. 그렇지만 그 위에 심각한 또 다른 이유가 있었다. 이렇게 되면 학교 간의 서열이 노골적으로 되어버린다는 점이다.

제2, 제3지망으로 밀린 생도는 "언제나 자기가 제1지망한 학교의 생도는 모두 자신보다 낫다고 자기를 비하하며, 자기 학교에 대한 애교심도 적어, (중략) 모르는 사이에 정신이 비굴하게" 된다.[2] 고등학교 입장에서도 그 방식이라면 "수재들이 모조리 제1고등학교의 문으로 모이고", 다른 학교는 "그 나머지를 받는 형태로 심히 언짢을 수 있다."[3] '종합시험'제도는 결국 5년 만에 폐지되고 말았다.

덧붙여 말하자면, 폐지 직후인 1908년 8개교의 입학자 총수는 약 2천 명, 경쟁 비율은 전체가 4.9배, 최고는 제1고가 7.4배, 최저는 제5고가 3배, 입학자의 평균연령은 19세 5개월이며, 다수의 재수생이 존재했음을 엿볼 수 있다.

'분할제'와 '집단시험'

이렇게 '종합시험'제도는 실패로 끝났지만, 수험 경쟁이 전혀 완화되지 않았고 격차도 엄연히 존재했기 때문에, 문제는 다시 불거질 수밖에 없었다.

다이쇼 시대에 들어서면 "전국의 수재가 많이 모인 제1고와 제3고의 낙제생 중에는, 다른 지방의 고등학교 입학자보다도 성적이 우수한 자가 많이 있다. 실제로 작년 성적에 의하면, 1고 및 3고의 낙제생 중 700명 정도는 다른 고등학교의 여느 입학자보다 상위의 성적을 얻고 있다.(고교 전체의 입학자 수는 이즈음에도 약 2천 명이었다—지은이) 즉 지방의 고등학교라면 우등으로 입학할 수 있는 학력을 가진 자가 1년간 무위 생활을 하고 있었다. 그것은 당사자에게도 마음의 독이 될 뿐만 아니라 국가의 손해다"라며, 당시 오카다 료헤이岡田良平 문부대신이 말을 꺼냈다.

그런데 지원자가 집중된 제1고·제3고의 시험을 우선 실시해서 입학자를 결정하고, 남은 6개 학교는 그 뒤에 시험을 본다는 '분할제'안을 생각해냈다. 문부성의 권한이 강했던 시대라고는 하지만, 이처럼 이삭줍기의 꼴이 되는 다른 6개교가 침묵하고 있을 리가 없었다. 과연 문부성도 한발 물러섰지만, 그 대신에 '집단시험'이라고 이름을 바꾼 공통시험제도의 도입을 재차 계획했다. 고등학교 측의 반대를 누르고 밀어붙여 도입했다.

그러나 그것도 1917년부터 2년간 실시되었을 뿐이며, 허망하게 중단되는 지경에 이르렀다. 참으로 선견이 없었던 셈인데, 신고등학교령 공포로 고등학교의 대량 신설이 시작되고 수험생이 격증하는 가운데, '집단시험'은 기술적으로 곤란해져버렸던 것이다. 다만 관립고등학교의 경우, 문부성 출제의 동일한 입시 문제를 사용하고, 같은 날에 일제히 실시하는 부분만은 그 후에도 계승되었다.

'2반제'의 도입

다이쇼 시대에 들어서도 관립고등학교의 입학자 수는 2천 명 이상으로 현상 유지가 되었지만, 대량 신설의 결과로 1920년 이래 대폭의 증가세로 돌아서며 1925년에는 5,200명으로, 10년 전에 비해서 2.5배로 급증했다. 그러나 수험 경쟁은 전혀 완화되지 않았고, 1915년에 4.7배였던 입시 경쟁률은 증설이 시작된 1920년에 6.9배, 증설이 거의 끝나던 1925년에도 6.0배로 오히려 상승하고 있다. 수용력의 확대는 중학교 졸업자, 나아가서는 고등학교 지원자의 증가에 훨씬 미치지 못했던 것이다.

그래서 1925년에 문부대신으로 복귀한 오카다 아래에서, 다시 입시 개혁의 이야기가 불거졌다. 이번에 제안된 것은 25개교로 늘어난 관립고등학교를 '2반'으로, 즉 2개의 그룹으로 나누어 입시를 실시하려는 안이었다. 이번에도 고등학교 측에서는 반대 의견이 강했지만, 문부성이 "무턱대고 실시를 결행할" 것을 알게 되어 "어쨌든 (중략) 문부대신의 의향을 헤아리는 의미에서" 실시에 동의할 수밖에 없었다.[4]

'2반제'였지만 25개의 관립고등학교를 제1반 13개 학교와 제2반 12개 학교로 나누어 수험생에게 각 그룹 1개교의 지망을 인정했다. 시험은 1일 간격으로 두 번 실시하고, 수험자는 제1반의 지망 학교와 같은 장소에서 제2반의 시험도 볼 수 있도록 한다는 것으로, 문부성 출제의 동일한 시험문제를 사용했다. 반 편성에는 넘버 스쿨을 2개로 나누어 1고와 3고를 별도의 그룹으로 하는 등 배려를 했다.

"낙오의 위험이 있는 지원자는 지원자의 수가 가장 적은 학교에 지망토록 하여 입학 편의를 꾀한다. 이를 위해 입학난 완화의 주안점으로 삼은 것은 모든 수험자가 동일 장소에서 2번 시험을 치르도록 하여 가능한 한 입학자의 편의를 도모"하는 것이다. 이것이 기본적인 목적이었다.[5]

입학 문제 누설 사건

'2반제' 방식의 입시는 1926년부터 실시되었다. 그러나 두 번째 시험이 끝났던 이듬해 1927년 봄에, 생각지도 못한 사건이 일어났다. 인쇄국에서 인쇄된 입시 문제가 누설된 것이다. 인쇄국 직원이 돈을 목적으로 입시 문제 전부를 훔쳐냈고, 그것을 손에 넣어 합격한, 제1고를 비롯한 4개 학교의 7명이 입학을 취소당하는 사건이었다.

그뿐이라면 시험문제 관리를 강화하면 해결될 터인데, 고등학교장 회의는 이를 계기로 '2반제' 그 자체를 폐지하기로 결의하고, 시험 날짜는 동일하게 했지만 입시 문제는 각 학교 독자적으로 출제하게 하여, 1902년의 최초 입시 개혁 시점으로 일거에 되돌려놓으려 했다.

공평할지는 모르지만, "절차의 번잡함, 수험생도 피곤하게 만들고, 시험관은 한층 더 피곤하게 만드는 (중략) 다소의 행복감을 느끼는 것은 우등생의 일부분뿐"이라는 것이 관계자의 견해였다고 한다.[6] 당초에는 개혁에 호의적이었던 여론도 막상 실시해보니 "도회지의 수험생이 제2지망을 지방의 고교로 하여 지방의 수험생을 '압도'해버렸다. 종래 지방의 자제에게 열려 있었던 기회를 박탈하게 되었다. 이래서는 고등학교의 지방적 분산이라는 의미가 없다"는 비판적인 방향으로 변했다는 지적도 있다.[7]

결국, 그것이 고교 입시제도의 최후 개혁이 되었다. 어느 시대에도 입시 개혁은 어려운 일이다.

제국대학 진학

고등학교와 제국대학의 관계로 돌아가자.

자주 언급했듯이, 실질적인 대학예과라고 하더라도 고등학교는 독립된 학교였기 때문에, 졸업자 전원에게 진학을 보장한다고 해도 분과대학(학부)과 학과의 구별이 있었으며, 제국대학 수도 증가하게 되면서 선택·지망에 편중이 생겨 양자의 관계가 문제시되는 것은 피할수 없었다.

제국대학이 1개뿐이었던 메이지 20년대(1887~1896) 말에 문제가이미 부상하고 있었던 듯하다. 당시의 유력 교육정보지 『교육시론』은 1896년에 제국대학 입학 관계 규정의 개정이 있었는데, 입학 지원자가 각 분과대학·학과의 예정 인원을 초과한 경우에는 경쟁시험으로 입학자를 결정하기로 한 바, 고등학교 측이 맹렬히 반발했던 것을 전하고 있다. 자동적으로 진학을 보장한다고 해서 생도를 입학시켰는데, 졸업 단계가 되어 "다시 시험을 요구하는 것은 자가당착이 심한 것"이 아닌가라는 것이다.

그래서 제국대학 측은 1898년에 규정을 다시 한 번 개정하여, 지망자 전원을 일단 '가입학'시키고 시험을 치러 입학할 수 없었던 자는 다음 연도에 무시험으로 입학을 허가했다. 즉 1년 기다리면 지망 학과에 우선적으로 진학할 수 있도록 했다.[8] 이른 바 '1년 대기제'가 시작된 것이다.

실제로 1907년대에 들어서기까지 도쿄제국대학의 입학률(지원자에 대한 입학자의 비율)을 보면, 거의 100퍼센트에 가깝다. '1년 대기제'도 있고, 어떻게든 희망한 대로 진학이 보장되고 있었던 것을 알 수 있다. 다만, 공업화의 진전과 함께 진학 희망자가 증가하는 추세에다, 실험·실습을 해야 했고, 학과가 세분화되고 있어서 공과대학만은 예외였다. 교토제국대학 이래 신설 제국대학이 예외 없이 공과대학 중심이었던 것은 진학 희망자의 동향에서 보는 한, 피하기 어려운 선택이었다고 봐야 할 것이다.

도쿄인가 교토인가

다음은 또 한 가지 지망 대학 사이의 조정 문제다.

그것은 교토에 제2제국대학이 설립된 때부터 시작되었다. 1897년

고등학교장 회의에서는 "대학예과 졸업생을 도쿄, 교토의 두 대학에 배당하는 건"이 의제로 올랐지만, 의견은 모아지지 않은 채 결국 어느 대학을 선택할지는 학생의 자유에 맡기기로 했다.[9]

수도인 도쿄 이외의 신설·후발 제국대학을 제1지망으로 하는 자는 많지 않았다. 인기 있는 공과와 법과의 경우에는 그 경향이 특히 현저했다. 예를 들어 4개 분과대학 체제를 갖추고서 4년째가 되는 1909년의 교토제국대학 입학자를 보면, 입학자의 총수는 217명으로 도쿄제국대학 1,029명의 약 5분의 1에 지나지 않으며, 특히 법과는 도쿄의 433명에 비해 교토는 51명으로 압도적인 차이가 있었다.

그것은 도호쿠·규슈로 이어지는 여타 후발 제국대학에도 공통된 고민이며, '1년 대기'는커녕 고등학교로부터의 진학자만으로는 입학 정원을 채울 수 없어, 어쩔 수 없이 (혹은 적극적으로) 전문학교와 고등사범학교로부터의 '방계 입학'을 인정하는 대학·단과대학도 있었다. 자동진학제의 폐지를 초래한 1918년의 학제 개혁이 그러한 대학·학부·학과 선택의 편중을 다시 심각하게 만든 것은 새삼스럽게 말할 필요가 없을 것이다.

고교 졸업자의 진로

제도 개혁에 의해 문과·이과의 2과제二科制가 된 고등학교 졸업자는 각각 문과 계통·이과 계통의 학부로 진학하는 우선권을 인정받

표 6-2 관립 · 공립 · 사립고등학교 졸업자 진로 상황(명)

	1925년	1935년
도쿄	1,887	1,485
교토	994	1,066
도호쿠	192	226
규슈	271	293
홋카이도	2	12
오사카		180
제국대학 합계	3,346	3,262
관립대	284	452
공립·사립대	9	237
기타		7
학교		
취업	10	-
수학중	37	-
미정	95	1341
사망 등	14	6
전체 합계	3,795	5,305

＊『문부성 연보』 1925년 · 1935년에 입각하여 작성.

고, 그 밖에 제국대학 이외의 관립 · 공립 · 사립대학으로의 진학도 포함하여 완전한 선택의 자유를 인정받게 되었다.

진학하지 않고 취직하거나 혹은 '지방 신사'가 되는 길도 개혁에 상

표 6-3 대학 입학자의 구성(명, 1935)

	고교	예과 등	전문학교 등	학력 검정	기타	계	방계 입학률
제국대학 합계	4,797	339	207	51	132	5,526	4.7
도쿄	2,196	19	-	-	76	2,291	0.2
교토	1,497	10	5	23	28	1,563	1.8
도호쿠	396	6	31	18	12	463	10.6
규슈	417	29	109	9	15	579	20.4
홋카이도	31	275	17	1	1	325	5.5
오사카	260	-	45	-	-	305	14.8
관립대학 합계	751	204	483	2	19	1,459	33.3
전체 합계	5,548	543	690	53	151	6,985	10.6

＊ 예과 등 : 학습원고등과 · 대학예과.
＊ 전문학교 등 : 전문학교 · 실업전문학교 · 고등사범.
＊ 기타 : 대학 졸 · 재입학 등.
＊ 방계 입학률(%) : 전문학교 등과 학력검정에 의한 입학자의 비율.
＊『문부성 연보』 1935년도에 입각하여 작성.

정된 것이었지만, 졸업생이 실제로 선택한 진로가 오로지 진학, 더구
나 제국대학이었던 것은 표 6-2에서 보는 바와 같다.

　1935년의 숫자를 보면, 5,305명의 졸업생 중 진학자가 74퍼센트를
차지하지만, 제국대학이 61퍼센트로 압도적으로 많고, 다른 관립대학

이 9퍼센트, 공립·사립대학이 4퍼센트다. 제국대학 이외의 관립·공립·사립대학 진학자 수가 13퍼센트라는 숫자에서, 제도와 시대의 변화를 보아야 할지도 모르겠다. 그러나 그 이상으로 중요한 것은 전체의 25퍼센트를 차지하는 '미정'이라 분류된 다수 졸업자들의 존재다. 표 중에서 대학 진학자 수는 어디까지나 '현역' 진학자의 숫자다. 진로 '미정'자의 대부분은 제국대학 진학을 목표로 하다가 실패한 이른바 '백선낭인白線浪人'이었다.

표 6-3은 1935년의 제국대학과 관립대학의 입학자 수를 비교한 것인데, 고교로부터의 입학자 총수는 5,548명이며, 고교 졸업자 수와 거의 균형이 맞고 있다. 즉 대학예과였던 시대와 마찬가지로, 고교와 제국대학·관립대의 입학 정원은 거의 균형이 맞게 설정되어 있었던 것을 알 수 있다. '백선낭인'의 출현은 따라서 무엇보다도 고교 졸업자의 대학·학부·학과 사이에서 진학 희망자의 편중 현상과 관련하여 생겨났던 것이다.

서열 구조(pecking order)

제국대학 진학에 대해서는 고교 졸업자 우선이라는 방침이 정해져 있었다. 정원이 차지 않는 경우에야 비로소 전문학교 등으로부터의 '방계 입학'이 인정되었다.

제국대학 전체에서 약 5퍼센트, 최대인 규슈대학에서 20퍼센트

를 넘는 방계 입학자는 그런 편중을 상징하는 것이며, 또한 표 6-2
의 3,262명이라는 제국대학 '현역 입학자'와, 표 6-3의 '고졸 입학자'
4,797명 사이의 1,500명 남짓의 차이는 다수의 '백선낭인'의 존재를
뒷받침하는 것이다.

또 한 가지 관련된 숫자로서, 대학·학부별 입학 비율을 들어보자
면, 도쿄제국대학의 2배에 비해서, 교토제국대학은 1.4배, 학부별로
보자면 같은 도쿄제국대학에서도 의과 2.9배, 공과 2.8배, 법과 2.4배
에 비해서 문과 1.2배, 경제 1.5배, 농과 1.6배인 것처럼 비율에 커다
란 차이가 있었던 것을 알 수 있다. 또한 학부·학과에 따라서 사실상
지망자 전체가 입학하는 경우도 적지 않았다.

고교 졸업자들은 대학을 기준으로 보자면 도쿄제국대학 – 교토제
국대학 – 여타 제국대학 – 관립대 – 공립·사립대 순으로, 학부를 기준
으로 보자면 문과 계열에서는 법과 우선, 그리고 이과 계열에서는 의
학·공학과 그 외 학부라는 식으로 진학을 희망하는 정도에 따른 '페
킹 오더pecking order', 즉 서열 구조를 강하게 의식하고 있었다. 그것
이 고교와 대학 간의 복잡한 접속 관계를 만들어내고, 수험 경쟁의 격
화와 '백선낭인'의 증가를 초래했던 것이다. 이후 '백선낭인'의 증가
에 난처해진 문부성이 고교의 한 학급당 정원을 30명으로까지 줄이는
등 조치를 취해 일시적으로는 입학자 수가 4천 명까지 줄었기 때문에,
고교 진학 경쟁이 한층 격화되는 것을 피할 수 없었다.

고교생의 중학생화나 고교교육의 수험 준비 교육화를 우려하는 목
소리는 현실적으로 입증된 것이라고 할 수 있다.

제 3 부

학생에서 학사(學士)로

엘리트들의 학생 생활

학생과 학사

제국대학에 입학이 허락된 젊은이들은 '학생' 신분이 된다. 표 7-1에서처럼 입학자 수는 해를 거듭할수록 증가했다 해도 1910년에 약 1,600명, 1920년에 2천 명을 넘고, 쇼와 시대에 들어 점차 5천 명대가 되었다. 구 제국대학계 7개의 현재 학부 입학 정원은 약 2만 명, 도쿄대만도 3천 명이다. 총인구가 다르다고는 해도 전전기의, 그것도 메이지·다이쇼 시대의 제국대학생(이하 제대생)이 어떻게 선발된 '엘리트'였는지를 알 수 있다. '학사님이라면 시집보낼까'라고 일컬어지며 「딸을 준다면 학사님娘やるなら學士様」(1926)이라는 영화까지 제작되었다

앞서 '학생 신분'이라고 썼지만 전전기 내내 법규상으로 학생과 생

표 7-1 제국대학의 입학자 · 졸업자 수(명)

	학교 수	입학자	졸업자
1890년	1		196
1900년	2	718	428
1910년	3	1,596	1,274
1920년	5	2,396	2,597
1930년	5	5,435	4,687
1940년	7	5,628	4,817

＊ 학부 학생 기준. 대학원 · 예과 · 전문부 학생 제외.
＊ 『문부성 연보』의 각 연도 자료에 입각해 작성.

도는 구별되었다. 고등학교나 전문학교는 생도이고, 대학생만이 학생이라고 불렸다. 1918년의 대학령 공포까지는 제국대학만이 정규 대학이었기 때문에 제대생만이 학생이었던 것이다. 앞에서도 언급했듯이, 게이오나 와세다 등 사학私學은 '대학'이라 칭하는 것을 인정받았지만, 제도상 전문학교였으며 법규상의 호칭은 생도였지 학생이 아니었다.

그 '학생'이 졸업하면 '학사'가 되었고, 학사의 칭호도 정식으로는 제국대학 졸업자에게만 인정되었던 것이다(단지 삿포로농학교 본과와 도쿄고등상업학교 전공부의 졸업자는 예외로 학사라 칭하는 것이 인정되어 있었다). 대학령에 준거하여 정규 대학이 되는 이전의 사립대학 졸업생에게는 예를 들어 게이오기주쿠 문학사, 와세다대학 정학사政學士와 같이 학교명을 부기한 학사 칭호만 허락되었다. 즉 '학사님'이란 제국대학 졸업생을 가리키는 말이며 '학사회'라고 하면 말 그대로 제국대학 졸업자의 단체를 의미했던 것이다.

메이지·다이쇼 시대의 제대생이 얼마나 특권적인 신분이었는지, 더 나아가 말하자면 뒤에 다루듯이 제국대학 이외의 관립·공립·사립대학 설립을 인정하는 1918년의 대학령 공포가 대학제도만이 아니라 학생 생활에도 얼마나 커다란 전환을 의미했는지를 알 수 있다.

'성인' 학생들

메이지·다이쇼 시대의 제대생들이 지금과 비교해 정신적으로만이 아니라 연령적으로도 훨씬 '성인'이었던 것은 문부성의 자료를 통해서도 알 수 있다.

문부성이 1872년부터 매년 간행하고 있는 『문부성 연보』는 특히 전전기 제국대학에 대한 데이터의 보고다. 조사 항목에는 시대에 따라 변화가 있고, 정책적인 문제나 관심의 변화를 읽어낼 수 있다. 그 하나가 메이지 30년대(1897~1906)에 등장하여 그 후 일관되게 조사되었던 입학자 연령 항목이다.

표 7-2는 도쿄제국대학을 예로 그것을 본 것인데, 1905년도 입학자

표 7-2 도쿄제국대학 입학자의 연령(년·월)

	1905년			1935년		
	최장	최소	평균	최장	최소	평균
법학	32.8	20.1	24.0	30.9	18.8	21.1
의학	33.0	20.2	25.2	27.9	19.2	21.4
공학	27.10	19.3	22.11	25.9	18.8	20.10
문학	33.2	20.8	24.8	33.6	19.1	21.7
이학	25.10	19.2	21.6	26.5	19.1	21.1
농학	28.8	21,5	24.1	30.2	18.1	22.1
경제학				30.8	16.6	21.2
전체				33.6	16.6	21.4
고교	26.1	17.0	19.9	29.7	15.4	18.2

＊『문부성 연보』의 각 연도 자료에 입각해서 작성.

의 평균연령은 의과대학이 최고령으로 25년 2개월이고, 최저인 이과 대학도 21년 6개월이었던 것을 알 수 있다. 이 시기 수업 연한은 법 · 의학이 4년, 그 외는 3년이었기 때문에 순조롭게 학업을 이수했더라 도 졸업생의 평균연령은 30세 가까이 되고 만다. 실제 1905년도의 졸 업자 평균연령은 의과가 28년 11개월, 법과가 27년 7개월, 이과대학도 26년 3개월이었다.

인생 50년이라고 일컬어지던 시대였다. 평균 졸업 연령이 30세에 가깝다는 것은 어렵사리 키운 엘리트 후보자들이 사회적으로 활약 가능한 연수가 너무 짧은 것은 아닐까 우려를 낳게 한다. 이렇게 조사 결과는 졸업까지의 연한 단축, 그를 위한 고등학교·대학예과제도의 폐지를 중심으로 한 학제 개혁의 중요한 논거라고 여겨지게 되었다.

왜 그렇게 입학자의 연령이 높았던 것일까. 메이지 30년대(1897~1906)의 학교제도를 보면, 6세에 입학하는 의무제의 심상소학교 4년제, 고등소학교 2년, 중학교 5년, 고등학교 3년을 합한 모두 14년이 제국대학을 입학하는 데 필요한 소정의 수업 연한이었다. 제국대학의 최소 입학 연령이 20세 전후인 것은 당연한 일이다. 그것만으로도 현재 대학 입학자의 연령보다 훨씬 높은데, 평균연령이 더 높아 24세 혹은 25세가 되어버린 것은 왜일까. 그것은 제국대학 문턱에 도착할 때까지가 학력에 의한 엄격한 선발의 연속이며 천하의 대大수재라 하더라도 그 험한 산길을 올라 정상에 다다르는 것은 용이한 것이 아니었기 때문이다.

수험 전쟁과 졸업 연한 단축론

수재들은 중학교까지는 순조롭게 진학했을 것이다. 중학교 입학시험도 힘들었겠지만, 입학 후 조금 게으름을 피우다 정해진 점수 이상의 성적을 받지 못하면 곧바로 낙제다. 2년 계속해서 낙제하면 여지없이 퇴학당한다. 그리고 졸업하면 치열한 고등학교 입학시험이 기다리고 있다. 1905년도 고등학교 입학자의 최소 연령이 17세인 데 반해 평균연령은 19세 9개월이다. 때문에 2년 이상 여분의 시간이 걸렸다는 계산이 된다(단지, 이 당시는 소·중학교의 졸업이 3월인 데 반해, 고교·제국대학의 경우 9월 입학이어서 6개월의 공백 기간이 있었다).

입학 후 엄격한 낙제·퇴학제도는 고등학교나 대학도 중학교와 동일했다.

소중하게 육성한 학사들에게 국가·사회를 위해 보다 오래 일하도록 하기 위해서는 어떤 식으로든 졸업하는 연한을 단축할 필요가 있었다. 그뿐 아니라 제국대학 진학을 고집하고 재수, 삼수를 거듭하는 젊은이들이 많았기 때문에 그에 연동하여 다른 고등교육기관, 특히 고교 입시 실패 후 포기하고 사립전문학교 등에 입학하는 자의 연령도 높아지게 되었다. 사회적·국가적인 손실이 컸다. 그것이 입학시험제도의 개혁, 고등학교·제국대학의 가을 입학제도 폐지, 더 나아가서는 고등학교·대학예과의 연한 단축이나 폐지로까지 논의가 발전한 가장 큰 이유이며, 메이지·다이쇼 시대를 통해서 졸업까지의 연한 단축은 고등교육 정책의 중심적인 과제가 되기에 이르렀다.

어찌 되었든 대다수가 입학 때 이미 20대 전반이라는 것이 메이지·다이쇼 시대 제대생의 모습이었다. 지금의 관점에서 보자면 대학원 박사과정 학생에 가까운 연령이었다. 최고학부에서 구미 여러 나라의 최첨단 학문을 배우는 제대생들이 햇병아리 엘리트라기보다 엘리트 그 자체이며, 사회적으로 발언권을 인정받았던 뛰어난 존재였던 것은 틀림없다.

시험지옥 속의 제대생

그런 엘리트 학생들에게 학생 생활 최대의 고민은 시험이었다. 예를 들자면 1895년도 『도쿄제국대학일람』을 보면, 각 분과대학에 시험에 관한 상세한 규정을 두고 있었던 것을 알 수 있다.

법과대학을 예로 보자면, 시험은 '통상시험'과 '졸업시험'의 두 종류로 나뉘고 통상시험은 1학년부터 3학년의 각 학년 말에, 졸업시험은 제4학년 말에 실시하도록 했다. 이 시기, 수업과목은 대개가 필수이며 학년마다 할당되어 있고(학년·학급제), 게다가 교과서도 없이 강의 중심이었기 때문에 학생은 열심히 노트 필기하여 시험을 준비해야 했다. 성적은 절대평가로 각 과목 50점 이상이 합격, 각 과목의 평균 점수가 60점 이상이 되지 않으면 진급도 졸업도 할 수 없었다. 그뿐 아니라 한 과목이라도 떨어지면 다음 해에 또다시 전 과목을 수강해야만 했다.

전문 분야에 따라 약간의 차이는 있지만, 이러한 학년제·필수과목 중심·강의 중심·성적의 절대 평가, 전 과목 합격에 의한 진급·졸업시험의 실시 등은 법과에 국한되지 않고 다른 분과대학에도 공통되는 것이었다. 즉 입학까지는 말할 것도 없고 입학 후 제대생의 학생 생활도 꼼짝달싹할 수 없는 시험의 연속이었던 것이다. 그리고 법과대학 졸업생의 경우에는 더 나아가 최대 난관이라 여겨진 고등문관시험이 기다리고 있었다.

제국대학의 이러한 시험 중심의 교육 방식은 일찍이 일부 관계자가 문제시했는데, 앞서도 언급했듯이 1897년에 신설되는 교토제국대학에서는 개선을 지향하여 과감한 도전이 시도된 바 있다.[1]

학년제를 중지하고 학생은 과목마다 이수등록을 하는 '과목제'를 도입, 시험은 불합격한 과목만 재시험을 쳐서 모든 과목이 합격점을 받으면 언제든 졸업시험을 볼 수 있고, 수업 연한도 '3년 이상 6년 이내'로 완화한다는 독일 대학을 모델로 한 혁신이었다. 그러나 이 혁신은 길게 가지 않았다. 특히 법과의 경우, 이렇게 해서는 고등문관시험에서 도쿄제국대학과 겨룰 수 없다는 것이 혁신이 좌절한 가장 큰 이유였다고 한다.

졸업성적과 은사(恩賜)의 은시계

제국대학에서 시험이 얼마나 중시되었는지는 예를 들면 도쿄제국대학이 매년 간행했던 『도쿄제국대학일람』의 부록에 실린 졸업자 명부에서도 알 수 있다. 메이지·다이쇼 시대 명부를 보면, 각 분과대학·학과 모두 이로하イロハ순이나 아이우에오アイウエオ(우리의 가나다순—옮긴이)순이 아니라, 성적순으로 나열되어 있다.

유명인이 즐비한 1895년도 법과대학 정치학과 졸업생 30명의 명부를 예로 들자면, 오노즈카 기헤이지小野塚喜平次(훗날 도쿄대 총장)가 1번, 하마구치 오사치浜口雄幸(총리 역임)가 3번, 다카노 이와사부로(훗날 도쿄대 교수)가 6번, 이사와 다키오(경시총감 역임)가 끝에서 두 번째였던 것을 알 수 있다. 이렇게 가시화된 졸업시험 성적은 학사들에게 평생 따라다녔다.

기나긴 시험 생활의 최후를 장식하는 졸업시험에 무사 합격하고 맞이하는 졸업식에서 하이라이트는 성적 최우수자에게 천황이 하사하는 '은사의 은시계'였다.

그런 졸업식이지만 처음 거행된 도쿄대학 시절인 1877년에는 내빈의 필두가 간다 다카히라神田孝平 문부소보文部小輔(차관에 해당됨―옮긴이)에 불과할 정도로 간소한 것이었다. 그것이 일대 행사가 되어 "거의 국가적인 식전의 색채를 띠게"[2] 된 것은 1886년 제국대학 창설 이후다. 총리대신 이토 히로부미, 내대신內大臣·사법대신 야마타 아키요시山田顯義를 비롯해 참석자가 300명이 넘는 가운데 거행된 제1회의 그것은 실로 '제국'대학의 졸업식이었다.

졸업식에는 황태자나 친왕親王이 행차하는 일이 흔히 있었지만, 1899년에는 메이지 천황이 직접 행차하여 우등생 22명에게 은시계를 하사했는데, 이후에 그것이 관례가 되었다. 1899년에 시작하여 1918년까지 이어진 이 제도에서 기나긴 시험공부 끝에 그 영예를 획득한 것은 도쿄제국대학의 경우 총 323명으로 연평균 16명 정도였다.[3]

다른 제국대학의 경우 천황의 행차는 없었지만, 은시계는 하사했다. 예를 들어 교토제국대학에서는 "졸업식에는 반드시 황족이 임석하고 은사품 수여에는 특히 파견된 시종侍從이 관장"했으며,[4] 도호쿠제국대학에서도 "문부대신이 임석하는 것이 보통"이었다.[5] 제국대학이 얼마나 제국의, 국가의 대학으로서 그 많은 고등교육기관 중에서 각별한 취급을 받았는지 알 수 있다.

찬란한 졸업증서

오랜 동안 연찬의 증거로서 수여되는 졸업증서도 지금과는 비교되지 않는 훌륭한 것이었다. 『도쿄대학 100년사』(통사 1)의 권두 그림에는 1892년에 졸업한 미즈노 렌타로水野錬太郎의 증서가 실려 있는데, 첫머리에 성명을 기록한 후에 "법과대학 법률학과를 수학하고 정기定期를 거쳐 (졸업)시문試問을 통과하여 정히 그 업을 마쳤으니 이에 그것을 보증한다"라는 문장이 있고, 이하는 합격한 각 과목 담당 교수의, "법과대학 교수 종從5위 법학박사"와 같은 직함과 인감이 나란히 있다. 또한 "각 교수의 증명을 승인함에 제국대학의 인장을 찍은 졸업증서를 가지고 본과의 학업에 감능堪能함을 증명함"이라 적고, 마지막에 제국대학 총장의 서명과 함께 직인이 찍혀 있다. "시문試問을 통과"하는 것, 즉 졸업시험에 합격하는 것을 졸업의 가장 중요한 요건으로 여겼던 것이다.

이 졸업증서에는 어디에도 '학사'라는 글자가 없다는 점에 주의할 필요가 있다. 그것은 분과대학 통칙에 "각 분과대학 졸업생은 그 학과에 따라 법학사, 의학사(중략)라 칭할 수 있다"고 되어 있듯이 전전기를 통틀어 학위는 박사뿐이며 학사는 학위가 아니라 졸업생에 허락된 '칭호'에 지나지 않았다는 것과 관계되어 있다.

학사라는 칭호

사실 제국대학 이전에 학사는 학위였다. 도쿄대학 시절에는 박사학위는 아직 없었고 졸업생 전원에게 학사학위가 수여되고 있었다. 제국대학에 통합된 다른 관청官廳이 설립한 전문학교, 예를 들면 공부성工部省에 세운 공부대학교나 내무성內務省이 세운 고마바농학교(1881년 농상무성農商務省이 설립된 후 농상무성이 고마바농학교를 관할하기 시작했다—옮긴이)도 졸업생에게 학사학위를 부여하고 있었다. 특히 영국식의 공부대학교는 졸업 때 성적에 따라 졸업생을 3등분하여 졸업 성적 80점 이상의 1등 졸업생에게는 공학사의 학위를 수여했지만 2등은 몇 년 동안의 경력을 보고 인정했으며 3등은 학위를 수여하지 않는 엄격함이 있었다.

제국대학 발족과 함께 학사가 왜 학위가 아니었는지는 분명하지 않다. 그러나 1886년 3월의 '제국대학령'에는 "분과대학 학위를 마치고 정기 시험을 거친 자에게는 졸업증서를 수여한다"고 되어 있고, 또한 1887년 5월의 '학위령'에서 "학위는 박사 및 대박사 둘로 나눈다"고함으로써, 학사는 학위가 아님을 확정했다(그러나 '대박사' 학위는 수여되지 않고 끝났다).

그런 학사를 졸업생에게 '칭호'로서 인정했던 것은 문부대신 모리 아리노리였다. 분과대학 졸업생은 "학위를 수여할 만한 자격에 이르지" 않았지만 "수년간 연구의 공을 쌓아 대학의 교과를 마친 자"이기 때문에 "일반 학교 졸업생과도 차이"가 난다. 따라서 "졸업증서 수여 외에 그 학력을 표장標章하기 위해 학위가 아닌 일종의 칭호로서 법학사, 의학사 (중략) 등이라 칭할 수 있도록" 한다는 것이 모리의 주장이며, 각의閣議에 자문을 거쳐 결정했던 것이 1887년 6월이었다.[6]

엄격한 시험을 거쳐 일본제국 유일의 대학을 졸업하고 성업成業한 학생들이다. 사회적인 '표장'이 되는 칭호를 전혀 인정하지 않는 것은 이상하지 않은가 하는 의견이 문부대신만이 아니라 관계자 사이에서도 강하게 제기되었을 것이다.

학사회의 발족

'학사'라는 칭호는 제국대학 졸업자의 동창회 조직으로서 지금도 이어지는 '학사회'의 역사와도 깊이 관계되어 있다.

학사회는 1877년부터 1886년까지 도쿄대학 총장을 역임한 가토 히로유키加藤弘之가 퇴임할 때, 그 사람됨을 흠모한 졸업생, 즉 학사나 교관 · 학생 · 직원 등이 모여 개최한 사은회가 발단이 되었다. 1886년

5월에는 창립위원회 제1회 집회가 개최되어 학사회의 명칭이 결정되고 이어서 6월에 최초의 회칙이 정해졌다. 제1조에 "본회는 제국대학에 관계한 학우가 서로 만나 우정을 유지하고 친목을 다지는 것을 목적으로 한다", 제2조에 "본회를 이름하여 학사회라 한다", 그리고 제3조에서 회원 자격을 "제1류 법학사, 법률학사, 이학사, 공학사, 의학사, 준의학사, 제약사, 문학사, 제2류 제국대학에서 분과대학 또는 대학원을 졸업한 자, 제3류 제국대학의 교수 조교수, 제4류 본회의 특선特撰에 관련된 자"라고 정하고 있다.

여기에서 말하는 학사가 전신前身 학교에서의 학사학위 취득자를 가리킨다는 점은 법률학사(사법성법학교. 사법성법학교는 1875년에 사법성(사법부)이 관할한, 프랑스법을 전문으로 하는 사법관 양성 교육기관—옮긴이), 준의학사·제약사(도쿄의학교. 도쿄의학교는 1874년에 설립된 관립의 학교육기관으로서 도쿄개성학교와 함께 도쿄대학의 모체가 되었던 기관—옮긴이)가 포함되어 있는 것에서도 분명히 알 수 있다. 이 회칙은 1887년 12월에 개정되어 회원 자격이 "제1류 박사 학사 및 대학 본과 졸업자, 제2류 제국대학의 교수 조교수 및 교수 조교수였던 자, 제3류 본회의 특선에 관련된 자"라고 개정되었지만, 여기에서의 학사도 마찬가지로 "대학 본과 졸업자"가 제국대학 졸업자 즉 "학사의 칭호"를 인정받은 자에 해당한다.

1888년 3월에는 제국대학 안에 사무소가 설립되어 "동창 단체로서의 성격을 가진 학사회가 그 기초를 확립했다"고 『학사회 100년사』는 기록하고 있다. 『학사회 회보』의 전신이었던 『월보』는 1888년 6월부터 간행되기 시작했다. 학사회는 이와 같은 경위를 거쳐 단체로서의 기반을 다지고 제국대학과 함께 발전한다.

메이지 20년대(1887~1896)에는 예를 들면 게이오기주쿠나 도쿄전문학교(와세다대학) 등에도 졸업생이 교우회·학우회 등을 설립하는 움직임이 일어났다. 그런 가운데 일본 최초의 동창회라고 할 만한 학사회의 독자성은 교토·도호쿠·규슈 등 신설되는 제국대학의 졸업생을 점차 회원으로 늘려간 데 있다. 학사회는 실로 '학사님'의 모임이었던 것이다.

그것은 제국대학 이외의 대학 설립이 인정되어 그에 따라 '학사의 칭호'가 제국대학에 국한되지 않고 모든 대학 졸업자를 인정하게 된 후에도 변함이 없었다. 학사회의 존재는 7개의 제국대학(거기에 식민지 조선과 대만의 2개 대학)이 '형제(자매)'라는 사실의 충분한 증거라고 할 수 있을 것이다.

제 2 장

다이쇼 데모크라시 속에서

학제 개혁과 제국대학

다이쇼 데모크라시 시대는 메이지 시대 이후 다양한 제도를 개선하던 시기이기도 했다. 앞서 살폈듯이, 학교교육제도의 경우 그것은 '학제 개혁' 논의의 고양으로 나타났고, 최고학부인 제국대학도 거기에 휩싸이게 되어 그 결과로서 제국대학생의 생활도 크게 변했다.

뒤에서 다시 언급하겠지만, 제국대학에는 각 분과대학에서 2명씩 선임된 교수에 의해 '평의회'라는 조직이 설치되었고, 평의회는 "문부대신 또는 제국대학 총장으로부터 자문하는 건"을 심의함과 동시에 "고등교육에 관한 사항에 부쳐 의견을 문부대신에게 건의하는" 권한을 인정받았다. 즉 제국대학, 특히 수도 소재의 필두 제국대학에게 학제 개혁 논의에 적극적으로 발언하기를 기대하고 있었으며, 그 논의 중에는 제국대학제도 자체의 개혁 문제도 포함되어 있었다.

실제로 1914년에 도쿄제국대학 평의회는 문부성의 「제국대학제도 개정안」에 대한 의견을 요구받고 도쿄고등상업학교를 상과대학으로서 분과대학에 편입시키는 것에 반대한다. 또한 학사의 칭호를 학위로 변경할 것을 요청하는 등의 결의를 제출했음을 알 수 있다.[1]

그 후 1917년이 되어 학제 개혁 논의에 결말을 내기 위해 도쿄제국대학 총장인 야마카와 겐지로山川健次郎도 위원으로 참가한 내각 직속의 '임시교육회의'가 설치되어 대학교육 개혁에 관한 논의가 시작되자, 도쿄제국대학은 학내에 '제국대학제도조사위원회'를 만들어 거기에서의 심의 결과를 평의회에서의 결정을 거쳐 상신서의 형태로 문부대신에게 제출했다.

상신서에는 대학의 자치에 관한 것을 포함해 다양한 개혁이 제언되었는데, 학생 생활과 관련해서 주목할 것은 "본학에서 개정 절차를 밟아야 할 부분"으로서 ① "학년 학급제를 폐지할 것", ② "우등생을 폐지할 것", ③ "졸업식을 폐지할 것", ④ "시험의 방법"("과목시험의 결과에는 숫자 평점을 폐지할 것", "시험 성적에 단계를 설정할 것", "총평을 부기할 것") 등 네 가지 항목이 거론되고 있는 점이다.

시험 중시의 교육 비판

상호 관련이 있는 이 네 가지 제언의 핵심은 제국대학에서의 시험 중시에 대한 교육 비판에 있었다. 상신서를 참고로 했다고 여겨지는 임시교육회의의 대학교육에 관한 답신의 '희망사항' 항목을 보면, 그것을 잘 알 수 있다.[2]

(1) 대학은 "학술의 공구攻究를 목적으로 삼는" 데 있으며 "학생 스스로 학술을 연구하는 풍조가 있어"야만 한다. 그러나 "일본의 종래 학풍"은 실험은 별도로 하고 "대개 교수의 강의를 청문 필기하여 그것을 기억하고 시험에 급제하는 것을 능사로 여기는 폐해에 빠져, 스스로 수학하고 독창적으로 발상하는自修獨創 학풍의 부진을 불러왔다"는 것은 "대학교육상의 일대 결점"이다. 지금부터는 대학제도의 개정과 함께 "종래의 수동적인 학풍을 개신"하고, "교수 지도 아래 스스로 학술을 연구하도록 방침을 정하고, 대학의 학풍을 일신"하기를 바란다.

(2) 현행의 '학급(학년)제'는 학생이 "스스로 학습하는 자유 범위를 협소"하게 할 뿐 아니라, "쓸데없이 시험공부의 폐해에 빠뜨리는" 것이다. 학생은 한 과목이라도 "낙제점을 받으면 진급할 수 없기 때문에 당연하게 강의 필기, 기억에 전력을 쏟을 수밖에 없게" 된다. '과목제'를 하면, 학생은 "자유롭게 각 학과목에 시험을 칠" 수 있기 때문에 "각자 연구하고자 하는 과목에서 충분한 연구"를 할 수 있게 된다. 대학은 "가능한 학급제를 폐지하고 과목제를 실시하여, 학생으로 하여금 그 선택한 과목을 수의로 학습"시키는 길을 열어야 한다. 단지 '과목제'를 도입하는 경우에 "학사의 칭호"를 얻고자 하는 자에 대해서는 "일정한 과목을 수학토록 하고, 그 시험을 칠" 필요성이 있다.

(3) 시험의 경우, "성적을 점수에 따라서 평가"했기 때문에 학생은 "득점에만 급급하여 자학자습의 기풍을 말살하고, 항상 필기장의 작성과 독송讀誦을 악착같이 하게 만들고"만다. "가령 시험과목을 설정하더라도 점수에 의해서 성적을 평가하는 것과 같은 제도"는 폐지해야만 한다.

교육 개혁으로

학생의 자발성·자주성을 인정하지 않고 구조화된 필수 주체인 커리큘럼 아래에서 강의 중심의 지식 주입형 전문교육을 행한 것, 점수주의의 엄격한 시험으로 그 성과를 묻고 진급·졸업을 결정하는 것, 그것은 실로 근대화의 후진국다운 효율 중시의 발전도상국형 인재 양성 시스템이었다. 은사의 은시계로 이어지는 우등생제도도 천황이 행차하는 장중한 졸업식도 이런 교육의 존재방식과 불가분의 관계에 있었다.

이런 식이라면 영원히 학문의 부府로서 구미 선진국의 대학과 어깨를 나란히 할 수 없다. 앞서 언급했던 교토제국대학의 혁신이 어이없이 무산되고 나서 10년이 못 돼, 그러한 효율 제일의 경직된 교육 방식에 대한 준엄한 반성과 비판이 도쿄제국대학 내부에서도 힘을 키우고 있던 것을 알 수 있다.

다이쇼 시대 전기는 제국대학 졸업 후 구미의 일류 대학에서 최첨단 학문을 접하고 귀국한, 신세대 교수들이 다수를 차지하기 시작했던 교수진의 세대교체 시기이기도 했다. 구태의연한 제국대학의 교육 연구 현실에 강한 위기감을 품은 그들이 개혁의 추진자로서 등장하기 시작했던 것이다.

폐지된 졸업식과 은시계

위원회와 평의회에서의 심의 경과를 보면, 학년·학급제의 폐지, 시험 결과를 점수 평가로부터 단계 평가로 이행하는 것은 수월하게 결정되고 있다. 우등생제도와 졸업식 폐지에 관해서는 의견이 나뉘었지만 표결 결과, 전자는 찬성 88·반대 53, 후자도 찬성 89·반대 29로 모두 폐지로 결정되었다.[3] 이에 따라 성적순의 졸업자 명부는 사라지고 은사의 은시계나 천황의 대학 행차도 사라지게 되었다. 커다란 변화였다.

그렇다고 하더라도 왜 은시계와 졸업식이 폐지되었을까.

『도쿄제국대학 50년사』에 따르면 "대학의 업을 마친 것은 실로 학계에 편승하기 시작하는 것임에도 불구하고, 간혹 졸업이 학문을 마치는 것으로 오해되어 작은 성취에 안주하는 자가 있고, 또한 은사 상품賞品의 하사는 메이지 천황의 교학을 중히 여기는 성의聖意에서 비롯된 것이니, 수상자에게는 영광의 극치임은 말할 것도 없지만 간혹 은사를 삼가 받는 영예를 얻고자 애써 노력하여 오로지 타인을 이기려고만 하는 폐해가 있음을"이라는 것이 그 이유였다.

졸업식 폐지에 대해서는 그것이 "졸업이라는 제도" 그 자체의 폐지 결과이기도 했던 점을 더불어 지적해두어야 할 것이다. 1918년에 공포한 「대학령」을 보면, "학부 2, 3학년 이상 재학하고 일정한 시험을 쳐서 합격한 자는 학사라고 칭할 수 있다"(제10조)라고 되어 있을 뿐, 졸업·졸업증서라는 단어는 없다. 왜 '졸업'이 아니라 '합격'일까. 『교토대학 70년사』는 그 취지를 다음과 같이 설명하고 있다.

"종래는 분과대학 과정을 마치고 정해진 시험을 거친 자에게는 졸업증서가 수여되어 졸업 혹은 졸업시험이라는 것을 인정하고 있었다. 하지만 학술의 온오를 궁구해야 할 대학에서 수업 연한을 설정하고 일정의 과정을 강요하는 것은 가당치 않다 해서 '졸업'이라는 말을 폐하고, 단지 학부에 3년 이상(의학을 수학하는 자는 4년 이상) 재학하고, 일정한 시험을 쳐서 합격한 자에게는 학사라고 칭하는 것을 인정하고, 그 최단 재학 연한을 제한하는 것에 그쳤"던 것이다.

졸업이 아니면 졸업증서도 졸업식도 불필요했다. 예전의 과장된 졸업증서는 "교토제국대학 모학부에 속하는 학과를 수료하고 대학령 제10조의 학사 시험에 합격함에 따라 그것을 증명한다"는 '합격증서'로 간략해졌다.[4] "대학 행사의 가장 성대한 의식으로 여겨졌던 종래의 화려한 졸업증서 수여식"을 대신하여 "새 졸업생은 인감을 지참하여 사무실에 가서 인정 심문 후에" 합격증서를 받으면 되었다.[5]

과연 과도했던 것일까, 1928년경에는 졸업식을 부활시키는 대학이 나타났지만 다이쇼 데모크라시의 일환으로서 제국대학의, '제국'의

대학으로서의 '특권성'을 약화시키고, 동시에 교육 연구의 자유와 자치를 인정하는 움직임이 그러한 형태로 진전하기 시작했던 것이다.

가을 입학에서 봄 입학으로

몇 년 전에 도쿄대학이 제안하여 커다란 화제가 된 대학의 입학 시기가 가을에서 봄으로 바뀐 것도 다이쇼 데모크라시 때 일이었다.

메이지 시대 초기에는 학교마다 상이했던 입학 시기가 소학교·중학교에 대해서 4월로 통일된 것은 메이지 20년대(1887~1896)의 일이다. 고등교육기관의 경우에는 그 후에도 고등학교·제국대학은 9월 입학이었으며 다른 학교 특히 사학私學은 제각각이었지만 점차 4월 입학으로 이행되어갔다.

문부성은 앞서 언급한 연한 단축의 필요도 있고 해서 1913년에 모든 교육기관의 4월 입학 이행을 꾀했지만, 제국대학과 그 예과인 고등학교만은 완강하게 9월 입학을 양보하지 않았다. 도쿄제국대학의 평의회에서는 일단 이행을 결정했지만 실시 방법을 둘러싸고 분과대학 사이에서 의견이 나뉘어 결국 유보되었다. 1918년이 되어 제국대학 제도조사위원회에서 다시 검토되었지만, 이때도 합의가 이뤄지지 않았고 마지못해 실시를 결정했던 것은 1920년에 이르러서였다.

이 문제는 그 후에도 계속 지속되어, 『도쿄대학 100년사』에 따르면 1925년에 한 번 더 9월 입학으로 되돌리는 안이 검토되고 있었다.

문과 계통의 학부나 이학부는 여름방학으로 수업이 중단되는 것을 문제시했던 반면, 공학부나 농학부는 일회분의 여름방학을 잃게 되어 실습이나 실험에 방해가 된다고 주장하는 등 학부 간의 이해 대립이 있었으며, 논란이 백출하여 결론에 이르지 못했다.

하지만 제국대학만 9월 입학을 고집하면 "고등학교 이하 여러 학교와의 연락 곤란"이 생겨 수업 연한도 길어지고 새로운 혼란을 초래할 위험이 있었다. 제국대학만이 특권적인 입장을 주장할 수 있는 시대가 이미 아니었던 것이다.[6]

학생 생활 조사

이런 일련의 개혁에 따라 수업이나 시험, 더 나아가서는 졸업식이나 학년 이력 등 학내의 여러 제도가 크게 변한 한편, 제대생들을 둘러싼 외부 환경도 세계적인 대공황과 취업난, 사회주의의 대두와 사상 탄압 그리고 전시체제로 돌입하는 역사적 격동기를 맞이하고 있었다. 제대생들은 휘몰아치는 시대의 폭풍에 요동치는 쇼와라는 시대를 살아가게 되었다.

그 격동기의 학생 생활을 구체적으로 묘사하기에는 지면이 부족하지만, 제대생들의 평균적인 실상을 데이터로 제시하는 것은 불가능하지 않다. 왜냐하면 이런 일련의 변화가 학생들을 '후생보도厚生補導'의 대상으로서 간주하게 만들어 그 생활 실태를 파악할 필요성이 학교 당국이나 문부성에서 대두되었고, 쇼와 시대에 들어서면 많은 대학·학교가 「학생생도 생활조사」를 실시했기 때문이다.

1938년에는 문부성이 대규모의 전국적 조사도 시행했다. 전체 약 6만 명, 제대생만도 1만 명에 가까운 커다란 샘플의 조사였다. 거기에서 부각되는 제대생의 모습을 조사 결과를 통해 살펴보자.[7]

먼저 제대생의 나이인데, 고등학교나 대학의 수를 늘리고 중학 4년 수료로 고교 수험을 인정하며, 또 입학 시기를 가을에서 봄으로 옮기는 등 수험 경쟁 완화와 연한 단축의 노력을 거듭한 결과, 평균연령이 크게 낮춰진 것은 앞서 본 바대로이지만, 그렇더라도 21세 이하는 10퍼센트에 지나지 않고, 22~24세가 59퍼센트, 25세 이상도 31퍼센트를 차지하고 있었다.

출신 지역에 따라 도시와 농·산·어촌별로 보면, 도시 출신자가 76퍼센트로 압도적 다수인데 그것은 그들 부모의 직업과도 관계되어 있다. 즉 부모의 직업별로는 은행회사원 16퍼센트, 관공리官公吏 12퍼센트, 교원 9퍼센트로 도시 거주 중심의 봉급생활자가 전체의 37퍼센트를 차지했으며, 거기에 도시부에 많은 상업 종사자 14퍼센트를 더하면 반수를 넘는다. 이 시기 가장 많은 직업이었던 농업은 12퍼센트에 불과했다.

주목할 점은 21퍼센트를 차지하는 '무직'층의 존재다. 이 다수의 무직층 가운데 어느 정도가 직업을 가질 필요가 없는 자산가나 유복한 금리 생활자인지는 확실하지 않다. 그러나 다음에 살펴볼 학자금의 부담 능력에서 보면 제대생 중에는 유복하다고는 할 수 없는 가정의 출신자도 적지 않았음이 추측된다.

넉넉하지 않았던 경제생활

제대생 가정의 학자금 부담 능력을 조사했는데, 결과는 '용이' 33퍼센트, '가능한 정도' 53퍼센트, '곤란' 14퍼센트였다. 이것만으로는 제대생이 경제적으로 풍족했는지, 아니었는지를 확정적으로 말할 수 없다. 하지만 '용이'라고 한 학생이 관립·공립대학에서 42퍼센트, 사립대학 48퍼센트, 고등학교 51퍼센트, '곤란'이라 한 학생이 각각 8퍼센트, 5퍼센트, 4퍼센트로, 다른 대학·학교의 숫자와 비교해보면 제대생이 풍족하지 않은 정도가 아니라 상대적으로 빈곤했다는 사실을 엿볼 수 있다. 특히 부모가 무직인 제대생의 경우에는 '곤란'이라고 답변한 자가 19퍼센트였다.

이것은 재벌계 기업에 채용된 제국대학 졸업생의 첫 임금이 70엔 전후였던 시대에 연 120엔의 수업료를 빼고도 평균 월 47엔의 높은 학비를 20대 중반이 되어서도 계속 부담해야 했던 것과도 관계가 있었을 것이다.

학비의 출처를 보면, '오직 가정'이라는 학생이 80퍼센트로 압도적인 다수를 차지하고 있지만, '부업內職'을 하는 자가 5퍼센트, 그리고 1퍼센트가 부업만으로 학비를 조달하고 있어, 학비를 벌기 위해 아르바이트에 힘을 쏟아야만 했던 제대생도 적지 않았음을 알 수 있다. 부업의 종류에는 가정교사가 88퍼센트로 가장 많고, 제대생답게 번역 일을 하는 자(10퍼센트)도 있었다. 또한 이 시기에는 공적인 장학금 제도는 아직 없었고, 사적인 육영 자금을 받고 있었던 제대생도 1퍼센트에 지나지 않았다.

문부성 조사에서는 학자금의 용도별 내역을 알 수는 없지만, 1938년에 도쿄제국대학이 단독으로 실시한 조사 결과에 따르면 그것은 다음과 같이 되어 있다.

거주 형태가 자택인지 그렇지 않은지에 따라 지출액도, 그 내역도 크게 차이가 나는 것은 지금과 마찬가지다. 집계는 두 가지를 별도로 해서 이뤄져 있다.(괄호 안은 자택과 자택 외, 월 액수, 단위는 엔) 총액(27, 52), 방세·집세(0, 10), 식비(4, 17), 서적·문구비(10, 11), 통학비(3, 2), 그 외(10, 12)로 되어 있다. 경제적으로 넉넉하지 않은 제대생들이 서적 구입에는 큰 지출을 아까워하지 않았음을 알 수 있다.[8]

그 경우에 거주 형태를 보면, 자택 35퍼센트, 기숙사 6퍼센트, 하숙 38퍼센트, 셋방 6퍼센트, 아파트(여기서 아파트는 아파트먼트 하우스 apartment house의 약어이지만, 대개는 2층의 목조 건물 내부를 몇 개로 나누어 그 각각이 독립적인 주거 형태를 띠는 공동주택을 일컫는다—옮긴이) 4퍼센트 등으로 되어 있고, 하숙이나 셋방이 여전히 일반적인 한편, 1935년에는 아파트라는 새로운 주거 형태도 나타나기 시작했다.

공부와 오락

서적비로 대부분을 쓰는 그들은 공부도 열심이었다. 조사에는 '강의 외 1일 평균 공부 시간'이라는 항목이 있는데 그에 따르면 2~3시간이 46퍼센트로 가장 많고, 3시간 이상이 41퍼센트, 6시간 이상이라는 공부벌레도 4퍼센트나 있었다. 3시간 이상의 공부벌레는 사립대학에서도 37퍼센트를 차지했기 때문에 제대생의 공부 시간이 특별히 길었던 것은 아니다. 단지 1934년의 도쿄제대생 조사에 따르면 실험·실습이 많은 이공 계통의 학부와 문과 계통의 학부 사이에는 커다란 차이가 있고, 고등문관 시험을 목표로 하는 법학부에서는 3시간 이상이 74퍼센트, 6시간 이상도 8퍼센트나 있었음을 알 수 있다.

물론 그들도 공부만 했던 것은 아니다. '취미오락'이라는 조사 항목도 있는데, 제대생 47퍼센트가 영화 감상을 단연 1위로 들고 있다. 학생 생활 조사에 가장 먼저 착수했던 도쿄제국대학 학생의 취미오락과 관련하여, 제1차 1925년부터 이후 대략 5년마다 반복한 조사 결과를 근거로 변천 내용을 기록한 흥미로운 한 글이 있다.

1925년의 조사에서 드러난 오락의 제1위는 바둑이고, 제2위는 음악, 제3위는 연극 관람, 제4위에 영화가 있다. 그것이 1929년이 되면 바둑은 여전히 1위였지만, 음악이 제3위로 내려가고 영화가 제2위로 상승했다. 다시 1934년이 되면 영화가 결국 제1위로 약진하고 바둑은 제3위로 떨어지며 음악이 여전히 제2위였다. 이때부터 다른 학교의 조사에서도 제1위를 차지하는 것은 영화이며, 이후 후타바야마双葉山 (제35대 요코즈나橫綱(스모 왕좌)를 지낸 인물로, 당시 69연승, 전승 우승 연속 5회, 우승 12회 등을 기록한 최고의 스모 선수였다—옮긴 이)처럼 그 위치를 확보하여, 1938년도 영화가 제1위, 음악이 제2위, 스모에 비유하면 오랫동안 삼역三役(스모에서 중요한 지위로 오제키大 關, 세키와케關脇, 고무스비小結를 일컫는데, 현재는 요코즈나橫綱도 포함시킨다—옮긴이)의 지위를 잃지 않았던 바둑은 끝내 제5위까지 떨어졌고, 스포츠가 제3위, 연극 관람이 오랫만에 대두하여 제4위를 차지했다. 1934년에는 영화와 음악의 차이는 그다지 현저하지 않았지만, 1938년에는 전자가 후자의 배 이상의 수를 나타내고 있다. 현재의 일반적인 경향은 문학적 흥미의 부활, 승부를 내는 게임의 인기 퇴조, 스포츠의 융성 등이다.[9]

제대생들도 시대의 산물이었음을 알 수 있다.

제 3 장

관(官)에서 민(民)으로
직업의 세계

행정 관료의 양성으로

고등교육제도 중에서 특권적인 지위를 보증받은, 햇병아리 엘리트로 여겨진 제국대학의 학생들, 그들은 졸업 후에 어떤 직업과 사회적 활동의 장을 선택했을까.

메이지 시대 초기 관립고등교육기관에 대한 기대는 정부 주도로 시작된 근대화·산업화의 추진에 필요한 인재 특히 전문 관료의 양성에 있었다. 제국대학에 통합된 사법성의 법학교, 공부성의 공부대학교, 농상무성의 도쿄농립학교는 교명에서 알 수 있듯이 모두 전문 관료의 양성을 목적으로 설립된 학교다. 그에 비해서 문부성 소관의 도쿄대학은 유일한 종합대학이면서 설치 목적이 애매하고 존재감이 미미했다. 이토 히로부미 등 정부 수뇌가 그 점에 강한 불만을 가지고 있었던 것을 1883~1884년경 기초起草한 관료임용제에 관한 문서 「문관후생文官侯生 규칙안」에서 엿볼 수 있다. 거기에는 다음과 같이 쓰여 있다.

현재 상황에서는 기술관이나 사법관의 양성기관은 있지만 "오직 행정관에 관해서는 그것을 양성하는 장소"가 없다. "문부성의 대학은, 즉 이 임무에 대응하지 않으면 안 되지만", 현실에서는 그렇지 못하다. "오늘날 대학 졸업생은 다년간 형설의 노고를 겪고 정부 역시 한 사람을 위해 수천의 금액을 써서" 양성했던 것이다. 그런데 그 졸업생을 "실제 임용할 방법"에는 "막연하여 정칙"이 없다. 이렇다면 마치 "종자를 뿌린 것만 알고 그 수확을 잊고" 있는 듯한 것이 아닐까.[1]

이런 인식에서 1886년에 추진한 것이 ① 도쿄대학을 중심으로 '국가의 수요'에 부응할 것을 사명으로 하는 제국대학을 창설하고, ② 법과대학을 행정관 양성의 장으로 삼으며, ③ 법과대학을 제국대학의 필두 분과대학으로 위치 짓고, 그 대학장은 총장이 겸임하는 것으로 하며, ④ 국가시험에 의한 관료임용제도를 정비하여 법과대학 졸업자에게 무시험 임용의 특권을 인정한다는 일련의 제도 개혁이었다.

제국대학은 이에 따라 명실공히 일본 '제국'의 대학이 되었다.

제국의 인재 양성 기지

물론 제국대학의 역할이 행정 관료의 양성에 국한되어 있던 것

은 아니다. 하지만 그것이 모든 전문 분야를 통해서 무엇보다도 '민'
이 아니라 '관' 분야의, 바꿔 말하자면 국가가 필요로 하는 인재의 양
성·공급의 역할을 기대했던 대학으로서 출발했던 것은 의심의 여지
가 없다.

1891년도 『일본제국 문부성 연보』의 제국대학 항목을 보면, 1876
년에서 1891년까지 졸업생 1,491명의 '취직 여하'에 관한 조사 결과
가 실려 있다. 그 내역은 행정관·사법관 21퍼센트, 관청기술원·의
원醫員 25퍼센트, 부·현립학교 교원 20퍼센트, 그 외(회사기술원·개업
의 등) 35퍼센트로 되어 있다. 정부기구를 중심으로 3분의 2가 '관' 분
야에서 일하고 있었던 것이 된다. 제국대학은 그 전신의 여러 학교를
포함하여 정부 주도로 시작된 근대화·산업화에 불가결한 인재 양성
기지였던 것이다.

세상 사람들의 비판

메이지 30년대(1897~1906)가 되면, 그런 관료 양성 주체의 제국대
학에 사회의 냉엄한 시선이 쏟아지게 된 것을, 메이지 시대 초기 이후
교육 성과에 대한 비평을 시도하여 문부성이 작성했던 보고서 「교육
의 효과에 관한 취조」(1904)의 기술에서 알 수 있다.

그에 따르면 "세인이 정부 시설의 교육을 비난함에 있어 첫째로 관
리 양성을 주안으로 삼은 것을 지적한다." 이것은 "관립학교 졸업자

가 종래 대다수 관직에 오르는 것을 보고" 하는 말일 것이다. 하지만 그것은 잘못이다. "국가는 가장 중요한 사업을 운영하는 것, 이 직무에는 학식과 경험이 있는 자를 필요로 하니 관립학교 졸업자가 관리가 되는 것은 비난할 일"이 아니다. "졸업자의 다수가 관리가 되는 원인은 정부가 가장 진보적인 신지식을 필요로" 하며, 그 때문에 그들을 등용해왔기 때문이다. 또한 "비교적 정실情實 인사의 폐해를 줄여서 뛰어난 재능을 펼칠 수 있도록" 했던 결과이기에 그러한 비판은 적절하지 않다. 그뿐 아니라 "근래는 학교 출신자가 민간에 진출하여 각종 사업에 종사하게" 되었고, "장래는 더욱 그 경향이 나타날" 것이라고 기록되어 있다.

창설로부터 20년 가까운 시간이 흘러 제국대학 졸업생의 진로가 변곡점에 다다랐다는 것을 알 수 있다.

1909년의 취업 상황

어떻게 변하려는 것이었을까. 창설 이후 졸업생 중에서 취업한 6,675명이 1909년 시점에 취업한 상황을 보자.

표 9-1에 따르면 도쿄제국대학 졸업생 전체의 44퍼센트가 관공청에서 일하고 있었기 때문에, 관리 양성소로 보이는 것은 당연하다고 할 수 있다. 24퍼센트를 차지하는 학교 교원도 거의가 관립·공립이며(당시 사립전문학교의 대부분은 전임교원이 없었고 비상근 강사에 의존했

표 9-1 도쿄제국대학 졸업생의 취업 상황(1909년 현재, 퍼센트)

	법과	의과	공과	문과	이과	농과	계
관공청	58	54	45	3	20	63	44
행정관	33	1		3		2	10
사법관	25						7
기술관		4	45		20	55	18
관공병원의		49					8
관청수의(官廳獸醫)						6	1
민간	40	32	48	4	4	13	32
은행회사원	18	1	2	1	1	2	7
회사기사(會社技師)			41		2	4	11
변호사	10						3
개업의		31					5
수의						1	-
그 외 사무	12		5	3	1	6	6
학교교원	2	14	7	93	76	24	24
합계	100	100	100	100	100	100	100
구성비	29	17	26	14	6	8	100

＊『문부성 연보』 1909년도에 입각해 작성.

다), 아울러 '관' 분야가 68퍼센트라는 비율은 1891년 당시보다도 오히려 높아진 것이다. '민' 분야는 은행회사원이 겨우 7퍼센트, 회사 기사技師의 11퍼센트를 더해도 20퍼센트에 못 미친다. 다만 이것은 어디까지나 전체의 숫자에 불과하다. 분과대학(학부)별로 보면 다른 모습이 떠오르게 된다.

① 문과와 이과는 이 시기, 각각 93퍼센트, 76퍼센트로 중·고등교원 양성에 현저히 특화되어 있었다. ② 의과는 관립·공립병원의가 49퍼센트를 차지하지만 개업의도 31퍼센트를 넘고 있다. ③ 농과 졸업생은 관료의 비율이 가장 높아 63퍼센트에 이르고 있다. ④ 공과의 경우에는 이미 회사기사 등 '민'이 48퍼센트로 '관'의 45퍼센트를 웃돌고 있다. 관업官業의 시대는 이미 끝나고 중화학공업 중심의 산업화가 급진전되기 시작했음을 알 수 있다. ⑤ 문제는 졸업자 전체의 30퍼센트를 차지하는 법과다. '관' 대 '민'이 58퍼센트 대 40퍼센트, 행정관 33퍼센트 대 은행회사원 18퍼센트, 사법관 25퍼센트 대 변호사 10퍼센트라는 숫자를 보면 '세인'의 비판이 지당하다는 것을 알 수 있다.

앞의 보고서에서도 지적하고 있듯이, 산업화의 진전과 함께 시대는 크게 변하고 있었다. "유한한 관리의 길에 무한한 인재를 수용"할 수 없다. 민간 기업을 목표로 삼은 제대생은 해마다 증가하기 시작했다.

실업계로 진출

메이지 시대에 제대생이 목표로 삼은 것은 무엇보다도 관료나 법조, 의사, 중등·고등교원 등 국가시험을 동반하지만 그들에게는 그 시험이 면제된 자격 직업들이었다.

행정관에 대한 무시험 임용은 역시 강하게 비판받아 1893년에 폐지되었다. 그러나 시험을 예비시험과 본시험으로 나눠 제대생에게는 예비시험을 면제시켜주었기 때문에 특권은 형태를 바꿔 유지되고 있었다. 판사·검사·변호사에 대해서는 그 후에도 시험이 면제되어 있었고, 외교관 시험만이 유일하게 예외였다. 이런 '법과대학 특권'에 종지부를 찍기까지는 행정·사법·외교의 세 시험을 통합한 1918년의 '고등시험령'의 공포를 기다리지 않으면 안 되었다.

이에 대해서 국가시험이나 자격시험과 관계가 없는 '은행회사원'의 세계, 즉 실업계는 메이지 시대를 통해서 사립에서는 게이오기주쿠(미타三田), 관립에서는 도쿄고등상업학교(히토쓰바시) 졸업자의 독무대였다.

예를 들면 1914년에 출간된 수험안내서 『중학졸업취학고문顧問』에는 법과대학(아카몬赤門)에서도 "경제학과와 상업학과가 증설되고부터 실업계로 나가는 호인이 많아졌다"고 하면서, 그래도 졸업자의 "진정한 활동 무대는 역시 관계官界"이며, 실업계는 미타나 히토쓰바시에 훨씬 미치지 못한다고 쓰여 있다. 같은 1914년에 간행된 니시키야 슈도錦谷秋堂의 『대학과 인물』에도 실업계에서 "제일의 세력자는 물론 게이오이고, 다음이 히토쓰바시, 아카몬은 아무래도 제3위"라고 적고 있다.

그러나 동시에 변화의 징후도 지적하고 있다. 지금까지 실업계에서 제국대학 졸업생의 "대부분은 일단 관계官界의 상당한 지위로 진출한 후 민간의 초빙에 응하여 관을 사직한 이들이며, 졸업과 동시에 바로 민업民業에 종사하기 시작한 것은 최근 4, 5년의 현상이다." 하지만 "역시 아카몬이다. 비교적 소수의 인원이더라도 대단히 유력한 지위를 차지하고 있다. 처음에는 어떨까 하고 생각한 사람도 점차 숙련이 쌓이면 결국에는 (제국)대학 출신자가 승리를 획득한다."**2**

제국대학 졸업생이 미타와 히토쓰바시의, 쉽게 공략할 수 없는 성과 같은 금성탕지金城湯池(쇠로 만든 성과, 그 둘레에 파 놓은 뜨거운 물로 가득 찬 못이라는 뜻으로, 방어 시설이 잘되어 있는 성을 이른다―옮긴이)였던 실업계에도 착실하게 진출하기 시작했음을 알 수 있다. 그리고 그와 함께 제대생들은 여지없이 '취직 문제'에 직면하게 되었다.

취업난의 시대

실업계와 관계가 깊은 것은 법과와 공과의 두 단과대학 졸업생이었다. 그중 공과 졸업생은 일찍부터 재벌계를 중심으로 민간 기업에 진출했고, 게다가 항상 수요가 공급을 웃돌고 있으며, 미타나 히토쓰바시와 같은 경쟁 상대도 없었기 때문에 취직 문제를 고민하는 일이 없었다. 이에 비해서 법과대학 졸업생의 경우에는 취직할 때 경쟁 상대가 많을 뿐 아니라, 산업화가 진척되면 진척될수록 경기 변동에 크게 좌우되었다. 1907년대의 수험 잡지에는 일찍이 법과대생의 취직난을 보도하는 기사가 실려 있다.

취업난이 본격화됐던 것은 다이쇼 시대에 접어든 이후, 제1차 세계대전 종결 후의 일이다. 세계대전은 일본 경제에 공전의 활황을 불러왔고 고등교육 졸업자의 고용 기회는 일거에 확대되어 "대학 졸업자가 아니면 사람이 아닌 것과 같이 대학만능주의"를 낳았다. 진학열을 부채질하고 수험 경쟁을 격화시켰지만, 그 후에 세계적인 대불황과 심각한 취직난의 시대가 다가왔던 것이다.[3]

이 시대는 또한, 이미 살펴본 것처럼 1918년의 '대학령' 공포에 의해서 제국대학 이외의 관립·공립·사립대학 설립이 인정된 시대이기도 하다. 높아지는 진학열은 사립대학으로의 승격 붐을 불러일으켰지만, 그 대부분은 '샐러리맨'이라고 불리게 된 은행회사원의 양성을 주목적으로 삼는, 법학·경제학·상학商學 등 학부 중심의 대학이었다. 이렇게 한편의 공급 증가와 크게 변동하는 수요가 대학 졸업자의 취직 문제에 구조적인 변화를 낳았고, 제대생들을 여지없이 시대의 흐름에 휩쓸리게 만들었던 것이다.

학교 알선과 일괄·정기 채용

크게 변한 것은 취직의 구조다.

1930년에 간행된 한 취직 안내서에 따르면, 종래에는 "졸업생이 학교 당국에 의존하지 않고 자기 스스로 각종 연줄을 찾아 희망하는 은행, 회사 혹은 그 외 대상점 등에 직접 취직 운동을 했지만, 오늘날에는 학교 당국자가 앞서 본년도 졸업생의 상황은 이렇다며 졸업생의 성명, 그 출신지 및 학과 등을 기재하여 리스트를 각 은행과 회사에 송달, 그 채용 방법을 의뢰하였다. (중략) 회사 측에서는 일단 그 리스트를 본 후에 올해는 몇 명 정도를 채용하고 싶다는 방침이니 적당한 후보자를 보내달라고 회답하고, 학교 당국은 이 은행과 회사의 채용 인원 신청에 맞춰서 적당한 졸업생을 각 방면으로 충당하고 있다."[4]

즉 신규 대학 졸업생의 학교 알선과 일괄·정기 채용의 시대가 도래한 것이다.

대학과 기업 사이에 그와 같은 관계가 만들어지면, 취직난에 빠질 경우 "학교 당국으로서는 필사적이 되어 자교의 졸업생을 취직시킬 수 있는 경제계 각 방면을 조회하고 분주하게" 움직이지 않을 수 없을 것이다. 실제로 쇼와 시대 초기가 얼마나 심각한 취업난의 시대였는지는 표 9-2의 숫자가 여실히 보여준다. 특히 문과 계통의 취직률은 계속 저조했고 최저인 1930년에는 관립·공립대학(그 대다수는 제국대학) 졸업자 중 취직자는 31퍼센트에 불과했다.

취직 귀족의 수난

취직 귀족이라고 할 만한 도쿄제국대학 졸업자의 경우에도 취직난이 해결되지는 않았다.

그때까지 "교수 또는 각 학부 앞으로 보내온 구인 신청은 각각 적당하게 이것을 처리하거나, 혹은 게시하여 희망자로 하여금 필요한 서

표 9-2 대졸 취업률의 추이(퍼센트)

연도	관립 · 공립		사립	
	문과계	이과계	문과계	이과계
1928년	53	71	49	67
1929년	35	60	33	64
1930년	31	59	29	53
1931년	32	52	30	47
1932년	41	69	31	66
1933년	50	74	41	68
1934년	58	79	50	84
1935년	58	81	56	71

✱ 출전: 이토 아키히로(伊藤彰浩), 『전전기(戰前期) 일본의 고등교육』.

류를 제출토록 하여 증명 등의 수순을 거쳐 구인 신청자에게 전송하거나 혹은 교수와의 면담 후에 예비전형을 거쳐 구인 신청자에게 추천"해왔는데, 취직률은 매년 하락하고 1930년에는 법학 · 경제학 · 문학의 세 학부에서 40퍼센트를 넘기도 했다.

　대책을 강구하지 않으면 안 되었던 대학은 1931년 "재계의 심각한 불황에 따라 졸업생의 취직난이 갑자기 격심해짐으로써 이 문제에 관해서 대학 당국으로서 어떠한 방책을 강구해야 할지 연구하기" 위해 총장 아래 각 학부장과 법학 · 경제학 · 문학의 세 학부의 교수 각 1명

씩을 더해 '취직조사위원회'를 설치하고 있다. 물론 도쿄제국대학 개교 이래 처음 있는 일이다.[5]

사무 담당의 학생과는 "취업 시기에 앞서 「취직의 안내」라고 부르는 팸플릿을 발행 배포하여 이 문제에 대한 일반의 이해와 편의를 제공하고, 또 그 취급 사항 중 하나인 인사 상담에 도움이 되도록 '학생 인사 상담회'를 개최, 관청 및 회사 등 채용자 측의 인사 담당자를 초청하여 소수의 학생에 한해 출석시켜 간담회 형식의 상담 지도를 받도록" 하는 등의 조치를 취하기 시작한다.[6]

이때까지 관료 지향의 국가시험 수험자가 많았고, 또 취직 알선을 오로지 개개의 유력한 교수에 의존해온 도쿄제국대학에서도 불황으로 인해 기업에 취직하고자 하는 희망자가 늘어나면서 조직적인 취직 대책을 마련하지 않으면 안 되었던 것이다.

서생에서 학생으로

전전기 쇼와 시대를 대표하는 사회평론가 중 한 사람인 도사카 준戸坂潤은 제대생으로 상징되는 메이지 시대의 '서생'과 쇼와 시대의 '학생'을 대비시키면서 이렇게 진술하고 있다.

메이지 시대의 "서생은 대체로 빈털터리"이지만 "장래 사회 간부로서의 위치가 약속되어 있었다. (중략) 그들에 대한 사회적 신용과 사회적 관대함이 그 결과"에 다름 아니다. 그런데 시대가 다이쇼 시대에서 쇼와 시대로 이행되면서 "그들 졸업생이 차지할 만한 사회 간부의 자리 수는 줄어들었고, 그 자리가 심히 불안정했으며, 또한 기껏해야 말석 자리밖에 줄 수 없게 되었다." 그와 함께 "서생은 학생으로 바뀌었다. 혹은 근대적인 학생으로 탈바꿈을 이뤘다." "학생의 사회적 지위는 현저하게 바뀌"었고, "그들은 이미 특수하게 대우받을 만한 사회적 분자가 아니게" 되고 말았다.[7]

대학의 대중화가 시작되고 제대생들도 샐러리맨 예비군으로서 대중의 일원에 포함되었던 것이다.

제국대학 졸업생의 취업 현황

그렇다 하더라도 엄격한 시험전쟁을 이겨낸 제대생들이 한결같이 혜택받은 지위를 향수하는 햇병아리 엘리트인 점엔 변화가 없었다.

표 9-3은 메이지 시대 이후 제국대학 졸업생 중 취업자 약 6만 명을 1935년 상황에서 본 것이다.

숫자상에서 우선 눈에 띄는 것은 제1제대인 도쿄제국대학의 두드러진 존재감이다. 한 학교에서 58퍼센트로 졸업자 전체의 절반을 웃돌고, 제2제대인 교토제국대학의 22퍼센트의 2.6배에 이르는 졸업자를 배출하고 있다. 설립 연차가 늦고 학부 편성의 종합성에서 떨어지는 이외의 제국대학은 모두 10퍼센트에 미치지 않는 졸업자밖에는 배출하지 못하고 있다. 일곱 형제의 장남이라고 할 만한 도쿄제국대학

표 9-3 제국대학 졸업자의 취업 상황(1935년 현재, 퍼센트)

	도쿄 제국 대학	교토 제국 대학	도호쿠 제국 대학	규슈 제국 대학	홋카이도 제국 대학	오사카 제국 대학	전체
관공청 직원	26	20	18	23	36	15	25
행정관	9	4	5	4	1		7
사법관	3	3	1	-			3
기술관	13	10	8	17	29	13	13
그 외	1	3	4	2	6	2	2
민간 기업 등	46	48	31	29	31	38	44
은행회사원	31	29	26	27	23	36	30
변호사 등	4	3	1	1			3
신문기자 등	2	2	1		-		2
그 외 업무	9	14	3	1	8	2	9
의사	7	13	18	20	8	21	10
병원의	4	6	12	6	4	17	5
개업의	3	7	6	14	4	4	5
학교교원	21	19	33	28	25	26	21
합계(명)	35,360	13,539	3,579	4,719	2,891	440	60,528
구성비	58	22	6	8	5	1	100

＊『문부성 연보』 1935년도에 입각해 작성.

이 얼마나 압도적인 지위를 차지했는지가 엿보인다.

그것은 그렇다 치고 취업 분야별로 보면 도쿄제국대학을 필두로 제국대학이 전체적으로 사회의 주요한 직업 분야에 골고루 졸업생을 배출하고 있음을 알 수 있다. 국가의 대학으로서 종합성을 중시하고 모든 전문 분야를 망라한 제국대학들은 관공청 직원이 25퍼센트, 학교 교원이 21퍼센트, 의사 10퍼센트, 합계 56퍼센트라는 숫자가 나타내고 있듯이 사회의 공공적인 분야에 다수의 졸업자를 배출하고 있었다. '국가의 수요'에 부응한다는 그 설치 목적을 충분히 다해왔다고 해도 좋을 것이다.

한편, 이 시기에는 은행회사원의 30퍼센트를 포함해 민간 부문에서 일하는 자가 44퍼센트를 차지하기에 이르렀고, 제국대학의 인재 양성의 축이 관료나 자격시험을 동반하는 전문 직업인의 양성으로부터 민간 기업의 사무계·기술계의 '샐러리맨' 양성으로 크게 옮겨간 것을 알려주고 있다. 제국대학은 '국가의 대학'에서 '자본주의 사회의 대학'으로 변천한 것이다.

엘리트의 배출률

그런 직업의 세계에서 제국대학 졸업자의 대다수가 엘리트 지위를 획득하고 향유하고 있었다.

일본의 엘리트와 학력의 관계에 대해서는 각 대학·학교의 졸업자

집단별로 어느 정도의 엘리트를 배출했는지, 즉 엘리트의 학력 · 학교 이력별 배출률에 대한 아소 마코토麻生誠의 상세한 연구가 있다.[8] 1975년도에 구제도의 대학 · 학교에서 교육을 받은 엘리트들을 샘플로 삼은 『인사흥신록』 등재의 대부분을 분석한 결과, 출신 대학 · 학교에 따라 배출률에 현저한 차이가 있음을 확실하게 보여주고 있다.

히에라르키Hierarchie(서열 · 계급)의 최상부에 있는 것이 제국대학계의 국립대학이다. 그것은 실로 엘리트의 학력 구성의 38.1퍼센트를 차지하고, 그 배출비는 기준의 130배에 이르는, (제국대학은) 메이지 시대 이후 근대 일본의 엘리트를 양성하기 위해 국가가 가장 힘을 쏟아 설립 · 운영해온 고등교육기관이다. 국가에 의해서 만들어진 엘리트 양성기관에서 소수 교육의 구제 고교와 대학이 연속되어 일체화되고 있었다. 그것은 주로 상류 · 중류계급의 자제가 진학하는, 학력적으로 가장 선별적인 학교였다.

엘리트의 배출률을 분야별로 보면, 제국대학 출신자가 차지하는 비율은 정치 · 행정에서 55퍼센트, 연구 · 교육 70퍼센트, 의료 50퍼센트, 대기업 46퍼센트, 중소기업 16퍼센트다. 공공성이 강한 세 가지 분야에서 엘리트의 절반 이상을 제국대학 출신자가 차지했고 기업의 세계에서도 대기업의 경우에는 이미 절반에 가까웠다.

국가의 극진한 비호 아래 육성된 일곱 형제는 기대되었던 엘리트 육성 장치로서의 역할을 충분히 다하고 있었다.

제 4 부

교
수
의
세
계

교수가 되는 길

교수의 공동체

유니버시티의 어원은 라틴어로 조합을 의미하는 유니베르시타스라
고 한다. 그것은 대학의 본질이 교원·교수의 단체성에 있으며, 일정
한 자치를 인정한 교원집단faculty 없이는 대학이 존립할 수 없다는 것
을 의미한다. 이제까지 학생들의 생태를 살펴왔는데, 대학이라는 공
동체의 주인공인 교수들, 즉 제국대학의 교원 집단은 어떻게 형성되
고 어떠한 생활을 했을까. 우선은 교수라는 직업 집단 형성의 경위를
되돌아보자.

앞서 살폈듯이 최초의 제국대학인 도쿄대학의 기원을 어디에서 찾
을지는 어려운 문제다. 메이지유신 전후로부터 그 대강을 되돌아보
면, 구舊 막부의 쇼헤이자카昌平坂 학문소学問所(쇼헤이자카 학문소는 공

자의 사당을 세우고 제사를 지내던 곳에 강당과 기숙사를 지어 막부의 교학을 교육한 데서 기원한다. 쇼헤이자카라는 명칭은 공자의 탄생지인 창평향昌平鄕에서 이름을 따왔다. 메이지유신 이후 정부가 접수하여 관립쇼헤이코平코학교로 재출발했지만, 양학의 도쿄개성開成학교나 서양 의학의 도쿄의학교 중심으로 도쿄대학이 발족하면서 영향력을 잃었다—옮긴이)·개성소·의학교가 1869년에 대학(화한학和漢學)·대학남교南校(양학)·대학동교東校(의학)가 되었지만, 대학(본교)은 1870년에 폐쇄되었고, 남교南校는 1873년에 개성開成학교(이듬해 도쿄개성학교)로, 동교東校는 제1대학구大學區의학교를 거쳐 1874년에 도쿄의학교가 되었다. 그리고 1877년에 두 학교가 합병하여 탄생한 것이 도쿄대학(법학·이학·문학 세 학부와 의학부)이다.

합병 이전의 개성학교와 의학교는 앞서 본 것처럼 1872년에 공포된 '학제'에 따르면 '전문학교'였지만, 그 전문학교는 "외국 교사에 의해 교수하는 고상한 학교"이고, 또 "사범학교와 같은" 학교이며, 거기에서 "학술을 득한 자는 이후 우리 언어를 가지고 우리 방인邦人(국민)에게 교수할 목적"으로 세운 것이라 규정되어 있다.

즉 전통적인 화한학和漢學(일본 고전학·한학—옮긴이)을 가르치는 대학 본교가 일찍이 사라진 후, 학제 규정에 의해 두 '전문학교'는 이윽고 설립될 근대적인 서구의 학술을 교육·연구할 '대학' 교수로서, 일본인 교원을 양성하는 '사범학교'와 같은 학교로서 구상되었던 것이다.

'서양인 · 서양어 대학'

막부 말의 개성소 · 의학소는 서적을 통해 단편적으로 '양학洋學'을 배운 일본인이 교편을 잡은, 즉 학자의 공동체와는 거리가 먼 외국어나 실용적인 기술 교육의 장에 불과했다. 구미 모델의 근대적인 대학을 건설하기 위해서 시급하게 서구 근대의 선진적인 학술을 가르칠 수 있는 교수 집단의 육성이 필요했었는데, 이를 위해 우선 외국인 교사를 고용하여 학생에게 오로지 외국어로 전문교육을 실시하고 서구의 첨단적인 학술과 기예를 배우도록 하는 것에서 시작하지 않으면 안 되었다. 그것이 '사범학교와 같은' 2개의 전문학교를 설립했던 이유인 것이다.

하지만 근대화를 서두른 정부는 그 성과가 나오는 것을 기다릴 수 없었던 것일까. 1877년에 두 전문학교를 통합하여 도쿄대학을 발족시켰다. 발족 당시의 도쿄대학은 겨우 32명의 교수 가운데 23명(70퍼센트)을 외국인으로 채웠다. 즉 2개의 전문학교를 계승한 도쿄대학은 실질적으로 아직 '방인邦人 · 방어邦語(자국인 · 자국어—인용자)' 대학이 아니라 '서양인 · 서양어' 대학이었던 것이다.

교수진에서 차지하는 '방인' · '서양인'의 수가 21명 대 16명으로 역전된 것은 1881년부터다. 같은 해에 '서양인' 교수의 호칭이 '외국 교사'로 바뀌고 '교수'는 일본인만 칭하는 것으로 변경되었으며, 일본어 졸업논문 집필도 인정되기 시작했다. 도쿄대학이 이때부터 비로소 실질적으로 '방인 · 방어' 대학이 되기 시작했음을 알 수 있다.

유학이라는 루트

교수진의 '자국화'가 진행되기 시작한 것은 메이지유신 후 정부가 구미 여러 나라에 파견한 유학생들이 점차 귀국하기 시작하면서부터다. 1870년 대학남교南校의 재학생 중에서 8명, 동교東校에서 13명이 선발된 것이 본격적인 유학생 파견의 시초이며 1875, 1876년에도 개성학교에서 21명을 파견했다. 그 유학생들이 귀국 후 외국인을 대신하여 교수진에 포함되기 시작했다. 1884년에는 이미 외국인 교수가 12명인 데 비해 일본인 교수는 40명을 헤아렸으며, 그 대부분이 유학 귀국자였다.

졸업을 기다리지 않고 재학자 중에서 선발하여 파견된 유학생 중에는 구미의 대학에서 박사학위나 거기에 준하는 자격을 취득하여 귀국한 자가 많았다. 이에 비해 도쿄대학 발족 후에는 도쿄대학에서 외국인 교사로부터 전문교육을 받고 학사학위를 취득한 졸업생 중에서 유학생을 선발하여 일정한 연한을 정해 계속 파견하기 시작했다.

문부성이 파견한 유학생 수를 보면, 1879년에 7명, 1880년에 5명, 1881년에 8명, 1882년에 7명, 1883년에 4명, 1884년에 4명, 1885년에 5명이었으며, 그 대다수가 도쿄대학 졸업자였다. 그들은 귀국 후 순차적으로 교수에 임용되었지만, 학위를 취득하고 귀국하는 자는 사라지고 있었다.

교수의 임용 자격

표 10-1은 제국대학 발족 후 5년이 지난 1891년 시점의 교원 집단 구성이다. 교수만을 따지면, 78명으로 증가한 전임교원 수를 외국인 교사 17명과 비교할 때, 분과대학에 따라 차이는 있지만, 제국대학 교원 집단의, 더 나아가 교육 연구의 '자국화'가 급속하게 진행된 것을 알 수 있다.

대학교수들의 임용 때 자격 요건은 무엇이었을까.

구미의 대학이라면 교수가 되기 위해서는 박사학위의 취득이 최저 조건이며 독일이나 프랑스에서는 더 나아가 교수 자격시험에 합격해야 한다. 하지만 일본에서는 제국대학 교수에 대해서 전전기를 통틀어 임용 자격에 특단의 규정이 없었다.

그 이유는 "어떤 종류의 학교든 상관없이 모든 관립학교의 교관은 관리로서 문관 임용에 관한 규정의 지배를 받는데, 그 임용 규정에도 사무관에 관해서는 문관 시험 합격을 자격으로 삼지만 교관, 기술관 등에 관해서는 이와 같이 일반적인 자격을 설정하지 않고 임용 때마다 그 사람에 대해서 전형하게 되어 있기" 때문이라 하고 있다.[1]

그렇더라도 78명의 교수 중 박사학위를 취득한 자는 구미 대학의 학위 취득자(36퍼센트)를 포함해 81퍼센트를 웃돌며 미취득자는 19퍼센트에 지나지 않는다. 박사학위가 대학교수의 기본적인 임용 자격이었던 것처럼 보인다. 하지만 그것이 그렇게 단순한 문제는 아니었다.

표 10-1 제국대학 교원의 구성(명, 1891)

		법학	의학	공학	문학	이학	농학	합계
외국인 교사		4	2	3	3	1	4	17
교수	박사	10 (5)	18 (2)	14 (6)	5 (2)	12 (10)	4 (3)	63 (28)
	학사	1	2 (2)	2 (1)	1 (1)		3 (1)	9 (4)
	그 외			1	4 (1)		1	6 (1)
	소계	11	20	17	10	12	8	78
조교수	학사	1	8	9 (2)		4 (1)	17	39 (3)
	그 외			1		1	1	3
	소계	1	8	10		5	18	42
합계		16 (5)	30 (4)	30 (9)	13 (3)	18 (11)	30 (4)	137 (36)

＊ 괄호 안은 구미의 고등교육기관에서 배우고 박사나 그 외의 학위, 혹은 그에 준하는 자격을 취득하여 귀국한 자의 수.
＊『제국대학일람』1891 · 1892년에 입각해 작성.

대학원 개설

앞서 살폈듯이 제국대학의 발족 이후 일본에서 학사는 칭호이지 학위가 아니었으며 학위라고 하면 전전기를 통틀어 박사뿐이었다. 그 박사학위의 취득·수여는 대학원제도·학위제도와 불가분의 관계에 있다. 임용 조건을 알기 위해서는 이 두 가지 제도의 성립 과정을 살펴볼 필요가 있다.

제국대학의 교수가 되기 위해서는 무엇보다도 졸업자 명부의 상위를 차지하고, 은시계를 하사받을 만한 우수한 성적으로 대학을 졸업해야 했을 것이다. 그 후 더 나아가 햇병아리 학자의 연찬을 쌓지 않으면 안 되는데, 그를 위한 장으로서 준비된 것이 대학원제도였다. 1886년의 제국대학령에 "제국대학은 대학원 및 분과대학으로 구성"되며, "대학원은 학술기예의 온오를 공구"하는 곳이라 되어 있다.

사실 이 대학원제도는 당시 유럽의 대학에는 존재하지 않았다. 대학원graduate school은 미국의 발명품이라는 것이 대학사 연구자 사이에서는 정설로 되어 있지만, 제국대학의 대학원이 그 미국을 모델로 했던 것은 아니다.[2] 미국의 대학원은 이른바 대학 교원의 양성을 위한 전문직 대학원이며, 일정한 교육과정 아래 박사학위Ph.D 취득을 목표로 하는 학생을 전임교원이 교수·지도하는, 그야말로 '스쿨'이다.

그런데 제국대학의 대학원에는 '유니버시티홀university hall'이라는 기묘한 영어 번역에서도 알 수 있듯이, 전임교원도 없었을 뿐더러 교육과정도 없었다. 분과대학을 졸업한 후 햇병아리 학자 이외에도 여러 이유에서 대학에 적을 두고 학업을 이어가고자 하는 '학사'들이 모여 지내던 곳, 그야말로 '홀'이 일본의 대학원이며 그것은 전전기를 통틀어 바뀌지 않았다.

미래의 제국대학 교수, 더 나아가 다른 고등교육기관의 교원을 목표로 한다면, 대학원에 적을 둘 필요가 있었는지 모른다. 하지만 그것이 필수 요건으로 여겨지지 않았던 것이다.

학위령과 대학원

그것을 단적으로 보여주는 것이 대학원과 학위의 관계다.

도쿄대학 시대에는 학사도 학위였음은 앞서 밝혔지만 1887년에 공포된 '학위령'에서 '박사'와 '대大박사', 이 두 가지를 학위라 하고, 학사는 졸업자를 지칭하는 칭호로 바뀌었다. 대박사는 수여되는 것이 아니었기 때문에 학위라 하면 박사를 가리키는 것이었다. 학위령에 따르면 박사학위는 ① "대학원에 입학해 정규 시험을 거친 자" 또는 ② "그것과 동등한 혹은 그 이상의 학력이 있는 자"에게 "제국대학 평의회의 협의를 거쳐" 문부대신이 수여하는 것으로 되어 있다.

이 중 ①에 대해서는 제국대학령에 "분과대학의 졸업생 혹은 그와 동등한 학력을 지닌 자로서 대학원에 입학해 학술기예의 온오를 공구하고 정규 시험을 거친 자에게는 학위를 수여한다"는, 이른바 '과정박사'에 관한 조항이 있고, 대학원제도와 학위제도와의 대응을 꾀했음을 알 수 있다. 즉 대학원에서의 연찬과 시험에 의한 그 성과의 증명이 학위 수여의 기본 요건임이 명기되어 있었던 것이다.

②에 해당하는 학위 취득에는 두 가지의 길이 있었다. 하나는 "자신

표 10-2 제1차 학위령(1887~1898)에 의한 학위 수여 수(명)

	법학	의학	공학	문학	이학	계
대학원 수료					4	4
논문 제출	1	8		1	9	9
평의회 추천	16	30	31	14	23	114
합계	17	38	31	15	36	137

＊ 출전: 아마노 이쿠오, 『대학의 탄생』 상.

이 저술한 논문 한 편"을 첨부해서 신청하여, 제국대학 평의회의 심사를 거쳐 수여받는 이른바 '논문박사'다. 다른 하나의 길은 문부대신이 대학원 수료자와 "동등한 학력을 지녔다고 사려하는 자"를 제국대학 평의회에 추천하여 3분의 2 이상이 찬성하여 수여하는 것으로 '추천박사'라고 호칭해두자.

표 10-2는 그 학위령(제1차 1887~1898)에 의한 학위 수요의 실태를 살펴본 것인데, 약 10년 동안에 137명이라는 적은 숫자도 그렇지만 대학원 수료에 의한 학위 취득자가 불과 4명(3퍼센트), 논문 제출에 의한 것도 19명(14퍼센트)에 지나지 않고, 114명(83퍼센트)이라는 압도적 다수를 차지한 것이 문부대신의 추천에 의한 박사였던 것이 주목된다. 앞서 보았듯이 1891년 시점에서 제국대학 교수는 대다수가 박사였지만 외국에서의 학위 취득자는 별도로 하고 대개가 대학원과는 관계가 없는 '추천박사'였던 것이다.

물론 이때는 제국대학과 대학원 모두가 막 발족한 직후였다. 대학원 수료의 '과정박사'가 적은 것은 당연하다고 할 수 있을지 모른다. 하지만 그 이유뿐만이 아니라, 사태는 더욱 악화(?)해간다.

추천박사제도

1898년에 개정된 학위령(제2차 1898~1920)에는 박사를 취득하는 길이 네 가지로 늘었다. ① 대학원 수료에 의한 '과정박사'는 이제까지와 동일. ② '논문박사'도 같지만 심사 주체가 각 분과대학 교수회로 바뀌었다.

문제의 추천박사제도는 두 가지로 나뉘어 한층 강화되었다. 하나는 ③ "박사회에서 학위를 받을 만한 학력을 지녔다고 인정하는 자"에다가, 또한 ④ "제국대학 분과대학 교수에게는 해당 제국대학 총장의 추천에 의해 문부대신이 학위를 줄 수 있다"라는 조항이 더해졌던 것이다. 1911년 나쓰메 소세키夏目漱石가 사퇴하며 파문을 일으킨 문학 박사학위는 그중 박사회 추천에 의한 것이었다.

제2차 학위령은 1920년까지 이어졌는데, 그동안의 학위 수여 통계를 나타낸 것이 표 10-3이다. 이것을 보면 수여 수가 여전히 적을 뿐만 아니라 ①의 대학원 수료가 전체의 겨우 3퍼센트에 불과한 것이 우선 눈에 띈다. 이에 비해서 ②의 논문박사가 63퍼센트까지 차지하며 급증했다. 특히 기초 학문인 문학 · 이학, 거기에 의학과 농학에는

표 10-3 제2차 학위령(1898~1920)에 의한 학위 수여 수(명)

	법학	의학	공학	문학	이학	농학	계
대학원 수료	2	1	–	24	15	12	54
논문 제출	30	817	84	78	96	90	1,195
박사회 추천	110	12	186	42	4	49	403
총장 추천	61	12	86	37	31	28	255
합계	**203**	**842**	**356**	**181**	**146**	**179**	**1,907**

＊ 의학에는 약학, 농학에는 임학 · 수의학을 포함.
＊ 출전: 아마노 이쿠오, 『고등교육의 시대』 하.

논문박사가 주류가 되었다는 사실을 알 수 있다. 단지 의학 분야에서 논문박사가 97퍼센트라는 압도적인 비율을 차지한 것은 학술적인 학위라기보다도 의학 박사가 직업 학위화한 결과로 봐야 할 것이다.

주목할 만한 것은 그보다도 박사회 추천 · 총장 추천이 특히 법학에서 84퍼센트, 공학에서도 76퍼센트에 이르고 있다는 점이다.

당시 유력한 종합잡지 『태양』은 여전히 실질적으로 추천 위주의, 이 새로운 학위령에 의한 박사를 '죽순박사'라고 부르며 비판적이었다.

"실로 한 권의 저서도 없이 박사의 명예를 얻은 자가 있다면, 내외의 사람들이 보고 그 진가를 의심한다. 오히려 자연의 인정人情이 아니라 할 것이다. 이따금 그 이름으로 드러내는 것은 번역의 초록 수준 정도로 자신의 의견과 학설에 대해서는 알 리가 만무하다. 그렇다면 무지의 인간 혹은 착각해 독특한 조예가 없는 사람이라는 소리를 들을 것이다"라고 적고 있다. 추천박사제도가 폐지되어 학위 수여가 완전히 업적 본위로 이뤄지기에는, 이 경우에도 다이쇼 데모크라시 시대를 기다려야만 했다.

학위 수여가 이와 같이 추천 중심으로 이뤄진다면, 대학원의 정비가 추진될 리는 만무했다. 대학원에는 적지 않은 수의 재적자在籍者가 있었지만 의과대학은 별도로 하고, 그 대다수는 중등학교나 여러 고등학교의 교원을 목표로 하는 이른바 '취업 준비생'이거나 고등문관 시험의 수험자, 더 나아가서는 제국대학의 충실한 도서관을 이용하기 위해서 남아 있는, 이미 취직한 학사들이 차지하고 있었다.

양성 시스템의 미비

대학원에서의 연찬과 학위 취득이 임용의 기본 자격이라 여겨지지 않은 가운데, 제국대학 교수진의 육성을 위해서 대학·문부성이 계속 의존한 것은 메이지 시대 초기부터 시작된 해외 유학제도였다.

대학교수 육성제도의 미비가 처음 문제시된 것은 1897년 교토제국대학 창설 때였다. 교육정보지『교육시론』에 실린 기사는「학자의 품귀學者の佛底」라는 제목의 글에서 다음과 같이 기술하고 있다.

교원은 법학, 의학, 문학, 이학, 공학 등 5개 학과의 교수만 하더라도 50여 명 이상이나 필요한데 목하와 같은 학자 품귀의 상황이면 50여 명이라는 다수의 학자 선생을 구할 길이 없어, 당국자는 작금 절박하게 고심하는 중에 외국에 유학생을 파견하는 일을 실행한다 해도, 도저히 이 정도의 상황에는 수요에 대응할 수 없을 뿐만 아니라, 유학생도 금후 2, 3년 이후가 아니면 귀국하지 않으니 초미지급焦眉之急에 대처 가능한 이야기가 아니다. 그렇다고 아무것도 모르는, 이름만 학자 선생을 모았다 한들 또한 시작되지 않을 일이지만 심각하게 고안 중인 까닭인데, 그중에는 외국 교사 초빙의 의견을 가진 이도 있다고 들었다.

빈정거림이 가득한 기사지만, 초대 교토제국대학 총장으로 취임한 기노시타 히로지가 "소 잃고 외양간 고치는 것과 같이 대학은 설립했는데 그에 적당한 교관이 없어서 낭패하여 외국 유학생을 파견하는 것 같은 것은 그다지 바람직하지 않다"라며, 기자의 취재에 답하여 밝힌 것은 이미 살핀 바와 같다. 최초의 제국대학 발족으로부터 10년이 흘렀어도 교수의 예비군이 거의 형성되어 있지 않았음을 알 수 있다.

유명무실한 대학원에서는 본격적으로 학자를 육성할 수 없었다. 게다가 극동의 작은 섬나라의 후발 대학이 아무리 국가의 총력을 기울여 만들어졌다고 해도 간단히 구미 여러 나라의 일류 대학에 견줄 만한 학문 수준을 실현할 수 있을 리 없었다. 교수에 임용하기 전에 적어도 2, 3년은 구미의 대학에서 최첨단의 학문을 접하며 배울 필요가 있었다.

제국대학의 조교수직이나 관립전문학교·고등학교의 교수직에 취직한 학사들 중에서 학위의 유무를 따지지 않고 선발한 사람을 귀국 후 교수 자리를 약속하고 수년간 해외의 대학으로 파견했다. 그리고 귀국 후에 결과 좋게 임용된 교수에게 학위가 없으면 총장 추천 또는 박사회 추천으로 박사학위를 수여한다. 즉 이것이 메이지 시대를 통틀어 문부성·제국대학이 계속 취해온 교수 양성 방법이었다.

　뒤에서 다루겠지만, 예를 들어 1918년의 도쿄제국대학 교수진을 보면 교수 전원이 박사인 데 비해서 조교수의 대부분은 학사였다. 추천박사제도의 위력이 얼마나 컸는지 알 수 있다.

제 2 장

강좌제와 대학 자치

관료로서의 제국대학 교수

1877년 발족 당시의 도쿄대학 교원은 신분적으로 "고용 또는 촉탁과 같은 것"이며, '국가의 관리'는 아니었다. 관리로서의 신분이 확정되고 교수·조교수라는 직명이 정해진 것은 1881년부터다. 그리고 그 지위는 1886년 제국대학의 발족과 동시에 현격하게 높아지게 되었다.

같은 시기에 정비된 관료제도 아래, 교원은 모두 고등관이며 교수가 1등에서 4등, 조교수를 4등에서 6등까지로 규정하고 고등문관과 동등한 봉급을 약속했다. 그리고 1890년에는 교수 중 일정한 수를 한정해 칙임관勅任官으로 임명하는 것도 인정되었다. 같은 해 교수·조교수의 정원도 정해지게 된다. 관리라는 점에서 임면권은 문부대신의 수중에 있었지만, 정원이 정해진 것은 교원의 신분과 교원 집단의 존속·발전이 보증되었음을 의미하는 것이었다.

하지만 그것만으로 대학의 본체인 교수 공동체가 태어난 것은 아니다. 제국대학 교수 집단의 형성에 중요한 역할을 했던 것은 누가 뭐라해도 '강좌제' 도입이었다. 제국대학에만 인정된 극히 특권적인 이 제도는 대학 자치나 학문 자유의 요새가 되어, 교수들의 학문과 학자 세계에서의 엘리트, 즉 '학술 귀족'으로서의 권위와 권력의 원천이 되어갔다. 추천제에 의한 박사학위는 그 귀족들에게 수여된 '명예의 칭호'였다고 해야 할지 모른다.

교육 연구의 책임 체제

강좌제Chair system는 유럽 대학에 존재하는 특이한 제도였다. 전문적으로 분화한 학문 분야마다 명칭을 부여한 강좌를 두고, 교수 1명만의 '의자'를 준비하여 각 전문 분야의 교육 연구에 책임을 부여하는 제도의 도입이 문부성 안에서 논의되기 시작했던 것은 1890년의 일이다. 학생들이 "제반의 학술기예를 학수學修하기에 편리하도록" 수업과목에 대응하는 강좌의 종류와 수를 결정하는 것이 목적이라 여기고 구체안도 작성되었지만, 이때는 실현되지 않았다.

그것이 실현된 것은 1893년에 이르러서였다. 제도 도입에 큰 역할을 했던 문부대신 이노우에 고와시는 거기에 학과과정 정비 이상의 의도를 담고 있었다.

당시 제국대학에서는 아직 각 교수가 담당하는 전문 분야가 명확하게 정해져 있지 않았다. 법과대학을 예로 들면, 한 사람의 교수가 "국법과 사법 그리고 국제법까지" 모두 정통해야 하는 것을 전제로 커리큘럼이 짜여졌다. 그것은 교원이 부족했던 시대의 "일시 어쩔 수 없던 변통"이었는데, "학자도 이 변통에 익숙해졌고 세인도 이상하게" 생각하지 않았다. 그 결과, 교수들은 "조잡하게 흘러 한 학과의 전공에 마음을 둘 틈"이 없게 되어, "강의도 정도精到할 수 없는 탐탁하지 못한" 점이 있었다. 이노우에는 그런 제국대학의 한심하다고 할 만한 상황을 타파하고, "강좌제를 정하여, 그 직무에 대해서 전공의 책임을 표명하고 그로써 후진을 담당토록" 함을 꾀했던 것이다.[1]

그뿐 아니다. 조급한 근대화·산업화의 추진에 불가결한, 구미 최첨단의 학술기예를 배운 인재가 부족하고, 수요가 과잉한 시대였던 것이다. 고등관의 신분을 약속받고 명예박사학위를 수여받는 등 우대를 받게 되더라도 유학을 다녀와 '신지식'으로 무장한 몇몇 부류들은 제국대학 교수 자리에 정착하지 않아 교수 집단은 유동적이었다. 특히 법학과 공학 두 분야에서는 문부성의 국장 등 고급 관료로 자리를 옮기는 자나 옮기지 않더라도 겸임하는 자가 적지 않아, 덧붙여 말하자면 필요한 수의 교수진을 확보하는 일 자체가 곤란했다.

그런 현실을 변혁하고 교육 연구의 책임 체제를 명확하게 할 뿐 아니라, 제국대학 교수의 자리를 보다 매력적인 것으로 만들기 위해 강좌제 도입이 필요하다는 것이 이노우에의 생각이었다. "제국대학은 학문의 최고학부로서 그곳의 교관인 자는 일신을 그 전문 학업에 위임하여 전심으로 그것에 종사해야 한다. 고로 이제 각 단과대학에 여러 학문의 강좌를 두고 각 교수의 담임을 명확하게 하여 그 책임을 중시할 것이다." 제국대학 교수는 "국가의 관리"이기에 앞서 "학문의 최고학부"의 일원이라는 자각과 책임을 지녀야 함을 문부대신이 직접 요구했던 것이다.[2]

이렇게 1893년에 "제국대학 각 분과대학의 강좌 종류 및 그 수"가 공포되어 총수 123개의 강좌가 개설되기 시작했다.

강좌제의 실태

이 강좌제에서 중요한 것은 "학과의 종류, 직무의 번잡과 간략"에 따라 차이는 있지만, 각 강좌에 연간 400엔 이상 1천 엔 이하의 '직무 봉급'(강좌 봉급)이 부과되어 있었다는 점이다. 교수 연봉이 1천 엔 전후였던 시대이니 고액이다. 강좌에 따라 이른바 가치에 차이가 있었다는 점, 조교수가 강좌를 담당할 경우 직무 봉급은 반액이었다.

이와 같이 직무 봉급을 주면서까지 우대하려고 했던 것은 "당시 정부 직할 여러 관청의 행정관 봉급이 제국대학의 젊은 교수·조교수보다 더 많았"고, "유학 출신자인 조교수가 다른 관청으로 '유출'되는 일에 문부성이 애를 먹은" 것이 그 이유라고 여겨지고 있다.[3] 개설된 강좌를 지키기 위해서는 대우 면에서의 개선이 불가피했던 것이다.

표 11-1 도쿄제국대학의 강좌 · 교수 수

	1893년			1910년		
	강좌	교수	조교수	강좌	교수	조교수
법학	22	9	–	37	25	3
의학	23	19	6	32	26	13
공학	21	9	9	32	27	21
문학	20	11	1	24	18	9
이학	17	13	4	26	24	7
농학	20	7	14	31	22	14
계	123	68	34	182	142	67

* 출전: 아마노 이쿠오, 『근대화와 교육』.

　강좌제를 만들 때 또 하나 중요한 것은 강좌와 담당 교관과의 관계다. 강좌제는 제2차 세계대전 뒤 새로운 대학제도에서도 계승되는데, 예를 들어 문과 계통의 경우 각 강좌의 정원定員은 교수 · 조교수 · 조수 각 1명이 한 세트로 정해져 있는 것이 보통이었다.

　하지만 메이지 시대에 약속되어 있던 것은 각 강좌에 교수 1명뿐이었다. 더구나 교수 · 조교수의 정원은 1893년을 예로 들면, 강좌 수 123개에 대해서 교수 74명과 조교수 35명이었으며, 1910년에는 강좌 수 182개에 대해서 교수 143명과 조교수 74명이었듯이, 개설 강좌 수와는 관계없이 별도로 정해져 있었다. 즉 강좌는 개설되었지만 전임교수가 없는 강좌 수가 적지 않았던 것이다. 1893년의 교수 수는

68명이기 때문에 절반 가까운 강좌의 전임교수가 결원이었으며, 의학과 이학을 제외하고 적절한 교수를 구하는 것이 여전히 곤란했던 것을 알 수 있다.

교수회 자치로

급여 면에서 우대받게 된 교수들은 일정한 자치도 인정받게 되었다.

1886년 발족 당시 제국대학 총장과 분과대학장은 문부대신이 선임했고, 대학 운영기관으로 설치된 평의회의 선임과 각 분과대학 2명의 평의원 선임도 마찬가지였다. 교수회 설치는 인정되지 않았으며 자치적인 면에서 가장 중요한 인사에 대해서 교수들에게는 그 어떤 권한도 없었다. 단지 평의회에는 "학과 과정에 관한 사항"과 "대학원 및 분과대학 이해의 소장消長에 관한 사항"에 대해서, 즉 제국대학의 교학敎學과 관련한 문제에 대해서 폭 넓게 심의하는 권한만이 인정되어 있었다.

그런데 1893년에 이것도 이노우에 문부대신 아래에서 제국대학령이 개정되어, "각 분과대학에 교수회를 설치하고 교수로 하여금 회원"이 되는 것을 인정하기 시작했다. "대학의 실질은 분과대학에 있음"에도 불구하고, "관제官制에 분과대학의 자치를 인정하지 않고 사사건건 대학 평의회의 결정을 따르지" 않으면 안 된다는 것은 "금일의 폐해"인 것이다. 따라서 "분과대학의 자치를 인정"하고 "평의회의 권한을 줄이며 그것을 분과대학 교수회로 나눈"다는 것이 이노우에의 설명이었다.[4]

지금도 일본 대학의 '교수회 자치'는 평판이 나쁜데, 그 발단은 교원 집단에 의한 자치권을 강화하려고 했던 이노우에 문부대신의 '선의'에서 나왔던 것임을 알 수 있다.

또한 그 전해에는 교수에 의한 평의원의 호선互選이 인정되었으며, 분과대학장도 호선은 아니었지만 교수들 가운데서 임명했다. 교수들 사이에서 학문의 교육 연구를 사명으로 삼은 전문적 직업인, '아카데믹 프로페션Academic profession'으로서의 연대감을 양성하고 공동체성을 자각시키며 자치와 학문 자유에 관한 의식을 키워가는 제도적인 기반을 그때 비로소 보증하게 되었던 것이다.

그리고 이 제국대학령 개정에서는 평의회·교수회의 권한이 두드러지게 확대되어 학과의 설치와 폐지, 강좌의 종류, 대학 안의 여러 규정, 학위 수여 외에 "문부대신 또는 제국대학 총장으로부터 자문의 건"에 대해서도 심의권을 인정했고, 평의회에는 더 나아가 "고등교육에 관한 사항에 부쳐 그 의견을 문부대신에 건의"하는 권한까지도 부여했다.

도미즈 사건과 학문의 자유

1905년에 일어난 '도미즈戶水 사건'은 그런 자치권의 확대에 따른 교수들의 의식 변화를 상징하는 사건이었다.

발단은 이러했다. 도쿄제국대학 법과대학 교수인 도미즈 히로토戶水寬人가 러일 평화 협상을 둘러싼 정부 비판 등, 대학 밖에서 과격한 언론 활동 등을 이유로 휴직 처분을 받았다. 야마카와 겐지로 총장은 법규상 "고등관의 진퇴에 관해서는 (총장이) 문부대신에게 보고"하지 않으면 안 된다고 되어 있는데, 그 절차를 거치지 않은 채 처분이 이뤄진 것에 항의하여 사표를 제출했다. 문부대신은 그것을 수리하여 '본인이 원하는 바에 따른 면직依願本免官'이라고 하여, 문부성과 제국대학의 전면 대립으로 발전했다. 대학 측이 '교수 총회'를 열어 논의를 거친 후 항의 '각서'를 작성하여 문부대신에게 제출했고, 그것이 수용되지 않는다면 200명 가까운 교수·조교수가 사직을 결의하겠다는 사태를 초래했던 것이다.

총장의 면관免官은 "일개 관리의 면직 문제가 아니라 그 근저에 중대한 국가적·세계적인 문제"를 안고 있다. "대학의 독립, 학문의 자유"가 그것이며, "학문지고學問至高의 관청에 봉직하여 초탁고결超卓高潔해야 할 자로서, 행정 관청의 불법 혹은 부당한 행위에 의해서 멋대로 진퇴, 축출시키는 일과 같은 것이 있다면 무엇으로도 대학의 위엄을 유지할 수 없으며 또한 학문의 자유를 옹호할 수 없다"는 것이 '각서'에 기록된 교수들의 주장이었다.5 대학의 자치와 학문의 자유를 주장한 고귀한 선언이었다.

정부와 대학의 자치를 둘러싼 이 최초의 충돌은 문부대신과 야마카와 총장의 사직, 도미즈의 복직이라는 형태로 교수회 측의 승리로 끝이 났다. 도미즈의 휴직에 대해서는 교토제국대학 법과대학의 교수회도 부당한 처분이라며 취소를 요구하는 항의문을 문부대신에게 보냄으로써, 전문적 직업인 즉 '아카데믹 프로페션'으로서의 연대를 표명했다.

사실은 이보다 앞서 1892년에 문과대학의 구메 구니타케久米邦武 교수가 「신도神道는 제천祭天의 옛 풍속」이라는 논문을 발표했다가 신도 지도자와 국학자로부터 논문이 불경하다는 압력을 받고 문부성이 구메 교수를 면직하여, '학문의 자유'를 둘러싼 사건이 처음으로 일어난 바 있었다. 그때는 제국대학 측에서 항의하는 움직임이 없었다. 그로부터 13년 후 도미즈 사건이 있었던 것이다. 메이지 시대도 1900년대 중반에 이르면, 구미의 대학에서 최첨단의 학술기예뿐 아니라 학문의 자유와 대학 자치의 중요성을 배워 귀국한 교수들이 주력이 되었는데, 도미즈 사건은 제국의 대학과 정부의 관계가 갈등을 안고 있는 것으로 변하기 시작한 것을 상징했다고 할 만하다.

고등교원의 공급 기지

이렇게 점차 정부에 대해서도 사회적으로 권위를 확립하고, 권력을 지니기 시작한 교수들이지만, 학문 세계에서 그들의 권위와 권력에는 두드러지게 높은 것이 있었다. 그것은 무엇보다도 그들이 제국대학이라는 유일한 최고 학문기관의, 게다가 강좌 담당 교수이며 해당 전문분야의 최고 권위라고 여겨졌을 뿐만 아니라, 그 분야의 후계자는 두말할 것도 없이 다른 고등교육기관의 교원 육성·공급에도 사실상 독점적인 역할을 다했던 것에서 유래하고 있다.

앞서 살핀 것처럼, 1918년의 '대학령' 공포까지 정규 대학은 제국대학뿐이었으며 또한 제국대학만이 학사의 칭호와 박사학위 수여의 권위를 인정받고 있었다. 그 제국대학의 예과인 고등학교를 제외하고 다른 고등교육기관은 제도상 모두 '전문학교'라고 규정되어 있었지만, 관리 신분이었던 관립학교의 교원은 별도로 하고 사립이 다수를 차지하는 그 전문학교에 대해서는 설치 인가나 수준의 유지를 위해서라도 정부로서는 교원 임용의 자격 요건을 정할 필요가 있었다.

1903년 '전문학교령' 공포와 함께 정해진 자격 요건에 의하면, "교원이라고 할 만한 자"는 ①"학위를 가진 자", ②"제국대학 분과대학 졸업자 또는 관립학교의 졸업자로서 학사라고 칭할 수 있는 자", 그 이외는 ③문부대신이 '지정' 또는 '인정'한 자라고 되어 있다. "관립학교 졸업자로서 학사라고 칭할 수 있는 자"란 도쿄고등상업학교 전공부와 삿포로농학교 본과의 졸업자를 가리키는데, 그것은 어디까지나 예외적인 사례였다. 박사학위는 물론 학사의 칭호를 수여할 수 있는 권한도 사실상 제국대학만이 쥐고 있었다. 바꿔 말하면 제국대학이 고등교원의 육성·공급을 독점하고 있었던 것이다.

사립전문학교 안에는 게이오기주쿠나 와세다와 같이 제국대학에 의존하지 않고, 자교 졸업생 중에서 유학생을 선발하여 구미의 대학에 보내 학위를 취득시키는 방식으로 일찍부터 교원의 자급 체제를 확립했던 경우도 있었다.[6] 하지만 재정적 기반이 약한 대부분의 사립전문학교는 학교 예산으로 유학생을 파견할 여력이 없었기 때문에 교원의 공급원을 제국대학에 의존할 수밖에 없었다. 그것은 관립고등학교나 전문학교도 마찬가지였다.

모든 학문 분야를 망라한 종합대학으로서 제국대학은 사실상 유일하며, 포괄적인 고등교원의 육성 · 공급 기지였고, 강좌 담당 교수들은 그것에 의해서 고등교육의 세계에서나 또한 제각각의 전문 분야에서 절대적인 권위와 권력을 보증받게 되었던 것이다.

제국대학 간의 격차

그런 공급 기지로서의 역할에는 같은 제국대학 사이에서도 커다란 차이가 있었다.

무엇보다도 당연한 일이지만 후발 제국대학은 앞서 설립된 제국대학으로부터 교원을 공급받지 않으면 안 되었다. 교토제국대학의 초대 교수들은 문과대학의 나이토 고난內藤湖南과 같은 소수의 예외를 제외하고, 도쿄제국대학 졸업자 중에서 선발되어 파견된 유학 출신자가 차지하고 있었으며, 그것은 이후에 이어지는 도호쿠제국대학이나 규

표 11-2 1915년의 제국대학

	도쿄제국대학	교토제국대학	도호쿠제국대학	규슈제국대학
분과대학 수	6	5	3	2
강좌 수	195	119	48	54
교수 수	159	87	64	46
조교수 수	68	33	32	16
졸업생 수	1,161	303	90	133

＊ 도호쿠제국대학의 교수·조교수에는 농과대학예과를 포함.
＊『문부성 연보』 1915년에 입각해 작성.

슈제국대학의 경우에도 마찬가지였다.

　지금까지 살핀 바와 같이 대학원이 기능하지 않고 학위제도도 추천 박사가 주류였다는 점에서 인사가 업적 본위나 실력 본위로 이뤄지기 힘들었다. 학위가 학문 세계의 '통화通貨'로서 유통하지 않았던 것은 교수의 시장이 성립하지 않았기 때문인 것이다. 그런 상황 아래서 후발의 제국대학은 당연하지만 앞서 설립된 제국대학의 지배로부터 벗어나기 위해 자기 대학의 졸업자가 배출되기를 기다리며 그들을 교수로 초빙하기 위해 노력했다. 이렇게 시간이 흘러 자기 대학 출신자가 교수 집단의 다수를 차지하게 되는, 즉 '동계번식in breeding'이라 불리는 현상과, 자기 대학 출신자의 교수 시장을 형성해 다른 대학을 지배

하에 두고 독점을 꾀하려 하는 '계열화'가 일본 고등교육의 중요한 특색이 되어갔다.[7]

그런 교수의 육성·공급의 독점체로서 제국대학의 수가 늘어나도 필두 제국대학인 도쿄제국대학의 우위는 흔들리지 않았다.

역사나 전통만이 그 이유는 아니다. 표 11-2는 1915년 시점에 네 군데 제국대학의 규모를 나타낸 것인데, 개설된 분과대학 수·강좌 수를 놓고 보더라도 '종합대학'이라 부르기에 어울릴 만한 학문 분야가 망라된 곳은 도쿄제국대학뿐이었다. 5개의 분과대학을 지닌 교토제국대학도 강좌 수에서는 도쿄제국대학의 60퍼센트 정도, 도호쿠나 규슈의 두 제국대학에는 문과 계통의 분과대학이 없고 강좌 수도 도쿄제국대학의 4분의 1 안팎밖에 되지 않았다. 졸업생, 즉 고등교원 자격자인 '학사' 수 면에서도 교토제국대학마저도 도쿄제국대학의 4분의 1에 불과했다.

제국대학이 사실상 점유하고 있던 교원의 육성·공급 기지 중에서도 도쿄제국대학이 메이지·다이쇼 시대를 통틀어 압도적인 부분을 차지하고 독점적인 지위를 자랑하고 있었던 것이다.

제 3 장

학계의 지배자들

대학 자치와 인사권

다이쇼 시대에 들어서면 제국대학에 자치를 더욱 확대할 기회가 찾아온다.

1917년에 정부는 내각 직속의 대형 심의회인 '임시교육회의'를 설치하고 메이지 시대 이래 학교교육제도의 전면적인 재검토에 착수하는데 심의의 초점은 고등교육에 있었으며, 당연하지만 제국대학의 존재 방식의 수정도 중요한 검토 과제 중 하나로 여겨졌다.

대학·고등교육 문제의 본격적인 심의가 시작되는 것은 1918년이 되면서부터인데, 제국대학 측의 의견을 반영시킬 필요를 느꼈을 것이다. 임시교육회의 유력 위원이기도 했던 야마카와 겐타로山川健太 총장은 그에 앞서 도쿄제국대학 평의회에 제국대학의 제도와 조직의 재검토를 자문했다. 평의회는 야마카와를 위원장으로 하고 위원 30명 정도의 '제국대학제도조사위원회'를 발족시켜 검토를 진행했는데, 6월에는 결정 사항을 문부대신에게 상신서로 제출했다. 이러한 형태로 절차를 진행할 수 있었던 것은 1893년에 이노우에 문부대신이 제국대학령을 개정하여 평의회에 건의의 권한을 인정했기 때문이다.

심의는 여러 방면에 걸친 자문 사항을 논의하고 각 사항에 대해서 찬반에 따라 결정, 결론을 정리하여 상신하는 형태를 취했다. 자치와의 관계에서 보면 대학의 자치권 확대를 요구하는 다음과 같은 중요한 사상이 포함되어 있었다.

① 총장의 추천에 대하여: 임명은 대학 측의 추천에 의해, 그리고 추천은 교수 전체의 '직접 선거'를 통해 이뤄지는 것으로 한다. ② 단과대학장의 추천에 대하여: 단과대학마다 교수의 호선으로 한다. ③ 교수·조교수의 임면에 대하여: 교수회의 논의를 거치는 것으로 한다. ④ 정년제에 대하여: 정년제를 도입하여 60세 정년으로 한다. ⑤ 학위에 대하여: 대학이 수여하는 것으로 하고 박사회와 총장에 의한 추천제는 폐지한다.[1]

'국가의 관리'인 이상 최종적인 인사권은 문부대신에게 있으나 후보자의 추천은 대학 측, 그것도 교수 집단의 결정에 근거해 이뤄지고, 문부대신은 그것을 존중한다는 제국대학 측의 요청이 처음으로 명문화되었다. 문부성도 그것을 큰 틀에서 수용했을 뿐만 아니라, 학위수여권도 문부성으로부터 대학으로 옮겨지게 되었다. 대학 자치의 커다란 진전이었다.

교토제국대학의 '사와야나기 사건'

대학 자치의 근간이라 할 만한 인사권의 이런 확대에 대해서는 교토제국대학에서 일어난 이른바 '사와야나기澤柳 사건'이 크게 관련되어 있었다. 1913년에 교토제국대학 총장에 취임한 사와야나기 마사타로澤柳政太郎는 문부 관료였지만 제1ㆍ제2고등학교장이나 도호쿠제국대학 총장 등을 역임했던 교육자ㆍ교육학자였는데, 그가 인사를 둘러싸고 교수회 측과 격돌하는 사건이 일어났다.

이 시기에 이미 제국대학의 교수 인사는 각 분과대학 교수회의 결정에 맡기는 것이 관례가 되어 있었다. 교수 인사가 그러했지만, "특히 교토제국대학에는 문제가 많아서 당시 교수 중에는 나이가 들어이미 연구나 교육에 정진할 수 없는 자나, 본직 외에 사립학교에 강의를 나가 돈벌이나 한다든지, 이름을 팔아 강연한다든지, 신문이나 잡지에 조잡한 원고를 파는 등, 금전에 눈이 먼 자 등이 많아 학술 연구와 후진의 지도를 게을리하더라도 그것이 그들 사이에서 묵인되고 방치되고 있다는 사실이 있으며, 뜻이 있는 이들 사이에서는 이전부터 그것을 우려하는 목소리가 나오고 있었다"고 여겼다.[2]

취임한 사와야나기는 그런 폐해에 칼을 댈 수 있게 신중한 정보 수집과 의견 청취에 근거하여 교수 7명에게 용퇴를 요구하고 개별적으로 교섭ㆍ설득하여 합의를 도출해냈다.

당초 각 분과대학의 교수회에서 이의를 제기하는 분위기는 없었다. 그런데 용퇴를 권고받은 해당자가 없었던 법과대학 교수회가 사와야나기의 요구는 교수의 임면에 대해 교수회의 동의를 얻어야 한다는, 인사와 관련한 자치의 관행에 반하는 것이라고 반발했다. 법과대학 교수회가 "총장의 전결로 교수의 진퇴가 결정"되면 "교수의 지위, 저절로 경시되기" 마련이니 도저히 용인할 수 없다며 반대 '의견서'를 제출했던 데서 사태는 일변했다.

사와야나기 총장은 "대학교수의 퇴직을 결정하는 데 그 동료 집단인 교수회의 논의에 따른다는 것은 그 어떤 나라에서도 본 바 없으며, 온당하지 못한 감을 금할 바 없다"며 반박했는데, 교수회 측은 납득하지 않았다. 양자 사이에서 "교수회의 의견을 존중함은 논할 필요도 없다"는 의미의 '각서'를 교환함으로써 일단 마무리되었다. 그러나 이번에는 '존중한다'는 것을 "동의를 거치는" 것이라는 교수회 측의 해석에 사와야나기가 이의를 제기함으로써 교수들이 '연대 사직'을 결의하고, 학생도 이에 동조하며 큰 소동으로 발전했다.

사태를 위중하게 본 문부성이 해결에 나서며 교수회 대표와 사와야나기 총장, 거기에 도쿄제국대학 법과대학의 원로교수 2명이 참여하여 협의한 끝에 "교관의 임면에 대해서 총장이 그 직권의 운용상 교수회와 협정하는 것은 아무런 지장이 없으며 또한 타당하다"고 표명하여 '협정'이란 "합의를 한다"는 것과 같은 의미라는 결론을 내렸다.

사와야나기는 이 사건의 책임을 지는 형태로 1년도 못 돼 사임했기 때문에, 대학·교수회 측의 승리로 끝났다.[3]

총장의 선임

하지만 인사권을 둘러싼 문제는 그대로 끝나지 않았다. 이번에는 총장의 선임을 둘러싼 문제가 부상하기 시작했다.

제국대학 총장은 (대학 측에 대한 사전 타진이 관례가 되었다고 여겨지지만) '관선'이었으며, 1920년부터 시작된 '직접 투표' 이전에 도쿄제국대학 총장의 출신을 보면 관료와 교수가 거의 반반을 차지했다. 교토제국대학에서도 초대 총장인 기노시타 히로지의 후임은 문부 관료인 오카다 료헤이가 임명되었는데 "관료 티가 너무 나서 (중략) 자유주의적인 교수들에게는 환영받지 못해 교수들과 작은 충돌"을 반복했다고 한다.[4] 오카다가 1년 만에 문부성 차관으로 전임한 후에는 전 도쿄제국대학 총장인 기쿠치 다이로쿠가 부임했다. 이때부터 "교수 중에서 총장을 선거하여 문부성에 상신할 희망"이 생겨났고, 실제로 문부성에 진정이 이루어지는 등의 일이 있었으며 기쿠치가 퇴임한 후 임명된 사람이 사와야나기였던 것이다.

'사와야나기 사건'을 계기로 학내에서는 총장 공선제를 주장하는 목소리가 높아졌고, 사와야나기의 후임 후보 선택은 난항을 겪었다. 문부성은 궁여지책으로 도쿄제국대학 야마카와 총장을 겸임시키면서 이에 대응했으며, 학외로부터의 선임은 곤란하다는 야마카와의 의견을 받아들여 의과대학장인 아라키 도라사부로荒木寅三郎를 후임으로 앉혔다. 투표는 하지 않았지만, 대학 측의 의향이 존중되었다는 점에서 자치권에 커다란 일보전진이 이뤄졌다는 점은 의심의 여지가 없다. 앞서 도쿄제국대학의 의견 상신은 그런 교토제국대학에서의 전적을 거친 것에 다름 아니었다.

교수·조교수의 임용·진퇴로부터 총장의 선임까지 제국대학 인사에 대해서는 교수회의 의견이나 결정을 존중하는 관행이 다이쇼 시대 중반에야 비로소 용인되고 확립되기에 이르렀다.

「대학제도 개정 사건(私見)」

인사권과 관련된 이러한 자치 확대의 경위를 보면, 발족부터 30여 년이 지난 시점에 제국대학의 '제국'과 '대학' 사이에 거리가 발생하며, '아카데믹 프로페션'으로서의 자각을 갖고, 단체성을 강화한 교수들이 국가와의 관계에서 긴장이나 갈등을 의식하기 시작했다는 것을 알 수 있다. 그것은 기본적으로 단지 '학내 문제'였을 뿐이며, 임시교육회의에서 직접적인 심의 과제로 언급된 바도 없었다.

임시교육회의에서 논의의 중요한 초점이 된 것은 학문의 부府로서의 제국대학의 정비, 특히 연구 기능의 강화·충실의 문제였다. 그리고 이 점에 대해서도 제국대학 내부에서 중요한 문제제기가 있었다. 1918년 2월에 도쿄제국대학 교수 15명의 연서로 작성된 「대학제도 개정改正 사건私見」이라는 문서가 바로 그것이다.[5]

니토베 이나조를 필두로 요시노 사쿠조吉野作造, 미노베 다쓰키치美濃部達吉, 오코우치 마사토시大河內正敏 등 유명 교수가 서명한 이 문서는 제국대학제도의 발본적인 변혁을 요구했다는 점에서 임시교육회의에서 진행 중인 학제 개혁 논의에 파문을 불러일으킬 의도가 있었다. 그 기저에 있던 것은 유학을 통해 구미 여러 나라의 대학 교육 연구 현실을 접해온 그들이 후진적인 일본의 현실에 대해 품고 있었던 강한 초조감이었다.

대학을 가리켜 최고의 학부로 여기던 시대는 이미 지났다. 작금의 세계에서 학술의 현저한 진보는 연구에서는 대단히 미세한 데까지 미치고, 일사一事에 온오를 공구하는 데 역시 학자의 일생과 거다巨多한 재력을 써야 한다. 이 같은 것은 (일본의) 현재 대학과 같이 조잡하며 규모가 협소한 설비로는 제대로 따라갈 도리가 없다. 그들 여러 나라에 전문적인 학술연구소가 빈번히 설립되니 전문 학술 연구의 중심은 점차 대학을 떠나 이와 같은 연구소로 옮겨가고 있는 까닭이다.

그런데 제국대학의 실상은 어떠했을까. 대학은 "실무 활용을 주안으로 하는 전문교육 바깥으로 나아가지 않는 상태"에 있으며, "학술 기예의 온오를 공구하는 곳"이어야 할 대학원은 "실제의 시설은 심히 미비하고 또 그 성적도 유감이라 여길 바 많음은 관계자가 숙지하고 있는 바"였다.

지금은 "단연 전문교육과 학리 연구의 두 가지 목적을 분리 독립시키고, 그것을 별개의 기관에 맡겨 각각 그 특질을 발휘토록 해야" 할 때가 아닐까. 구체적으로는 제국대학과 전문학교를 재편 통합하고 전문적인 실무 교육에 전념하는 새로운 대학을 만들어 연구의 기능은 "별도로 완비한 학술연구소를 창설"해서 여기에 일임하고, "대학 졸업자 중 우수한 자"를 입학시켜 연구에 전념토록 해야 하지 않을까.

교육과 연구의 분리론, 더 나아가서는 '제국대학의 해체론'이라고 할 만한 이 대담한 구상은 '사견'에 머물고, 실현되지는 않았다. 하지만 임시교육회의 답신 가운데 제국대학 관련 부분을 읽으면, 현행의 교육 연구 체제에 대한 유력 교수들의 엄격한 자성과 비판, 연구 기능 강화의 필요성을 임시교육회의의 위원들 역시 부분적으로는 공유하고 있었다는 것을 엿볼 수 있다.

대우 개선과 정년제

제국대학 연구 기능의 정비 · 강화책으로서 답신에서 특히 강조했던 것은 그 담당자인 교수들의 대우 개선이다.[6]

답신의 설명문은 "제국대학 단과대학 교수 · 조교수의 봉급은 심히 비박非薄"하며, 다수의 칙임교수를 포함하고 있음에도 불구하고 단과대학 교수의 봉급은 직무봉을 포함해 2,370엔으로 참사관 · 비서관 · 서기관과 같이 직급이 낮은 관리들의 봉급과 거의 같고, 조교수는 1천 엔 정도에 불과하다고 하며, 구체적인 숫자를 들어 "제국대학 단과대학의 교수 · 조교수의 봉급을 늘릴 것"을 요구하고 있다.

1893년의 강좌제 도입이 대우 개선책이기도 했던 것은 이미 밝혔는데, 그로부터 20여 년이 지났어도 사태는 개선되지 않았다.

"이와 같이 비박한 봉급으로 전심전력 학술 연구에 종사할 것을 바랄 수도 없다. 또한 유망한 인재를 교수·조교수로 초빙하기 심히 어려운 것은 물론 지금 교수직에 있는 자 중에 다른 직으로 옮기려 하는 자가 있더라도, 그것을 방지할 방도가 없다. 이와 같은 것은 국가가 학자를 우대하지 않기 때문이다. 따라서 분과대학 교수·조교수의 봉급을 늘리고, 적어도 일반적인 고등문관의 봉급과 격차가 없도록 함으로써 학자로 하여금 각각 그 직에 안착하여 전심전력 학술의 공구에 종사하도록 하는 것은 대학 교육 개선의 제일착으로서 하루바삐 서둘러야 할 요건"이었다.

답신은 또한 "교수의 정년제를 실시하여 정년제에 의해 퇴직하는 교수에게 상당한 퇴직금을 지급할 것"을 요구하고 있는데, 이것 또한 연구 기능의 강화와 관계가 없는 것은 아니었다.

"학자로서 학술의 온오를 연구하는 것이 해마다 점점 깊고 정교해지는 것이 적지 않다고 하더라도, 유망한 신진 학자로 하여금 참신한 연구를 행하도록 하여 선진先進 교수의 후계자로 만듦과 동시에 전인미답의 새로운 경지를 개척토록 하여 학계에서의 신진대사를 일으키는 것 역시 학술의 진보를 꾀하기 위해 지극히 긴요"하다. "교수로 하여금 일정한 연령에 달한 자는 특별한 경우를 제외하고 직을 후진 기예氣銳의 학자에게 넘기도록 하여, 학계로 하여금 항상 청신한 기풍이 넘치도록 하는 것을 바라고" 싶다.

교수의 자가自家 양성에 불가결한 대학원을 비롯하여 교육 연구의 환경 정비에 충실하지 못하고, 해외 유학이 교수 임용의 필요충분조건이라 여겨지고 있는 현황에서 교수의 교육 연구 능력은 연령과 함께 진부해지고 하락을 면치 못한다. 이렇게 연구 기능 강화를 목적으로 60세 정년제가 그리고 퇴직을 용이하게 하여 세대교체를 촉진할 수 있는 퇴직금제도가 도입되었다.

연구 환경의 정비

연구 기능의 강화에 대한 답신은 인적 조건만이 아니라 물적 조건을 정비할 필요성도 지적하고 있다.

"학술의 온오를 충분하게 공구할 목적을 다하기 위해서는 그 설비가 아직 충실 완비되었다"고 하기 어렵다. "특히 연구실의 설비와 같은 것은 오히려 심히 불완전한 상태"에 있다. "대학의 직능을 발휘하려고 한다면 금후 대학에서의 학술 연구 설비를 충실 완성토록 가장 힘을 기울여야" 할 것이다. 최고학부인 제국대학을 '교육'대학으로부터 탈피시키고 '연구'대학화해갈 필요가 있다고 하는 인식이 대학교수와 임시교육회의의 위원들 사이에 공유되고 있었던 것을 알 수 있다.

하지만 그 인식이 대학원제도의 정비·강화의 필요성으로 향해가지는 못했다. 답신은 대학원의 문제도 언급하고 있지만 「대학제도 개정 사견」이 요청하고 있던 "완비된 학술연구소"화는 논외로 하더라도 거기에 제도의 개선이나 변혁과 관련된 제언은 찾아볼 수 없다.

연한과 교육과정 그리고 입학 자격, 뿐만 아니라 학위논문의 집필·제출에 대해서도 정비되지 않은 채로 남겨진 대학원에 관해서 "각 연구과 사이의 연락을 밀접하고 완전하게 함으로써 연구상 가장 편의한 조직으로 만들고", 또한 "다른 분과대학의 연구과에서도 자신이 목적으로 삼은 연구 사항에 관해 자유롭게 연구할 수 있도록 할" 필요가 있다는 것이 답신에 있는 제언의 전부였다.

정비되지 않은 대학원의 개혁

다만 제도와 떼려야 뗄 수 없는 관계에 있었던 대학원의 학위제도에 대해서는 앞서 도쿄제국대학의 상신을 수용하는 형태로 커다란 개혁이 있었다.

이 건에 대한 임시교육회의 답신은 ① 그때까지 문부대신에게 있던 학위수여권을 대학으로 옮기고, ② 박사회와 박사회 추천제를 폐지하며, ③ 제국대학 총장에 의한 추천제도 폐지, ④ "학위는 대학 학부 연구과에서 2년 이상 연구에 종사하고 논문을 제출하여 심사에 합격한 자, 또는 논문을 제출하여 학위를 청구하고 대학에서 그것과 동등하거나 그 이상의 학력이 있다고 인정되는 자에게 그것을 수여할 것"을 요구하고 있다. 1920년 이 제언에 따라 '학위령'이 개정되었다.

제국대학 이외의 관립·공립·사립대학 설립이 인정되고, 그들 대학도 또한 대학원을 두어 학위수여권을 가지게 되었기 때문에 당연한 개정인 것이다. 하지만 이 업적 본위·실력주의에 의한 학위수여 수가 대폭적으로 증가한 것은 아니었다.

대학원제도가 정비되지 않은 채로는 '과정박사' 수는 증가하지 않고, '논문박사'가 주류가 되지 않을 수 없었다. 덧붙여 말하자면 박사학위가 교수·조교수 임용의 자격 요건이 아닌 이상 학위 취득에 구애될 필요가 없었기 때문인 것이다. '제3차 학위령'(1920~1943)에 의한 학위 수여 총수는 약 1만, 그 84퍼센트가 의학박사이며 특히 문과 계통은 전체에서 겨우 276명으로 수여 총수의 3퍼센트에도 미치지 않았다.[7]

제국대학 교수 전체의 학위 취득 상황을 제시한 데이터는 아니지만 1936년 시점에 도쿄제국대학을 보면,[8] 역시나 교수의 대다수가 박사학위 소지자였다. 학사 칭호만인 경우가 7퍼센트, 특히 경제학부에서는 13명 중 8명(62퍼센트), 법학부에서도 21명 중 10명(48퍼센트)이 학사였다. 아이러니한 이야기지만, 학위령의 개정에 따른 '추천박사'제도의 폐지가 박사학위를 지닌 제국대학 교수의 비율을 오히려 낮추는 방향으로 작용했음을 알 수 있다. 또 조교수의 경우 의학부·이학부를 예외로 하고 대다수가 여전히 학사였다.

교수 시장과 제국대학

이와 같이 대학령·신학위령이 공포되어 제국대학에 의한 대학원

표 12-1 관립고등교육기관의 교원 구성(명)

		학교 수	교수	조교수	합계	고(雇)·촉탁	외국인
1915년	제국대학	4	356	179	534	317	20
	도쿄		159	98	257	178	12
	교토		87	33	120	67	4
	도호쿠		64	32	96	44	4
	규슈		46	16	62	28	–
1935년	제국대학	6	714	505	1,219	984	21
	도쿄		189	148	337	310	8
	교토		147	102	249	313	8
	도호쿠		98	66	164	105	3
	규슈		121	70	191	81	2
	홋카이도		110	73	183	64	–
	오사카		49	46	95	111	–
	관립대학	12	246	173	419	297	13
	합계	18	960	678	1,638	1,281	34

＊『문부성 연보』 1915년도·1935년도에 입각해 작성.

제도와 학위제도의 독점 체제가 붕괴된 후에도, 그 두 가지 제도의 기능부전 상태가 이어졌기 때문에 대학·고등교원의 양성·공급 기지로서 제국대학의 지위에 커다란 변화는 없었다.

표 12-1은 제국대학 교원 수를 살핀 것인데, 1915년과 1935년의

표 12-2 대학교수 시장의 점유율(퍼센트, 1962)

순위	1	2	3	4	5	6	7	8	9	10	제국대학분담
문학	도쿄 27	교토 14	외국 10	와세다 5	도쿄교 4	규슈 3	도호쿠 3	히로시마 3	게이오 3	도지샤 2	47
법학	도쿄 30	교토 16	게이오 9	와세다 8	주오 6	도지샤 4	규슈 4	니혼 3	도호쿠 2	메이지 2	52
경제	도쿄 22	교토 11	히토쓰 10	와세다 7	규슈 6	게이오 5	고베 4	외국 3	도호쿠 3	메이지 3	42
이학	도쿄 37	교토 16	도호쿠 8	규슈 5	도쿄교 4	히로시마 3	외국 3	오사카 2	니혼 2	나고야 1	69
공학	도쿄 27	교토 18	도호쿠 9	도쿄공 7	와세다 5	오사카 5	홋카이 4	규슈 3	나고야 2	니혼 2	68
농학	도쿄 31	교토 21	홋카이 16	규슈 9	도호쿠 2	타이베 1	도쿄교 1	니혼 1	도쿄농 1	지바 1	80
의학	도쿄 18	교토 11	규슈 8	도호쿠 6	오사카 5	게이오 4	나고야 3	지바 3	니혼 3	지케이 2	51
교육	도쿄교 21	도쿄 15	교토 10	히로시 10	도쿄예 7	도호쿠 5	규슈 3	홋카이도 3	와세다 3	니혼체 2	36
교양	도쿄 38	교토 16	도호쿠 8	규슈 5	오사카 2	나고야 1	도쿄교 4	히로시마 3	외국 3	니혼 2	69
가정	도쿄 19	교토 13	니혼여 5	도쿄교 5	오차노 4	규슈 4	외국 3	도쿄예술 3	와세다 3	나라여 3	36
전체	도쿄 25	교토 13	도호쿠 6	도쿄교 5	규슈 5	홋카이도 4	와세다 3	히로시마 3	오사카 3	외국 2	56

20년 사이에 조교수 수는 3배 가까이 증가했지만, 교수 수는 2배인 714명에 그쳤다. 신설된 관립대학 12개를 더해도 관립 분야의 교수 수는 1천 명에 미치지 않는다. 공립·사립대학에 대해서는 교수·조교수의 구분이 명확하게 되어 있지 않지만, 27개 대학에서 1935년의 전임교원 수는 약 1,300명이었다. 대학교수 세계에서 종합대학으로서의 제국대학이 차지하는 비중은 여전히 컸다.

그뿐 아니다. 제국대학은 고등학교나 전문학교는 말할 것도 없이 다른 관립·공립·사립대학의 교수·조교수에 관해서도 교원의 주요한 공급원 역할을 계속했다. 어느 정도나 되는 교원을 배출했던 걸까.

제도가 바뀌고 사실상 모든 고등교육기관이 4년제의 '신제 대학'으로 재편, 통합되고부터 13년이 지난 1962년 시점에서 그 신제 260개의 대학 중 3만 2천 명의 대학 교원을 대상으로 출신 학교에 관해서 분석한 귀중한 연구가 있다.[9]

표 12-2는 그 연구의 일부로서 신제 대학교수들이 차지하는 점유율, 즉 출신 대학별 분담을 상위 10위까지 순위별로 제시한 것인데 전체적으로 도쿄대학의 25퍼센트를 필두로 구 제국대학계가 56퍼센트

* 홋카이: 홋카이도대, 나고야: 나고야대, 타이베: 타이베이제국대학, 도쿄교: 도쿄교육대, 도쿄예술: 도쿄예술대, 오차노: 오차노미즈(お茶の水)여자대, 나라여: 나라(奈良)여자대, 외국: 외국대, 와세다: 와세다대, 도지샤: 도지샤대, 니혼여: 니혼(日本)여자대, 도쿄농: 도쿄농업대, 니혼체: 니혼체육대, 히로시마: 히로시마대, 지케이: 도쿄지케카이(慈惠會)의과대, 니혼: 니혼대, 지바: 지바대, 주오: 주오(中央)대, 도쿄공: 도쿄공업대.
* 출전: 신보리 미쓰야, 『일본의 대학교수 시장』.

로 과반수라는 것을 알 수 있다.

물론 교육학부에서는 도쿄교육대(옛 도쿄문리대·현재의 쓰쿠바筑波대)가 1위를 차지하고 문학부에서는 외국대학 출신자, 법학부에서는 게이오기주쿠, 경제학부에서는 히토쓰바시(옛 도쿄상과대학), 가정학부에서는 니혼日本여자대학 출신자가 각각 3위를 차지하는 등 전문 분야에 따라서 차이가 있다. 하지만 그 이외의 분야에서는 모두 제국대학계가 1~3위를 차지하고 특히 도쿄·교토의 두 대학은 교육학부를 제외한 모든 학부에서 1위와 2위를 독점했으며, 두 대학 출신자만으로 대학교수의 38퍼센트를 차지하고 있다.

같은 책에서 신보리 미치야新堀通也는 각 신제 대학교수의 출신 학교별로 분석한 결과, 제1위를 도쿄대학이 차지하는 대학이 88개 대학, 교토대학이 50개 대학이라고 밝히고 있다. 그 이하로 3위는 규슈대학이 14개 대학, 4위는 도호쿠대학이 10개 대학으로 되어 있어, 7개의 제국대학 안에서도 '동서의 양경兩京 대학'이 대학·고등교원의 양성·교육기관으로서 얼마나 특출나게 압도적인 존재였는지를 알 수 있다.

제국대학, 특히 도쿄·교토 두 대학의 교수들은 학술 세계만이 아니라 대학교수 시장에서도 지배적인 지위를 차지함으로써 제2차 세계대전 후에도 역시 그 권위와 권력을 보증받고 있었던 것이다.

제 5 부

종언과 환생

제 1 장

대학 재정의 문제

제국대학과 재정

이제까지는 제국대학의 현실을 주로 인적 측면에서 묘사해왔는데, 물적·재정적 측면에 대해서도 다뤄야 한다.

제국대학의 재정을 둘러싼 문제에 대해서 이제까지 살펴왔던 것은 새로운 증설이나 규모의 확대가 뜻대로 되지 않고, 민간이나 지방의 자금 공여에 기대지 않을 수 없으며, 또 교수들의 봉급이 낮은 수준에 머물러 왔던 것과 같은 '가난 서사'뿐이었다. 하지만 끝없이 증대되기만 하는 군사비에 계속 압박을 받아오던 문교文敎 예산 중에서 제국대학이 별격의 취급을 받아온 것 역시 의심의 여지가 없는 사실이다. 제국대학의 특권적인 지위를 보증하기 위해서 정부는 제한된 예산 아래에서 온갖 궁리를 짜내왔던 것이다.

자립의 모색

최고학부인 제국대학이 여러 외국의 대학과 마찬가지로 재정상 자립성을 갖게 해야 한다는 생각은 관계자들 사이에서 메이지 시대의 이른 시기부터 있었다. 국가의 일반회계로 예산을 지출할 경우 해마다 변동을 피하지 못해 교육 연구 활동에 지장을 초래할 우려가 생겼다. 1890년 개설이 예정된 제국의회에서 '민당民黨'(1890년 제국의회가 개설될 당시 메이지유신에 공이 있었던 번藩의 출신자 파벌인 번벌藩閥 정부와 대립해 자유민권운동을 추진했던 정당들이며, 상대편 정당은 이당吏黨이라 한다—옮긴이) 의원이 다수를 차지하면서 그런 우려가 현실화될지 모른다는 의구심이 들었기 때문이다.

제국대학의 재정적인 자립을 위해서 최초로 고안해낸 것은 경비의 절반 정도를 조달하기에 충분한 수입을 낳을 '자금'의 축적을 꾀하는 것이었다. 문제는 그 재원이었다.

1889년 당시의 모리 아리노리 문부대신이 주장한 것은 수업료 수입을 재원으로 충당하자는 것으로, 이를 위해 월액 2엔 50전의 수업료를 일거에 4배인 10엔으로 인상한다는 구상이었다. 제국대학 조교수의 봉급이 월액 40엔에도 미치지 않았던 시대의 10엔인 것이다. 사족士族 출신의 가난한 서생이 다수를 차지했던 제대생에게는 큰 충격이었다. 이 안案은 다행인지 불행인지 모리가 암살되는 사건도 있어서 실시되지 않은 채 끝났지만, '자금'을 적립하기 위해 수업료 수입 이외의 재원을 상정할 수 없었던 일본제국의 대학, 그것이 현실이었

던 것이다.[1]

제국의회의 개설을 맞이하여 제국대학의 재정적인 독립에 대해서는 그 외 다양한 구상이 있었다. 그것은 크게 다음의 세 가지 안으로 총괄할 수 있다.

① 기본재산안: 국고로부터 일시에 수백만 엔을 기본재산으로 지원하고 그 이자 수입으로 유지 운영한다. ② 법인안: 대학을 법인화하여 의회의 예산심의권 틀 밖에서 매년 일정액의 경상비를 지출한다. ③ 제실비안帝實費案: 국고로부터 지출한 황실의 비용 중에서 대학 예산을 지출한다.[2]

특별회계제도의 출발

결국 정부가 선택한 것은 그중 어느 것도 아닌, 제국대학을 포함한 관립 여러 학교를 위해서 일반회계에서 독립한 '특별회계'제도를 마련한다는 것이었다.

제국대학을 비롯한 각 학교에 "자금을 소유하여, 정부의 지출금, 자금으로부터 생기는 수입, 수업료, 기부금 및 그 외의 수입을 가지고 그 세출로 충당할 것을 허가"했는데, 여기서 '자금'이란 "종래 소유한 축적금, 정부로부터 교부하거나 혹은 다른 곳에서 기부받은 동산, 부동산 및 세입의 잔여로부터 성립한" 것으로 한다는 것이 그 제도의 개략적 내용이었다.

'정부의 지출금'이 아니라 '자금'을 수입원의 필두로 거론하고 있는 점에서 재정적인 자립에 대한 정부의 기대와 바람을 파악해야 할 것이다. 그러나 1890년 시점에서 제국대학의 수입 56만 엔의 내역을 보면, 정부지출금이 79퍼센트를 차지하고 수업료나 진료비 등 자기 수입이 20퍼센트, '자금'을 통한 이자 수입은 1퍼센트에도 미치지 않았다.

이와 같이 특별회계를 짜는 것이 인정되었다고 하더라도 정부지출금에 의존하여 제국대학의 재정이 출발하였기 때문에, 제국의회가 개설되자마자 앞서 지적한 우려가 현실로 나타났다. 위기감을 느낀 가토 히로유키 총장이 문부대신 앞으로 보낸 청원서가 남아 있다.

"구미 각국의 대학은 모두 다소의 기본재산이 있어서 각자 독립적인 경제"를 이루고 있고, 여기에 "국고 혹은 그 외의 보조를 지원"받는 것에 지나지 않는다. 그런데 "우리 제국대학은 아직 기본재산을 가질" 수 없기 때문에 "오로지 국고의 지출을 기대할 수밖에" 없다. 이래서는 "도저히 경제상의 독립"을 할 수 없다. "세수 계획의 안정을 보장하지" 못한다면 "교육상의 방침이 항상 변동을 면치" 못한다.

자신이 볼 때 "인재교육 사업은 오늘날 일본의 가장 급무"다. 다른 사업이 아무리 진보하고 발달해도, "인재가 부족하여 학술기예의 사업을 언제까지나 외국인"에게 의지하려 해서는 도저히 '국가의 개명'을 기대할 수 없다. "인재 교육 사업은 다른 만반의 사업에 우선하는 가장 시급한" 조치가 필요하다. 다행히 정부에는 1891년도에 생긴 사용처 미정의 600만 엔의 잉여금이 있다. 그것을 "대학의 기본재산으

로 충당"해주기를 바란다는 것이다.3

이는 국립대학이 법인화된 지금의 2000년대 도쿄대학 총장의 말이
라 해도 통할 듯한 '청원'이었다.

좌절된 기본금 구상

당시 대장성에서도 400만 엔을 '제국대학 기본금'으로 충당하자는
안이 있었다는 사실은 알려져 있었다. 이율을 5퍼센트라고 한다면,
20만 엔의 이자 수입이 예상되는데, 그렇다면 '자금' 중시라는 특별회
계제도의 취지도 달성된다. 재정적인 자립의 제일보가 될 것이 기대
되었지만, 실현되지는 않았다.

제국대학이나 문부성도 '자금'의 축적을 염원하고 있었지만, 1894년
에 다시 한 번 그 가능성이 부상했다. 청일전쟁의 승리로 획득한 다
액의 보상금 중 1,875만 엔을 "도쿄제국대학 및 이번에 창설될 교토
제국대학으로 하여금 그 자금의 수입 및 수업료 등을 가지고 경상비
를 지출케 하여 매년 정부의 지출금을 기다리지" 않고 해결되도록 하
는 안이 각의에 회부되었던 것이다.4 하지만 이것도 구체화되지는 않
았다.

'자금'의 축적은 그 후에도 인정되고 기대되고 있었다. 하지만 다
액의 기본금이 교부되거나 민간으로부터의 기부금이 기부되는 일 없
이, 고작 예산의 몇 퍼센트 정도의 이자 수입을 낳을 정도의 액수밖에

마련하지 못한 채 패전과 함께 제국대학제도가 종언을 맞이하게 되었다.

정액지출금제의 도입

다음으로 등장한 것은 '정액지출금'이라고 불리는 제도다.

1907년에 정부는 여러 관립학교 중에서 제국대학만을 빼서 '제국대학 특별회계법'을 정하고 동시에 도쿄제국대학에는 매년 167만 엔, 교토제국대학에는 103만 엔이라는 정액의 정부지출금을 교부하기로 했다.

이 시기 제국대학은 이미 도호쿠 · 규슈 · 홋카이도 등 3개 대학이 세워져 다섯 제국대학 체제를 이루고 있었다. 그런 가운데 '동서 양경兩京의 대학'을 특별 취급했던 것은 두 대학이 종합대학으로서 거의 완성 단계에 있었기 때문일 것이다. 나머지 3개 대학의 예산은 당해 연도마다 일반회계로부터 편성하고, 정비를 기다린 후 정액제로 이행시킨다는 것이 정부 방침이었다.[5]

1906년의 도쿄제국대학을 예로 들면, 경상수입 112만 엔 중 정부 지출금이 82만 엔, 그 외가 자기 수입이라는 구성이었기 때문에 개산概算 요구 없이 그 이상의 액수가 매년 보증되는 '정액지출금제'의 도입은 두 제국대학에게 마치 '복음'과도 같이 받아들여졌음에 틀림없다.

그런데 이 제도에는 생각지도 못한 함정이 기다리고 있었다. 지출금에 대해서는 당초 5년마다 개정하는 안이 부결된 일도 있었지만, 하나는 확대 정비의 필요로부터, 다른 또 하나는 인플레가 진행되면서 다이쇼 시대에 들어서는 정액분만으로는 도저히 필요 경비를 조달할 수 없게 된 것이다.

물가 급등·관리 증봉官吏增俸·학과 신설 등 여러 이유로부터 정액분의 증액에 그치지 않고 여러 차례 임시예산을 편성할 필요가 생겨서 1923년 도쿄제국대학의 경우, 정부지출금은 정액분이 288만 엔인데 비해 임시분은 131만 엔이었다.

그뿐만이 아니다. 정액제를 채택한 도쿄·교토의 두 제국대학에는 소규모의 정원 증원이나 강좌 수의 증가에 대해서는 스스로 부담하라고 요구했기 때문에 이 제도가 한층 더 발전을 보증하는 게 아니라 제약으로 작용한다는 아이러니한 결과를 낳았다.

1924년도의 예산 요구에 대해서 문부성은 "도호쿠, 규슈, 홋카이도 각 제국대학에 비해 (두 제국대학의) 수업 및 연구비는 현저하게 과소함으로 당초 대학의 본질에 비춰 독립 연구를 진전시키고 국운의 흥융을 기대하기 위해서는 규정에 따른 정액제도는 오히려 연구상의 불편을 초래하고 대학의 발전을 저해하는 결과를 초래하기에 이르렀다"고 개탄하고 있다.[6]

분명 표 13-1을 보면, 연도에 따라 들쭉날쭉하기는 하지만, 정액제를 채택한 도쿄·교토의 두 제국대학에서 교원 1인당 인건비·물건값 모두 다른 대학에 비해 낮은 수준에 있었던 것을 알 수 있다(홋카이도

표 13-1 교관 1인당 경비(도쿄제국대학=100)

	1915년		1921년		1925년	
	인건비	물건값	인건비	물건값	인건비	물건값
도쿄제국대학	100	100	100	100	100	100
교토제국대학	100	99	112	110	101	117
도호쿠제국대학	91	97	117	79	113	114
규슈제국대학	128	115	182	126	130	121
홋카이도제국대학	-	-	92	71	106	99

＊『도쿄대학 100년사』 통사 2에 입각해 작성.

제국대학이 하위에 있는 것은 예과가 부설되어 있었던 데 따른 것이라고 여겨진다).

이렇게 난관에 봉착한 정액제는 1924년에 폐지되는 동시에 특별회계제도도 제국대학만이 아니라 관립대학 전체를 대상으로 개정되기에 이르렀다. 또한 같은 해 도쿄제국대학의 경상수입 655만 엔의 내역을 보면 정부지출금 61퍼센트, 그 외 수입이 38퍼센트이며 여러 수입 248만 엔의 내역은 수업료 17퍼센트, 병원 수입 33퍼센트, 연습림演習林 수입 32퍼센트 등으로 되어 있다.

국립대학이 법인화된 지금도 마찬가지지만, 결국 정부지출금('운영비 교부금')에 의존했으며, 독자 수입이라고는 하나 기부금이나 이자 수입 등 보잘것없는 액수라는 것을 알 수 있다.

적산교비제의 시대로

정액제를 폐지함으로써 어떤 방법으로 그것을 대신하여 제국대학의 예산을 결정하면 좋을까. 새롭게 정부·문부성이 생각해낸 것은 강좌를 단위로 하는 '적산교비제積算校費制'의 도입이다.

강좌제가 다른 관립대학에는 도입되지 않은, 제국대학에만 적용된 독자적 제도였던 것은 이제까지 봐온 대로다. 그 강좌는 당초(담당자에게 강좌 봉급이 지급되는 것을 제외하면) 예산 배분과 직접적인 관계는 없었다. 하지만 다이쇼 시대에 접어들면, 정액제를 채택하지 않은 제국대학이 강좌의 새로운 증설을 예산 조치와 함께 요구하여, 문부성도 1921년에 강좌를 실험 강좌·비실험 강좌로 나누어 봉급·교비의 기준을 정하고 심사했다. 강좌와 예산 사이의 연관성이 생긴 것이다.

이를 계기로 정액제를 채택한 두 제국대학에서도 이미 개설된 강좌의 정비 충실을 위한 예산을 계상하고 정부지출금의 증액을 요구하게 되었다.

도쿄제국대학의 1923년도 예산 요구를 보면, ① "실험을 하는 학과"(의학·공학·이학·농학)는 교수 1명·조교수 1명·조수 2명의 인건비·물건값을 합쳐 2만 엔, ② "사상 학과"(법학·문학·경제학)는 교수 1명·조수 1명으로 8천 엔이라는 한 강좌당의 요구액을 정하고 있다. 실태에 가까운 숫자였다고 여겨지지만, 인건비를 제외한 강좌당 경비의 계산 결과에 따르면, 도쿄 7,800엔, 교토 7,100엔, 규슈 9,600엔, 도호쿠 9,500엔, 홋카이도 14,300엔으로 되어 있다. 도쿄·교토의 두 제국대학에서 채택한 정액제가 교육 연구의 기초단위인 강좌의 운영 경비에 큰 영향을 끼쳤음을 짐작할 수 있다.

이런 실태나 요구를 전제로 문부성은 정액제 폐지 후인 1926년에 강좌에 대해서 명확한 기준을 설정하고 그것을 교관 정원과 예산의 적산 기준으로 삼을 것을 결정했다. 비실험 강좌(교수 1명·조교수 1명·조수 1명), 실험 강좌(교수 1명, 조교수 1명, 조수 2명), 임상 강좌(교수 1명·조교수 1명·조수 3명)라는, 전후에도 계승되는 강좌의 종류와 교관 정수, 그에 조응하는 예산 배분의 구조, 이른바 '적산교비'제가 이때부터 정식으로 시작되었다.[7]

특별회계제도는 유지되었지만 해마다 예산의 변동을 피하기 위한 자금(기본금)의 축적은 개선되지 않았고, 정액제도 난관에 봉착하여 제국대학 예산의 안정적인 보증을 강좌 단위의 적산제積算制에서 구하는 시대가 시작되었다.

부족한 연구비

다이쇼 시대는 교육 연구의 기초단위인 강좌 운영에 필요한 경비의 적산 기준이 문제가 되기 시작한 동시에 제국대학의 연구 기능 강화의 필요성이 언급되기 시작한 시기이기도 했다. 그리고 그것이 제국대학 입장에서는 새로운 수입원의 출현을 의미했다.

1886년의 구 제국대학령은 연구와 교육의 기능을 나누고, "학술의 온오를 공구하는" 장소로서 대학원을 둔다고 규정하고 있으나, 그 연구의 장인 대학원에는 특별한 예산을 배정하거나 독립적인 시설 설비와 스태프를 두고 있지 않았다. 관료를 비롯한 실무적인 인재 양성에, 즉 교육 기능에 역점이 맞춰지면서 연구 기능의 정비 확충은 경시되고 있었을 뿐만 아니라, 제한된 강좌비로는 강좌를 유지 운영하는 것이 고작일 뿐, 연구까지는 돌려쓸 수 없다는 것이 제국대학의 실정이었던 것이다.

그런 가운데 이미 살폈듯이 1918년에 도쿄제국대학의 소장 교수들이 제국대학제도의 폐지와 학술연구소의 설치를 요구하는 의견서를 공포했다. 그것은 세계의 대학이 최첨단의 연구에 "학자의 일생과 거대한 재력"을 거는 시대를 맞이하고 있는 지금, 일본의 "현재 대학과 같이 조잡하고 규모가 협소한 설비"로는 도저히 맞설 수 없다는, 유학 후 귀국한 그들이 강한 위기감을 가지고 움직였던 것이다.[8]

하지만 이런 제안은 냉담하게 받아들여졌고 사태는 그 후에도 전혀 개선되지 않았다. 1939년 도쿄제국대학에 설치된 대학제도임시심사위원회는 심의 결정 사항의 하나로 "강좌에 소속되어야 할 연구비를 충실하게 하는 것"을 들고 있다.

"종래의 강좌는 강좌에 소속되어야 할 연구비가 지극히 근소한 것이 통례여서 연구 및 교수 활동에 현저한 곤란을 느끼게 하는 것이 현상"이며, 이래서는 "강좌 설치의 목적을 충분하게 달성할 수 있다"고 할 수 없다. "따라서 적어도 이들 강좌에 대해서도 최근 설치되는 강좌에 배정될 연구비에 준하는, 그런 상당의 연구비를 배정케 하는 것

이 긴요하다고 인정"한다고 한 것은 그런 현실을 단적으로 반영한 것에 다름 아니었다.[9]

과학연구비의 제도화

다른 관립대학에 비하면 혜택을 받고 있었던 제국대학조차 예산이 제한되어 충분한 강좌비, 더 나아가 연구비를 조치하는 것이 곤란하다면, 별도로 순수하게 연구를 목적으로 삼은 자금을 대학에 제공하는 구조를 만들 필요가 있다. 문부성이 이를 위한 제도를 처음으로 설치한 것도 다이쇼 시대의 일이었다. 1918년부터 시작한 문부성의 '과학연구장려금'이 그것이다. 다만 그 실태는 총액에서 연간 10만 엔 전후이며, 그것도 자연과학에 한정한다는 빈약한 것이었다.

가까스로 본격적인 연구비의 교부제도가 발족한 것은 1938년에 "과학의 진흥에 관한 중요 사항을 조사 심의"하는 것을 목적으로 설치된 문부대신의 자문기관 '과학진흥조사회'가 새로운 연구비제도의 창설을 건의한 이후의 일이다. 그 건의에 따라 창설된 것이 지금도 이어지는 '과학연구비' 제도다.

예산액의 경우 첫해에 해당하는 1939년은 300만 엔이었지만, 1941년에 500만 엔으로 증액되고 1944년에는 1,850만 엔에 이르렀다.[10] 1941년 당시 7개 제국대학의 강좌연구비 총액이 1천만 엔 정도였다고 여겨지고 있기 때문에[11] 얼마나 큰 액수였는지를 알 수 있다.

시국과 과학 진흥

왜 돌연 이와 같이 큰 액수의 연구비 교부를 시작한 걸까. 과학진흥 조사회에서 1940년에 내놓은 답신은 그 이유를 다음과 같이 설명하고 있다.

"대학에서의 기초 및 응용연구는 일반 실용 연구의 원천이라고 할 만하다. 그것 없이는 일본 산업의 충분한 발달을 기대하는 것이 불가능함은 의문의 여지"가 없다. 그런데 "그들 대학의 연구는 인적 및 물적 시설이 심히 불비함에도 불구하고 기존 시설을 최대한으로 활용하여 점차 올릴 수 있는 성과"이며, "세계의 과학 수준에 비하면 또한 상당히 부족함을 면할" 수 없다. "일본 과학의 진흥을 꾀하기 위해서는 우선 대학에서의 일반적인 결함을 시정하고 연구 시설의 충실에 관한 기본 방책"을 확립할 필요가 있다. 이를 위해서 연구비의 증액이 불가피하다.

"일본 과학의 수준을 높이고 국가에 필요한 기초 및 응용연구를 완수하기 위해서는 현재의 문부성 과학연구비 300만 엔은 심히 불충분하기 때문에 더욱 그것을 증액하여 각 대학 및 연구기관으로 하여금 지금의 산적한 중요 연구 사항의 해결에 임하지" 않으면 안 된다.[12]

원자물리학자로 알려진 니시나 요시오仁科芳雄는 이 과학연구비제도의 창설·확충책을 "종래 정부가 취해온 과학에 대한 관심 그리고 지금의 시국을 생각하면 이것은 전부 전례가 없는 동정의 표현 방법인 것이다. 특히 이것이 전부 과학의 기초연구에 사용된다는 표면상의 방침을 채택하는 데 있어 당국자의 이해는 당연히 과학자의 요망에 합치하는 것인 동시에 진정으로 심모深謀와 근심의 국책이라고 할 만하다. 바라건대 이제부터 점차 이 예산을 확충하여 우리 과학의 기초를 배양하고 싶다"며 비꼬는 말투로 평가하고 있다.[13]

"전례가 없는 동정의 표현 방법"이라 조롱당하면서, "지금의 시국"을 생각하는 "심모와 근심의 국책"이란 무엇이었을까. 그것이 제국대학의 연구 기능을 강화, 즉 '연구'대학화에 어떠한 역할을 해야 했던 것인지는 다음 장에서 보도록 하자.

제 2 장

전시체제 아래에서

제국과 대학의 균열

일본이 전시체제로 돌입하기 시작하는 쇼와 시대는 제국대학의 입장에서 보면 수난의 시대인 동시에 발전의 시대이기도 했다.

'수난'이라는 것은 그것이 학문의 자유와 관련해서 '제국'과 '대학' 사이에 균열을 낳고 메이지 시대 이래 축적되어온 대학 자치의 관행이 크게 흔들린 시대였기 때문이다. 마르크스주의로 대표되는 반체제적인 사상을 갖고 있었던 대학교수들의 담론에 신경이 과민해진 정부가 그들의 처분을 요구하며 대학 측과 심하게 대립하기 시작했던 것이다.

균열이 표면화되기 시작한 것은 1919년의 '모리토森戸 사건' 때부터였다. 도쿄제국대학 경제학부의 모리토 다쓰오森戸辰男 조교수가 발표한 논문이 무정부공산주의사상을 선전한 것이라 여기고, 문부성이 야마카와 겐지로 총장에게 처분을 요구해온 이 사건은 교수회가 휴직할 필요가 없다고 심의 결정함으로써 자치 관행은 지켜졌지만, 모리토는 결국 여지없이 사직을 당했다.[1]

쇼와 시대에 접어들면, 균열은 더 커져간다. 1928년에 일본공산당 관계자가 대량으로 검거된 '3 · 15사건'(1928년 3월 15일에 발생한 '3 · 15사건'은 마르크스주의를 실천하기 위해 비합법 무산 정당의 창당 및 제3인터내셔널의 일본 지부를 목적으로 설립된 일본공산당의 활동원 수천 명을 검속하고 약 300명을 검거했으며 30명 이상을 형무소에 수감한 사건이다—옮긴이)과 관련하여 그 이후부터 문부성은 마르크스주의를 주장하는 '좌경 교수'들의 처분을 대학에 요구했다.

자치 관행을 존중하는 표면적인 방침에서 "자발적인 사직을 촉구 혹은 휴직을 명할 방침"이었고, 형식상으로 처분은 각 총장에게 일임하여 교수회 측의 대응도 대학에 따라 다양했다. 그러나 문부성의 압력 아래 자발적인 사직을 포함해 도쿄제국대학의 오모리 요시타로大森義太郎, 교토제국대학의 가와카미 하지메河上肇, 더 나아가 규슈제국대학의 이시하마 도모유키石浜知行 · 사키사카이 이쓰로向坂逸郎 · 삿사 히로오佐佐弘雄 등 모두 경제학 교수 · 조교수가 대학을 떠나게 되었다. 또한 1930년에도 도쿄제국대학의 야마다 모리타로山田盛太郎 · 히라노 요시타로平野義太郎가 '좌경분자'로서 처분 대상이라고 해서 사직을 강요받고 있었다.

교토제국대학의 다키가와 사건

"국체 관념의 철저", "일본 정신의 작흥作興"을 외치며 '교학 쇄신'이 문교 정책의 가장 중요한 문제로 여겨지면서, 정부·문부성에 의한 사상 통제는 자유주의 사상에도 영향을 끼쳤다.

1933년에 교토제국대학 법학부의 다키가와 유키토키瀧川幸辰 교수는 저서 『사법독본司法讀本』의 발매 금지 처분을 받았다. 이에 문부성이 다키가와의 사직이나 휴직을 요구하자 대학 측이 이를 거부하면서 문부성이 일방적으로 '문관분한령文官分限令'(일반 문관의 신분 및 직무의 보장을 규정한 칙령. 1899년에 공포되어 정당 세력의 신장에 따라 여러 차례 개정되다가 패전 후 1946년에는 '관리분한령'이라고 개칭되었다–옮긴이)에 의해 휴직 처분을 결정했다. '다키가와 사건'이라 일컬어지는 이 사건은 사상 통제를 상징하는 사건이었다.[2]

법학부교수회는 이제까지 쌓아온 자치 관행에 반하는 부당한 처분이라고 반발하며 교관 전원이 사표를 제출했다. 고니시 시게나오小西重直 총장은 다키가와 교수의 건을 어디까지나 예외로 하고, "총장이 문부 당국으로부터 교수의 진퇴에 관해서 의견을 구할 경우 그것을 해당 교수회에 반드시 자문하고 그 답신에 따르는" 관행의 존중을 문부성에 확인함으로써 타협을 꾀하려 했지만, 교수회 측을 납득시키지 못해 본인이 사직으로 내몰렸다. 후임 총장이 다키가와를 포함한 교수 6명의 사직을 교환 조건으로 문부성에 전달하여 앞서의 관행을 확인함으로써 총 사직은 면했지만, 거기에 교수 2명이 사직하는 등 법학부는 큰 타격을 받았다.

그 후에도 1937, 1938년에 도쿄제국대학 경제학부의 야나이하라 다다오矢內原忠雄, 오우치 효에大內兵衛, 가와이 에이지로河合榮治郎 등 교수·조교수 5명이 사상 신조를 이유로 사직을 강요당하는 등 학문의 자유와 대학의 자치는 크게 흔들렸다.

아라키 문부대신의 인사 개입

거기에 일격을 가하기라도 하듯 1938년에는 문부대신에 취임한 육군대장 아라키 사다오荒木貞夫가 제국대학 측과 대치하는 사건이 일어났다. 당시의 교토제국대학 총장은 하마다 고사쿠浜田耕作였지만, 아라키 문부대신이 와병을 이유로 사직서를 제출한 하마다를 유임시키는 한편, 후임 총장의 추천을 선거에 의해서 시행하는 것에 이의를 제기했던 것이다.

그뿐 아니라 하마다 총장이 세상을 뜨자 아라키는 각 제국대학의 총장을 초청하여 총장을 관선으로 되돌릴 것을 요구하고 학부장이나 교수·조교수의 인사에 관해서도 법적 근거가 없는 투표에 의해서 결정하는 것은 바람직하지 않다며, 인사는 모두 총장의 추천에 의해서 문부대신이 주청奏請하는 방침을 전했다. 회의석상에서 아라키는 "대학의 명랑화明朗化(당시 '명랑'이라는 용어가 불량, 퇴폐 등의 반의어로 사용되었는데, 여기서 '명랑화'는 정부나 체제에 저항하는 세력을 억압하고 순응

토록 만드는 것을 의미한다—옮긴이), 대학의 인사에서 문부대신이 중재 역할만으로는 책임을 다해 천황에게 보고하기 어렵고, 선거를 행하고 또 임기까지 있어서는 바람직하지 않다"고 밝혔다고 한다.[3]

제국대학의 인사에 대한 문부대신의 감독 권한을 강화하고, 대학의 자치에 제한을 가하려고 하는 이 방침에 제국대학 측이 강하게 반발했던 것은 말할 것도 없다. 총장 선임에 초점화된 대립은 대학이 총장 후보를 추천하는 관행은 용인하지만, 선거는 간선제로 하고 복수 후보의 추천을 도모하며, 임기는 정하지 않는 등 문부성이 요구하는 개혁안을 둘러싸고 심각한 논쟁이 전개되었다.

결국 투표가 무기명에서 기명 방식으로 변경된 것 외에 거의 종래와 같은 선에서 자치 관행이 인정되었지만, 결론이 내려지기까지 반년 가까이가 걸렸다.[4] 메이지 시대 이래 유지되어온 제국대학과 일본 제국의 밀월 관계가 종언을 고하려 하고 있었다.

과학 동원의 시대

이렇게 대학 자치의 제한을 꾀하던 정부·문부성은 그 한편으로 같은 해(1938)에 문부대신을 장으로 하여 문부성·육군성·해군성·농림성·상공성·체신성·대장성 등 각 부서의 차관, 기획원 차장, 거기에 각 학회의 대표를 위원으로 하는, 앞의 장에서도 언급한 대대적인 심의기관 '과학진흥조사회'를 발족시키고 그 답신을 근거로 제국대학의 확충 정비, 보다 구체적으로 말하자면 자연과학을 중심으로 한 '연구대학'화를 위해서 적극적인 노력을 시작했다.

중일전쟁이 발발하고 1년 후인 1938년은 '국가총동원법'이 책정되고 그에 호응하여 기획원에서 '과학심의회'가 설치되는 등 총력전 수행의 중요한 일환으로서 '과학 동원'을 부르짖으며, 일본이 전시체제를 향해 치닫던 해이기도 하다. 과학진흥조사회는 그런 "시국의 진전"에 대응하기 위해 설치된, 전시 색채가 짙은 심의기관인데, 1939년부터 3년간 해마다 3차에 걸친 답신을 제출하고 있다.

"지금 시국의 진전과 동반하여 국가의 요망에 맞게 우리 국가 과학을 그 근저로부터 진흥시키기 위해서는 제반의 시설을 필요로 할 뿐만 아니라, 특히 긴급한 방책"을 조사 심의하고 제언하는 것에 있다는 제1차 답신의 일절에서 보이듯이, 이 조사회의 설치 목적은 무엇보다도 총력전 체제의 구축을 위한 과학 동원·과학진흥책의 책정과 추진에 있었다. 그리고 답신을 읽어보면, 그 과학 진흥과 관련된 "제반 시설"의 중핵으로 규정된 것이 대학, 그중에서도 제국대학이며, 제국대학의 연구 기능을 비약적으로 강화시키는 많은 제언과 요구가 담겨져 있었음을 알 수 있다.

특히 1940년에 제출한 제2차 답신에서는 연구자의 대우 개선, 연구자 수 및 연구비의 증가, 대학 연구소의 정비 충실과 신설, 대학원·연구과의 정비 확충, 거기에 문부성 과학연구비의 증액 등 대학 연구 기능의 비약적인 강화를 요구하는 포괄적인 제언이 이뤄지고 있다.[5]

연구 기능의 강화책

그 제언의 주요 부분은 다음과 같다.

(1) 대우 개선에 대하여: 연구자 즉 대학 교관의 대우를 개선하고 "유능하고 탁월한 인재로 하여금 안정적으로 그 연구에 전념"토록 하기 위해 우선 급여를 "지금 사회 전반의 수준에 이르도록 향상"을 꾀할 필요가 있다.

(2) 연구자 수에 대하여: 연구자 수에 있어서 현재의 정원은 불충분하며 그 부족함은 "설립이 오래된 대학일수록 특히 현저"하다. "교수의 정원을 증가시키고, 교수 1명 아래 적어도 조교수 2명, 조수 6명을 둘" 필요가 있다.

(3) 연구비에 대하여: 대학의 "연구비는 극히 소액으로 교수상教授上 학생의 실험 및 연구 지도에도 심히 불충분하기 때문에, 기초연구에 필요한 경비 같은 것은 거의 없는 상황"에 있다. "경상비로서 새롭게 1명의 교수에게 연액 평균 2만 엔의 연구비를 계상"해야 할 필요가 있다.

(4) 연구소의 확충 정비에 대하여: 대학 부속의 기존 연구소를 확충 정비함과 동시에 "각종 중요 사항에 관한 연구소를 신설"하고, "충분한 연구 전임 교수, 조교수 및 조수를 배치"할 필요가 있다.

(5) 대학원·연구과의 정비 확충에 대하여: 과학의 진흥에는 "독립하여 연구할 수 있는 연구자를 점차 다수 필요"로 한다. "대학원 및 연구과의 연구 설비를 정비"하고 그 "기능을 활용하여 이러한 연구자

양성에 힘쓸 필요가 있으며, 학생의 연구비를 계상함과 동시에 우수한 인재 확보를 위한 경비 지급의 제도를 설치"할 필요가 있다.

국가 총력전 시기를 맞이하여 생산력의 비약적인 발전을 도모하는 가운데, 제국대학의 자연과학을 중심으로 한 연구 활동에 기대치가 급격하게 높아졌으며, 이와 동시에 새롭게 그 빈약한 현실에 눈을 돌리고, 연구비 증액에만 그치는 것이 아니라 연구와 연구자 양성 체제 전반에 걸친 발본적인 개선·개혁의 필요성이 인식되기에 이르렀음을 알 수 있다.

이공계 인재의 육성책

생산력 증강을 도모하기 위해서 연구와 동시에 교육, 즉 생산 활동의 직접적인 담당자로서 연구자·기술자의 양성 시스템을 확충하는 것이 불가피했다. 실제로 군수산업을 중심으로 광공업계에서는 기술자의 심각한 쟁탈전이 발생했다. 이에 따라 1938년에 대학의 공학부·이공학부 졸업생의 고용에 대해서 후생대신의 인가를 요구하는, 즉 정부에 기술자의 배분 권한을 위임하는 '학생 졸업자 사용 제한령'이 실시되기에 이르렀다.

조사회의 답신은 이 점에 대해서도 지극히 구체적으로, 예를 들면 대학 졸업자의 "당장 최소한 3배 이상"의 증가를 요구하는 등, 기술자 육성의 공급원인 이공계 대학·전문학교의 큰 확충 정책을 제안하고

있다. 그 안에서 제국대학 관련 부분을 발췌해보자.[6]

(1) 공학 관계: 각 대학 공학부에 학과를 증설하고 더불어 가능한 한 정원 증가를 꾀한다. 도쿄제국대학 외 기타 제국대학에 제2공학부를 설치한다.

(2) 이학 관계: 각 대학 이학부의 시설 확대와 정원 증가를 꾀한다. 나고야대학 외 하나의 대학에 이학부를 설치한다. 두 대학에 제2이학부를 설치한다.

(3) 농학 관계: 각 대학 농학부의 시설 확대와 정원 증가를 꾀한다. 도호쿠제국대학 외 2개의 대학에 농학부를 설치한다. 하나의 대학에 제2농학부를 설치한다.

이 외에 "새롭게 수 개의 제국대학 또는 단과대학을 설치"할 것도 제안하고 있다. 제국대학의 대확충, 한층 더 이공과 대학화가 구상되었던 것이다.

이와 같은 제국대학의 이공계 대확충을 도모하기 위해서는 입학자의 공급원인 고등학교 이과의 정원 증가가 필요했다. "새롭게 고등학교를 증설함과 동시에 기설 고등학교의 이과 학급 증가 및 문과와 이과 학급의 재편성을 행할 것", 또한 각 분야의 기술자를 계획적·효율적으로 양성할 필요가 있었기 때문에 "고등학교 졸업자의 대학 입학과 관련하여 그 선택을 어느 정도 제한하고 한 대학에 집중되는 것을 방지함과 동시에 원칙적으로 졸업하는 해에 대학에 입학하지 않은 자"가 나오지 않도록 한다.

고등학교의 훌륭한 전통이었던 문·이과의 균형을 대폭 이과로 기

울게 하여, 진학처인 대학·학부·학과의 선택의 자유를 제한하는 방
책이 요구되었음을 알 수 있다.

학생을 늘리고 나면, 다음 문제는 교원이다. "대학, 고등학교 등의
확장에 동반되는 교직원의 양성은 시급히 그것을 실시할 필요가 있
어, 이미 개교한 대학에 특히 이러한 목적 달성을 위해 교수, 조교수
및 조수 등의 정원을 늘리는 동시에 대학원 및 연구과의 시설을 충실
히 하여 급비생給費生제도를 설치하는 등 인재 양성의 확보를 꾀"하지
않으면 안 된다.

이제까지 경시라기보다는 무시되어온 대학원의 정비 확충이 연구
만이 아니라 교육 면에서도 국책상 가장 중요한 과제의 하나로 진입
한 것이다.

곤란한 신설

물론 이 제안들이 그대로 실현되었을 리 없었다. 대폭 증가해가기
만 하는 군사비로 인해 문교 예산이 압박을 받아, 인적으로나 물적으
로 궁핍해지고 있던 시기의 대확장 계획이었던 것이다. 그 대다수는
그림의 떡으로 끝나고 있었다. 특히 비용이 많이 드는 대학·학부·
학과 등의 신설은 대장성이 강하게 반대해서 지극히 곤란했다. 제국
대학 신설 등은 논외였으며, 실현된 것은 나고야제국대학 이공학부를
공학부와 이학부로 분리 그리고 도쿄제국대학 제2공학부를 신설한

것뿐이었다.

사실상 유일하게 신설된 제2공학부였는데, 『도쿄대학 100년사』에 의하면 1937년경부터 공학부에서는 "기술원 증원이 국가의 긴급 사업임에 통감"하고 확충 계획을 세워 예산 요구를 했지만, 받아들여지지 않았다. "다대한 곤란을 견디면서 2부 수업 또는 유사한 방법에 의해 2개년에 한해서 학생 증원을 결의"하고, 1939년, 1940년도에 "정원의 약 3분의 1 이상(약 130명) 임시 정원"을 증설했지만, 이러한 임시조치만으로는 한계가 있었다. 제2공학부 신설을 구상하고 1941년도 예산을 요구했지만 이것도 받아들여지지 않았다.

그것이 일변하여 실현되기 시작한 것은 해군의 협력이 있었기 때문이다. 당시의 총장 히라가 유즈루平賀讓는 해군 기술 중장으로 공학부장을 역임한 인물이었다. 그 히라가가 해군에 힘을 써서 "건설에 필요한 자재는 해군에서 고려"할 것 등을 조건으로 문부성과 교섭하고, "육해군, 기획원이 일치하여 문부성에 협력"한다는 합의를 성립시켜서, 가까스로 추가예산을 편성, 실현하게 되었던 것이다. 그것이 미일 간의 개전 직전의 실정이며, 그 후에도 패전을 맞이할 때까지 제국대학 · 학부의 새로운 증설은 없었다(단지, 식민지의 두 제국대학에서는 전시하에 경성제국대학에 이공학부를, 타이베이제국대학에 공학부를 각각 신설하고 있다).

표 14-1 제국대학의 학부별 입학자 수(명)

	1940년	1945년	비율
문학	361	480	1.33
법학	984	1,062	1.08
경제학	642	665	1.04
법문학	503	525	1.03
소계	2,496	2,732	1.09
이학	394	864	2.19
공학	1,494	2,863	1.92
농학	477	700	1.47
의학	799	1,084	1.36
소계	3,164	5,511	1.74
합계	5,660	8,243	1.46

＊『문부성 연보』 각 연도에 입각하여 작성.

이공과 대학화를 향한 길

'국가의 긴급사'가 된 기술자의 양성책으로서, 그 대신에 채택된 것
은 비용이 적게 드는 기존의 이공계 학부·학과의 수용 정원을 늘리
는 것이었다. 표 14-1은 제국대학의 학부별 입학자 수를 제시한 것인
데 1940년과 1945년 사이에 이학부와 공학부 입학 수가 두 배 안팎

표 14-2 고등학교 입학자의 문·이과별 인원(명)

	1940년	1944년
문과 이과	3,046 3,297	1,133 7,255
합계	6,343	8,388
이과 비율(%)	52.0	86.5

＊『문부성 연보』 각 연도에 입각하여 작성.

으로 급증하고 있었던 것을 알 수 있다. 1940년의 입학자 가운데 이공계 학부의 비율은 56퍼센트였지만 1945년에는 67퍼센트에 이르고 있다. 전쟁 말기 제국대학은 급격하게 이공과 대학화를 향한 길을 걷고 있었다.

　이공계 중시로의 전환이 고등학교의 경우에 더욱 극단적인 형태로 실행된 것을 표 14-2에서 알 수 있다. 이과의 비율은 1940년에 52퍼센트에서 1944년에는 87퍼센트로 급상승했다. 과학진흥조사회의 답신이 이과 학급을 증가시키고 이과·문과의 '학급 재편성'을 제언하고 있었던 것은 앞서 봐온 대로지만, 1943년 말에 발표된 교육의 '전시비상조치방책'은 "관립고등학교의 모집 인원은 제1고등학교에는 2학급, 그 외의 고등학교에는 1학급", "이과의 모집 인원은 제1고등학교 또는 제8고등학교에는 8학급, 그 외의 고등학교에는 5학급"으로 하여, 공립·사립고등학교도 이것에 준하는 조치를 기대한다는, 형식에 상관치 않는 이과 증원책을 주장하고 있다.[7]

전체의 90퍼센트에 가까운 이과 입학자 수가 그 '비상조치'의 충실한 실행을 보여주고 있다. 전쟁이 길어지면서 제국대학의 이공과 대학화는 더욱 극단적인 형태로 추진되었던 것이다.

특별연구생제도

대학원·연구과에 관한 제언도 실행된 것 중 하나다. 그것은 이미 설치된 대학원의 정비·확충이 아니라, 답신에는 없었던 새로운 제도의 대학원을 별도로 설치하는 형태로 이뤄지게 되었다. "과학전科學戰, 사상전思想戰의 양상이 점점 격화되는 지금의 정세에서 학술 연구는 실로 초미의 급무가 되었고, 또 연구자에게 그에 필요한 사람을 제공하는 것은 지극히 긴요"하다는 취지의 설명 아래 '특별연구생'이라 불리는 제도가 발족한 것이 그것이며, 구체적으로는 다음과 같은 구상에 의한 것이었다.

① 특별연구생의 연구 연한은 제1기 2년, 제2기 3년으로 한다. ② 정원은 제1기 약 500명, 제2기 약 250명으로 한다. ③ 학자금으로 월 90엔을 지급하고, 별도로 특별연구생을 수용하는 대학에 상당액의 연구비를 교부한다. ④ 수료 후에는 "연구 연수의 1.5배에 상당하는 기간을 문부대신의 지정에 따라서 취직"할 의무를 지닌다. ⑤ 선정 방

법은 "대학이 추천하는 자를 심사한 후 문부대신"이 인가한다. ⑥ "심사 방법은 전형 회의를 설치, 그것의 자문을 거쳐 결정"한다. ⑦ 제2 기생은 제1기 수료자 중에서 대학의 추천을 받아 전형 회의에서 심사 결정한다.

이 제도는 '신제 대학원'이라고 불렸지만, "전형은 특히 결전決戰 체제하의 전력 증강에 직접 관계가 있는 것에 한하여 선정할" 예정이라 했던 것처럼, 총력전 수행에 필요한 자연과학계 위주의 연구자 양성을 목적으로 했던 지극히 특수한 제도이지, 대학원제도 그 자체의 개혁을 지향한 것은 아니었다.

특별연구생의 추천이나 수용을 인정받은 곳도 7개의 제국대학과 도쿄상과 · 도쿄공과 · 도쿄문리과 등 3개의 관립대학, 거기에 와세다 · 게이오기주쿠의 2개 사립대학뿐이었으며, 그 외 대학의 학생들은 이들 12개의 대학에 원서를 내고 추천을 받으면 된다고 여겼던 것으로부터도 그 특이성을 알 수 있다. 첫해인 1943년의 수용 인원을 보면, 도쿄제국대학 111명, 교토제국대학 79명 등 제국대학에 집중되었고, 더구나 압도적으로 자연과학계에 몰려 있었다.

연구 인재의 확보책

태평양전쟁 개전 이후 문과 계통의 학생은 학업 중에 학도병으로 입대했고, "이과계 학생은 특별히 졸업 때까지는 입대를 연기할 수 있었지만 졸업과 동시에 입대하든지 혹은 군수공장에 동원 형태로 취직했으며", "대학 안에서는 교수·조교수를 가까스로 확보할 수 있었지만, 젊은 강사나 조수는 거의 재적하지 않아 연구·교육 면에서 지장을 초래하기 시작"했다. "이과계의 연구·교육에서는 실험은 필수이며, 이를 위해서는 젊은 사람의 확보가 긴급했다. 더 나아가 중요한 것은 교육·연구에서 인재의 단층을 만들지 않으면 안 된다"는 것이었다. 『오사카대학 50년사』는 당시 대학의 궁핍한 실태를 그렇게 기록하고 있다. 특별연구생제도는 대학원 개혁을 위해서라기보다 "대학 안에 젊은 인재를 확보하기 위한" 교육지책이었다고 봐야 할 것이다.

전쟁이 말기에 가까워지면서 도입된 새로운 제도이며 성과를 내기전에 패전을 맞았는데, 특별연구생제도는 전후인 1958년까지 존속했으며 격변기에 연구생·대학교원의 양성에 중요한 역할을 했다.

부설연구소의 증설들

과학진흥조사회의 답신 중에서 실현율이 가장 높았던 것은 새로운 부설연구소의 증설이었다.

표 14-3에서 볼 수 있듯이, 1938년 시점에서 제국대학의 부설연구소는 도쿄에 3개, 교토·도호쿠·규슈·오사카에 각 1개 총 7개에 불과했던 것이 1944년부터 1945년 패전까지 25개가 신설되었다. 도호

표 14-3 제국대학의 부설연구소 설치 수

	~1943년	1944~1945년	계
도쿄제국대학	3	3	6
교토제국대학	1	4	5
도호쿠제국대학	1	8	9
규슈제국대학	1	4	5
홋카이도제국대학		3	3
오사카제국대학	1	2	3
나고야제국대학		1	1
합계	7	25	32

＊『문부성 연보』 및 각 대학사를 참조해 작성.

쿠제국대학처럼 9개의 연구소가 있었던 '연구소 대학'까지 출현했으니 그것은 격변이었다.

1914년에 내무성에서 이관된 전염병연구소는 별개로 하고, 도쿄제국대학에 본격적으로 연구소가 부설된 것은 1918년에 설치된 항공연구소가 최초다. 제1차 세계대전 당시 군용비행기의 중요성이 인식되기 시작한 데서 야마카와 겐지로 총장이 구상한 것인데, 당초에는 '대학 부설'의 소규모 연구소로 대학 안의 하나의 局에 불과했다. 그것이 1921년에 독립적인 '관제'를 지님으로써 독립적인 정원과 예산을 인정받고, 제국대학 교관들이 공동으로 이용 가능한 '부설'연구소로 발전을 이뤘던 것이다.

　표 14-3에서 제시한 것은 그런 독립적인 '관제'를 지닌 제국대학의 부설연구소들이다. 쇼와 10년대(1935~1945)에 접어들면서부터 매년 신설된 수를 보면, 1939년에 3개, 1941년에 6개, 1942년에 1개, 1943년에 6개, 1944년에 6개, 1945년에 4개였으며, 전시기戰時期 특히 그 말기가 되면 설치가 범람했다고 할 정도로 많이 만들어졌다.

전후로 이어진 유산

　이들 부설연구소 중에서 문과 계통은 교토제국대학 인문과학연구소와, 도쿄제국대학 동양문화연구소 두 곳뿐이었다. 나머지는 모두 이과 계통, 그것도 이학·농학·의학 각 분야에 걸친 횡단적이고 종합적·학제적인 연구소보다는 주로 공학계의 특정 분야에 해당했다는 것을 연구소 이름을 통해서도 엿볼 수 있다. 설립 경위를 보면, 강좌제하에서의 연구 축적을 근거로 하고, 대학 측의 요청에 근거하여 예산화된 것도 적지 않았다. 그러나 이과계와 공과계를 불문하고 대개가 경위는 다양하지만 전시체제하에서 기초연구보다도 응용연구를 지향했거나 혹은 추구했던 것이며, 전쟁 국면의 악화와 함께 여지없이 군사적 색채를 강하게 띠어갔다.

　특히 1943년 이후에 창설·부설된 15개의 연구소는 그런 색채가 짙었다. 1943년 8월에 열린 "제국대학 총장 회의에는 육해군 당국자도 출석했는데, 오카베 나가카게岡部長景 문부대신이 연구소는 전장戰場과 마음가짐心得, 연구 성과를 가장 먼저 응용하는 열의를 가지고 할 것, 그러기 위해서 교육상의 임무도 일시 중지할 수밖에 없다"는 교시를 했다.[8] 그 정도로 사태가 절박했던 것이다.

이와 같이 인적으로나 물적으로나 궁핍한 시기에 범람했던 부설연구소들이지만, "이런 연구기관의 대개가 지금도 존속하고 있다. 과학동원은 즉각적으로 전쟁에 도움이 된다는 면에서는 실로 더딘 진척밖에 보이지 않았는데, 과학연구 그 자체는 그것에 편승해서 크게 확대되었다"고 과학사 연구자인 히로시게 데쓰廣重徹는 밝히고 있다.[9] 실제로 그 연구소들은 사실상 대부분이 명칭이나 조직을 변경한 채 제2차 세계대전 후에도 존속하고 있다.

전시기는 7개의 제국대학이 '연구대학'으로의 변모를 급가속화한 시대였다.

제 3 장

국립종합대학으로

제국대학의 '종전(終戰)' 처리

이와 같이 총력전 체제에 휩싸이며 전쟁 협력을 강요당한 7개의 제국대학이지만, 1945년 8월 15일 '종전'의 날을 맞이하자 서둘러 전시 체제에서의 탈피·전환에 착수했다.

도쿄제국대학에서는 곧바로 8월 15일 오후 1시에 학부장 회의를 열어 새로운 사태에 대한 대응을 협의하고 "현재 종사하고 있는 전시戰時 연구는 (종전을 발표한) 칙어의 취지를 감안하여 중지할 것, 다만 직접 전쟁과 관계없는 기초적인 연구는 제한을 두지 않을 것"을 합의하고 있다. 게다가 8월 21일 학부장 회의에서 각 학부장에게 "전시적인 강좌의 명칭이나 내용 변경의 필요성, 경우에 따라 교관의 변경 필요성에 대해서" 의견 개진을 요구하고, 이에 따라 공학부에서 조병造

兵 · 화약 · 항공기 등 군사 관련 학과 · 강좌 명칭의 변경 등을 제의하기도 했다.[1]

원자력 · 항공 관련의 연구 금지

9월에 들어서면 GHQ(연합군 총사령부)가 일본의 비군사화 정책 일환으로서 정부에 원자력 관련 연구의 전면적 금지를 지령하고, 게다가 11월에는 항공 관련 교육 연구에 대해서도 같은 조치를 요구해왔다. 이를 수용하여 문부성은 각 대학에 "항공과학, 항공역학, 그 외 항공기 및 기구에 관한 학과, 학과목, 연구소 등을 폐지할 것", "그와 관련한 교수, 연구, 조사, 실험은 폐지할 것"을 통달하고,[2] 제국대학에서의 항공 관련 교육 연구 활동은 이후 전면적으로 금지되었다.

폐지라고는 하지만, 학과 · 강좌를 포함해 그 외의 군사 관련 연구소들은 사실상 대부분의 경우 명칭 변경에 그친 채 교원 지위나 학생 정원은 온전히 전후에도 이어졌다.

그런 가운데도 군부의 강한 요청과 지원 아래 창설된 도쿄제국대학 제2공학부만이 유일한 예외였다. 이 학부에는 선박, 항공기체(물리공학), 항공원동기(내연기관), 조병(정밀공학)이라는 4개의 군사 관련 학과가 있으며, 패전 후 괄호 안과 같이 명칭이 변경되었다. 하지만 거기에 그치지 않고 학내에 총장을 위원장으로 하여 '새로운 대학제도 실시 준비위원회'를 설치, 논의 끝에 1948년 2월 "보유 강좌의 약 절반인 30여 강좌를 토대로 생산기술연구소를 새롭게 설치하고, 나머지 강좌는 문과계를 비롯하여 다른 부서로 배정할" 것을 결정했다. 결국 제2공학부는 최종적으로 제1공학부에 통합되어 모습을 잃게 되었다.

교원의 복귀와 추방

비군사화 · 민주화는 교육, 더 나아가서는 교원의 세계에도 영향을 끼쳤다.

1945년 10월에 GHQ는 지령 '일본 교육제도에 대한 관리 정책'을 발표하여, "군사주의 및 극단적인 국가주의적 이데올로기의 보급"을 금지하는 등, 대학 교육 내용의 재검토를 요구하는 동시에 "교사 및 교육 관계 관공리"를 "가능한 신속하게 취조"하여, "군사주의, 극단적인 국가주의를 적극적으로 고취하는 자 및 점령 정책에 적극적으로 반대하는 자들"을 파면할 것, 또 "자유주의적 혹은 반군적反軍的 언론 또는 행위 때문에 해직 혹은 휴직하거나 사직을 강요받은 교사 및 교육 관계 관공리"의 "자격을 바로 부활"시키고, "적극적으로 그들을 복직시킬 것"을 요구해왔다.

앞서 지적했듯이 전시체제하에 마르크스주의자에서 자유주의자까지, 반체제 · 반국체反國體 사상의 소유자라고 지목되어 휴직이나 사직을 강요받아 대학을 떠났던 교원이 적지 않았다. 자치와 학문의 자유를 되찾은 대학에는 이 교원들의 복귀와 동시에 군국주의적 · 국가주의적인 사상을 지녔거나 혹은 전쟁에 협력했던 교원들의 추방이 요구되었던 것이다.

제국대학 중에서는 지령에 앞서 독자적으로 움직이기 시작한 곳도 있었다. GHQ의 지령에 따른 문부성의 통보를 받아들여 모든 대학이 한편에서는 전시기의 추방 교원을 복직시키고, 다른 한편에서는 1946년 5월에 설치된 '교직원 적격심사위원회'를 통해서 군사주의·국가주의를 고취해온 교원의 추방을 진행했다. 심사에 따라 부적격 판명된 교원은, 예를 들면 도쿄제국대학 8명, 교토제국대학 9명 등 그다지 많지는 않았다. 그러나 자발적으로 사직한 교원도 적지 않았다.

학생들의 전후(戰後)

전시체제로부터의 전환은 학생에게도 급격하게 진행되었다.

'결전교육조치요강'(1945. 3)에 의해 1년간 정지 조치가 취해졌던 대학·고등전문학교의 수업이 재개된 것은 9월 15일이며, 같은 날에 문부성이 발표한 '신일본 건설의 교육 방침'은 "교육 동원, 군 동원에 의한 학력 부족을 보충하기 위해 적당한 시기에 특별 교육을 실시"함과 동시에 학생의 전학, 전과 등도 일부 인정하기로 하고, 특히 "육해군 여러 학교의 재학생 및 졸업생"에 대해서는 앞서의 특별 교육을 거쳐 "각자의 실력과 본인의 지원에 따라 문부성 소관의 각 학교에 입학"시키기로 했던 것이다.

학생 동원이나 학도병 출정으로 학원을 떠나 있던 학생의 복학은 당연시되었고, 1945년 당시 육해군을 합쳐 입학자가 약 9천 명으로, 고등학교 학생 수를 웃돌 정도로 팽창했던 군 관계 학교 생도들의 처우가 커다란 과제로 취급되었음을 알 수 있다. 이들 군학교軍學敎로부터의 전입학에 대해서는 당초 사람 수는 제한이 없었지만, GHQ의 지시가 있었을 것이다. 1946년에 문무성으로부터 "학생 총수의 10퍼센트 이내로 한다"라는 통보가 내려와 있었다.[3]

이 조치에 따라 대학·고등학교·전문학교 등에 입학을 인정받은 군학교 재학자·졸업자의 총수는 앞서의 '특별교육'에 의해 1946년 봄에는 고등학교가 졸업자를 배출하지 않기도 해서 명확하지 않지만, 도쿄제국대학으로만 보면 같은 해 입학시험 합격자 1,026명 중에서 355명을 차지하고 있었다.

이 외에 경성·타이베이의 두 제국대학을 비롯하여 구 식민지로부터 귀국한 학생·생도에게 전입학이 인정되었고, 고등학교에 대해서는 전시하에 대량 증원된 이과로부터 문과로의 전과('문전文轉')가 인정되었으며, 더 나아가 도호쿠 등 일부 제국대학에서 예외적인 조치로서 다이쇼 시대부터 시작된 여학생의 수용이 정식 인정되었다. 도쿄 19명, 교토 17명, 도호쿠·규슈 4명 등 모두 48명이 1946년도의 기념할 만한 제1회 제국대학 여자 입학자였다.[4]

제국대학의 '정비방침안'

이렇게 평시로의 전환을 추진하는 한편, 문부성은 패전으로부터 1년 후라는 이른 시기에 이미 전시체제하에서 미뤄왔던 제국대학제도의 대규모 확충을 구상하고 있었다.

1946년 8월에 작성된 문서 「극비 학교정비방침안」에 따르면 그 내용은 다음과 같다.[5]

(1) 제국대학 중 종합대학으로서 학부가 부족한 곳은 이것을 완비한다. 예를 들면 홋카이도제국대학에 법문학부를, 오사카제국대학 및 나고야제국대학에 법문학부, 농학부를 설치한다.

(2) '외지外地'에 있던 제국대학 등의 폐지 및 일본 제국대학의 지리적 분포 실정 등을 고려하여 호쿠리쿠 지역, 주고쿠 지역 및 시코쿠 지역에 제국대학을 설립한다.

(3) 여자 교육의 진흥을 위해 도쿄 및 긴키近畿 지역에 여자제국대학을 설립한다.

이러한 문부성의 구상은 제국대학에 국한되지 않고 관립고등교육기관들 사이에서 다양한 움직임을 초래했다.

우선, 「극비 학교정비방침안」 제1항에 근거하여 기존 제국대학 사이에서 발생한 '종합대학'화의 움직임이다.

이제까지 살펴온 것처럼, '종전' 시점에 7개였던 제국대학 중에서 문부성이 '이상理想'으로 삼아왔던 '문학·법학·경제학·이학·공학·농학·의학' 등 7개 학부를 둔 종합대학은 도쿄·교토의 두 대학뿐이었다. 도호쿠·규슈의 두 제국대학에는 문과 계통의 학부가 법문학부의 형태를 취하고 있었으며, 홋카이도·오사카·나고야의 세 제국대학은 문과 계통의 학부가 없었고, 도호쿠·오사카·나고야제국대학에는 농학부가 없었다.

『나고야대학 50년사』에 인용된 지방신문의 1945년 8월 8일 자 기사는 "최근 문부성이 개최한 나고야제국대학 회계 협의석상에서 문부성 대학교육부는 제국대학 중 현재 7개 학부(중략)로 이뤄지지 않은 나고야, 규슈, 도호쿠, 홋카이도, 오사카 등 각 대학을 7개 학부를 갖춘 종합대학으로 만들고 싶다는 의향을 분명히 밝히고, 관련 대학은 계획과 개산서槪算書를 제출해주길 바란다는 요망이 있었다. 나고야제국대학에서도 앞서 계획한 농학부와 새롭게 법학부, 문학부, 경제학부의 예산을 산정하고, 이번 달 말에는 문부성에 제출하게"될 것이라고 보도했다. 종합대학으로서 미정비 상태였던 5개의 제국대학은 문부성의 구상이 제시되자 그에 조응하여 제각기 움직이기 시작했던 것이다.

다만 그 움직임은 대학에 따라 제각각이었으며 재정난도 있고 해서 종합대학화가 간단히 실현될 리가 없었다.

'종합대학'화의 움직임

도호쿠·규슈의 두 제국대학이 공통으로 안고 있었던 과제는 법문학부를 문학·법학·경제학의 3개 학부로 분리하는 것이었는데, 그것이 실현된 것은 1949년 4월 1일이다. 신제 대학으로 이행했던 것이 5월 1일이었기 때문에 구제도하에서 빠듯하게 실현되었음을 알 수 있다.

다이쇼 시대에 새로운 교양교육의 이상을 주장하며 개설되었다고 해도, 실제로는 문학·법학·경제학의 세 영역이 나뉘어 있었던 법문학부였다. 대학 측이나 문부성 측은 분리 독립이 이미 정해진 방침이기 때문에, 서두를 필요는 없다고 생각한 것인지도 모른다. 도호쿠제국대학은 농학부의 개설에 박차를 가해, 1939년도에 개설된 소규모의 농학연구소를 모체로 1947년 4월에 농학부를 발족시켰다.[6]

문과 계통 학부의 신설

문과 계통의 학부가 부족했던 3개 제국대학 중에서는 홋카이도제국대학이 1921년부터 매년 법문학부 개설을 위해 개산槪算 요구를 반복해왔지만 실현되지 않았다. '종전' 후 신속히 움직임을 재개하여, 1946년 10월의 각의 결정을 통해 설치를 인정받아, 다음 해 4월부터 수업을 시작했다. 그 법문학부가 문학부와 법경제학부로 분리된 것은 신제 대학으로 이행한 후인 1950년이었으며, 법경학부가 법학부와 경제학부로 나뉜 것은 1953년부터였다.[7]

오사카제국대학의 경우, 전시체제하인 1943년에 시작하여 패전 직후인 1945년 10월에도 문부대신 앞으로 문과 계통의 학부 증설에 대한 건의서를 제출했다. 문부성의 시사도 있었고, 1948년도의 개산 요구에서 법문학부의 신설을 요청하여 그해 9월에 설치를 인정받았다. 이 사이에 시립오사카상업대학, 거기에 관립고베경제대학과의 합병 이야기도 있었지만, 구체화되지는 못했다.[8]

신설된 법문학부에 대해서는 "신설 당초부터 문학 · 법학 · 경제학의 3개 학부 또는 문학 · 법경제학의 2개 학부로 분리 독립할 예정이었다"고 보여지는데, 1949년 5월의 신제 대학 때는 문학부와 법경제학부로, 더 나아가 1953년에는 법경제학부가 법학과 경제학 두 학부로 분리되었다.

마지막에 개교한 나고야제국대학은 문부성의 지시를 충실히 이행해 1947년 3월에 법학 · 문학 · 경제학 · 농학의 4개 학부 신설 계획안을 작성했다. 그것은 아이치현 소재의 나고야경제전문학교 · 제8고등학교, 기후岐阜현에 소재한 기후농업전문학교를 포함시켜 3개 관립학교의 흡수 통합을 상정한 것이었다.

그러나 아이치현 외에 기후농업전문학교의 통합은 어려워졌고, 계획은 제8고등학교와 나고야경제전문학교를 계승하는 문과 계통의 학부 설치로 수정되었다. 게다가 문과 계통 세 학부의 즉시 신설은 곤란해져서, 결국 1948년 9월에 제8고등학교를 베이스로 문학부, 나고야경제전문학교를 계승하여 법경제학부를 설치하는 것으로 결론이 났다. 법학 · 경제학 2학부로 법경제학부의 분리가 인정된 것은 1950년 3월의 일이며, 농학부 신설이 실현된 것은 1951년 3월의 일이었다.[9]

전후에 문부성이 일찍부터 모든 제국대학의 종합대학화 구상을 주장했지만, 그 실현까지는 7년이 걸렸다. 아니 오사카대학이 농학부를 구비하지 못한 채 현재에 이르고 있는 점에서 보자면, 메이지 시대 이래의 이상은 실현되지 않은 채 끝났다고도 할 수 있을 것이다.

또한 신제 대학으로의 이행 때는 GHQ 측의 강력한 요청 아래, 연구자·행정관·중등교원의 양성을 목적으로 오사카를 제외한 각 대학에 교육학부가 신설되었다.[10]

'여자제국대학' 구상

「극비 학교정비방침안」에 의한 신설 구상 중, 제3항의 도쿄·긴키 지역에 '여자제국대학'을 설립한다는 구상에 관해서는 관립 유일의 여자고등교육기관인 여자고등사범학교에 신설하려는 움직임이 일찍부터 있었음이 알려져 있다.

여자대학의 설립은 전시체제기인 1940년, 내각 직속의 '교육심의회'가 그 필요성을 답신한 이래 줄곧 현안 사항이었으며, 문부성은 결전決戰 체제하에서 유보될 수밖에 없었던 여자대학 설립을 패전 후 이른 시기부터 중요 정책 과제의 하나로 들고 있었다.

"당면한 여자의 (대학) 입학을 저지하는 규정을 개폐하고 여자대학의 창설 및 대학에서의 공학제를 실시하"며, 또 "지금 존재하는 여자전문학교 중 적당한 것을 여자대학으로 만드는 것과 같이 조치한다"

고 하는 '여자교육쇄신요강'을 문부성이 발표했던 것은 1945년 12월
이다. 『오차노미즈여자대학 100년사』에 따르면, 도쿄여자고등사범학
교는 거의 동시기에 「도쿄여자제국대학 창설 취지 및 조직」이라는 문
서를 작성하여 문부성에 제출했다.

그 문서에 따르면, 강좌제를 택한 문학부와 이학부, 더 나아가서는
가정학부를 더한 '여자제국대학'을 같은 학교에 병설하고 "장래에는
의학부, 농공학부를 개설하여 여자종합대학다운 조직을 갖춘다"는
내용의 본격적인 여자제국대학에 대한 구상이었다. "문부성에 자문
을 하고 설립 방침을 정해 그 예산을 대장성에 청구했지만", "전후로
부터 얼마 지나지 않은 시기였기 때문에 국비에 여유가 없다는 이유
로 사정査定되어 훗날 다른 국립대학이 설립될 때까지 연기되었다"고
오차노미즈여자대학의 역사에는 기록되어 있다.

결국 '여자제국대학'은 실현되지 않은 채 끝났다.

신제국대학 유치 운동

"지리적 분포의 실정 등을 고려하여 호쿠리쿠 지역, 주고쿠 지역
및 시코쿠 지역에 제국대학을 설립한다"는 「극비 학교정비방침안」 제
2항은 관립학교들에게는 제국대학 '승격'의 기회를, 또 지자체에는
'유치'의 기회를 제공한 것으로서 관계자 사이에서 커다란 반향을 불
러일으켰다.

제국대학의 지리적 배치에 대해서는 최초의 교육 법규인 1872년의 '학제'에 자세히 언급되어 있다. 전국을 8개의 '대학구'로 나눠 각각의 중심인 도쿄부府·아이치현·이시카와石川현·오사카부·히로시마현·나가사키현·니가타현·아오모리青森현에 각 1개의 대학을 둔다는 구상이 제시되었다. 근대화를 시작한 직후의 공상에 가까운 구상이었지만, 전전기를 통틀어 각 현에서 거듭 제국의회에 제출된 제국대학 설립 건의 등을 보면, 이 구상이 그 이후에도 유치 운동의 근거로 작용했음을 알 수 있다.

패전 직후에 문부성이 호쿠리쿠, 주고쿠 및 시코쿠라는 구체적인 지역 이름을 거론하며 신설 구상을 주장하는 것은 전시체제에서 억제되고 있었다. 「극비 학교정비방침안」은 그런 제국대학 유치에 대한 바람을 새롭게 부채질했던 것이었다. 이 방침안으로 인해 관계자들은 동요되었고, 유치 운동이 전국적으로 확산되었지만, 전말을 이해하기 위해서는 그에 앞서 전후 '학제 개혁'의 경위를 살펴볼 필요가 있다.

6·3·3·4제로 이행

이제까지 살펴봤듯이, 전전기 이래 일본의 고등교육 시스템은 다양하게 분화한 학교의 종류로부터 복잡한 구조를 가지고 있었다. 특히 관립의 영역은 제국대학 7개 대학을 제외하고 관립대학·고등학교·전문학교가 사실상 모두 단과였고, 거기에다 1943년에 전문학교와 동격이 되었던 사범학교를 더해 300개교 가까운 대학·학교가 복잡하게 분화한 형태로 편성되어 있었다.

이들 다양한 고등교육기관을 재편 통합한다는 논의 즉 구체적으로는 고등학교를 폐지하고 대학과 전문학교를 통합하여 새롭게 단일한 대학제도로 이행해야 한다는 논의가 다이쇼 시대부터 있었으며, 1935년 전후에 절정에 달한 '학제 개혁' 논의에서는 그것이 주류를 차지하게 되었다. 전시체제로 돌입함에 따라 일단은 자취를 감추고 있었으나, 제국대학의 위치 규정과도 관련된 그 학제 개혁 논의가 패전을 계기로 새롭게 고조되기 시작했던 것이다.

그 전후의 학제 개혁은 교육의 민주화를 점령 정책의 주요한 이슈로 내세운 GHQ의 요청에 따라 미국 교육사절단이 1946년 3월 말에 제출한 보고서를 계기로 논의가 시작되었다. 같은 해 8월에 설치된 내각 직속 '교육쇄신위원회'에서 집중적인 심의를 거쳐 1947년 3월에는 '6·3·3·4'제라고 불리는, 새로운 제도의 골격을 제시한 '학교교육법'이 공포되기에 이른 것은 이미 알려진 대로다.

제국대학의 위치 규정

이에 따라 전전기 이후 현안이었던 고등교육 개혁은 대학으로부터 사범학교까지 모든 고등교육기관을 새로운 4년제의 '신제 대학'으로 재편 통합하는 것으로 결론 났다. 1948년 4월에 '신제 대학'의 제1진이 발족하게 되었는데, 그 과정에서 교육쇄신위원회에서의 논의 중 최대 쟁점은 제국대학과 고등학교의 위치 규정에 있었다.

사실 미국교육사절단의 보고서는 고등교육의 제도 개혁을 거의 언급하지 않았다. 다음 장에서 상세하게 살피겠지만, 모든 고등교육기관을 새로운 4년제 대학으로 재편·통합하는 계획은 사절단의 제언이 아니라, 교육쇄신위원회의 심의를 거쳐 일본 측이 주체적으로 선택했던 것임을 알 수 있다.[11]

다만, 교육의 민주화를 요구하는 사절단(그리고 GHQ)이 제국대학·고등학교제도에 비판적이었으며 그 존속에 부정적이었다는 것은, 가령 고등교육에서 "소수자의 특권과 특수한 이익이 다수자를 위해서 개방"되어야 한다는 보고서의 문장과 "오늘날 제국대학 졸업자에게 부여되어 있는 우선적인 대우"의 수정을 요구하고 있는 것 등을 통해 엿볼 수 있다.

사절단 보고서의 행간에서 엿보이는 것은 "일본 지도자층의 인재 양성을 위한 핵심이었던 구제 고교–제국대학이라는 교육 루트에 대해 미국 측이 강한 경계감, 불신감"[12]을 품고 있다는 사실이었으며, "사절단의 고등교육 개혁론의 목표 중 하나가 제국대학 체제의 개변에 있음은 분명"[13]했다.

앞서 살핀 문부성에 의한 제국대학의 정비 확충책은 그런 역풍이 부는 가운데 실시된 정책이었다.

제국대학령의 폐지

아무튼 300개에 가까운 구제도의 관립고등교육기관을 패전 후의 혼란과 심각한 재정 상태 아래에서 어떻게 '신제 대학'으로 전환시킬 것인가. 거기에서 제국대학의 위치 규정을 어떻게 할 것인가.

도쿄제국대학 전 법학부장이자, 1946년 5월 문부대신으로 취임한 다나카 고타로田中耕太郎가 구상한 것은 "전국을 크게 홋카이도, 도호쿠, 간토, 호쿠리쿠, 도카이東海, 긴키, 주고쿠, 시코쿠, 규슈 등 9개 정도의 광역으로 나눠 학구제를 정하고, 거기에 7개의 구 제국대학과 그 외에 이와 유사한 종합대학을 중심 학부로 선정하여, 우선 이들을 중점적으로 충실히 확대한다. 그 외의 고등전문학교 등은 이들 중점 종합대학의 위성적인 학교로서 서로 밀접한 관련을 유지하면서 교수의 교환, 학생의 전학 편의, 시설의 융통 등을 꾀하여 서서히 전체를 완성한다"는 것이었다고 여겨진다.[14]

앞서 제국대학의 확충책은 이러한 점진적인 전환 구상의 일부로서 계획된 것이라고 봐도 좋겠다.

하지만 당시 문부 관료가 "가장 적절하고 현명한 방침이라고 지금도 믿고 있다"[15]고 했을 정도였지만, 제국대학·고등학교제도의 온존으로 이어지는 이런 구상을 GHQ가 수용할 리 없었다. 개혁은 제국대학이 제도상의 특권적인 지위를 탈피하는 방향으로 급격하게 움직이기 시작했다.

우선, 학교교육법 공포로부터 2개월도 되지 않은 1947년 5월 26일에 제국대학 총장 회의는 교명에서 '제국'을 폐지하고 지명을 관용어로 쓸 것을 결의했고, 이것을 받아들이는 형태로 10월 1일에는 '제국대학령'이 폐지되었다. 1886년 이후부터 존속하던 제국대학이라는 명칭이 일본제국이 멸망하고 2년여가 지나 결국 자취를 감추었다.

하지만 그것은 명칭 변경에 불과했다. 문부성은 같은 날, 제국대학을 '국립종합대학'이라고 바꿔 부르게 될 '국립종합대학령'을 공포하고 제도와 조직의 존속을 도모했기 때문이다. 앞서 살폈던 제국대학 유치 운동은 이렇게 '국립종합대학' 유치 운동으로 옷을 갈아입었다.

'국립종합대학' 유치 운동

그 유치 운동은 1946년 8월의 「극비 학교정비방침안」에 구체적인 이름이 거론된 지역의 여러 현과 시를 중심으로 시작되었다. 호쿠리쿠 지역의 이시카와·니가타, 주고쿠 지역에서는 히로시마·오카야마, 거기에 시코쿠 지역 등 4개현이 그것이며, 그 외 구마모토·고베 등에서도 유치 운동이 고조된 사실을 학교 역사를 보면 알 수 있다.

그중에서도 일찍이 다이쇼 시대에 '호쿠리쿠제국대학', '주고쿠제국대학'의 설립을 제국의회에 요구해왔던 이시카와石川현과 히로시마현이 눈에 띄게 적극적이었다. 유치 운동의 핵심 내용은 시코쿠 4개의 경우를 제외하고 모두가 관립단과대학이며, 같은 현 안·지역 안의 관공립전문학교·고등학교를 모두 통합시킨다는, '종합대학화'라는 이름의 제국대학 승격 운동이 전개된 것이다.

관립단과대학이 입지한 현을 중심으로 운동에 불씨를 지핀 배경에는 또 하나로써 1947년 12월 4일 자 신문에 "관립대학, 고등학교, 전문학교 지방 이양, 심의를 서둘러 곧 실현…"이라는 표제가 보도되면서 GHQ가 돌연 관립고등교육기관의 '지방위양론委讓論'을 주장했던 점을 지적할 필요가 있다.

GHQ 내부에서 충분한 검토를 거친 것은 아니었던 것 같지만, '국립종합대학' 이외의 관립고등교육기관을 모든 부府·현縣에 위양한다는 것으로, 미국의 주립대학제도를 모델로 했다고 여겨지는 구상이 있었다. 문부성은 곤혹스러워했고, 교육쇄신위원회나 관계자들이 모두 맹비난하여 결국 흐지부지되었지만, 그 과정에서 "문부성으로서는 학도 육성의 입장에서 현재 구 제국대학계 7개교 그리고 시코쿠, 주고쿠, 호쿠리쿠 등에 종합대학을 신설하여 10개 대학(만)을 관립으로 만들고자 하는 계획을 가지고 있다"는 보도가 나오면서, 관립단과대학 사이에서 충돌이 확산되었다.

1947년 말에는 이미 문부성이 관립 영역의 대학·학교에 타진하면서 신제 대학으로의 이행 계획을 검토하기 시작했다. 그런 가운데 돌연 부상했던 지방 이양에 관한 논의에 따라 관립대학에서 부립·현립 대학으로, 이른바 '격하'를 모면하기 위해서는 서둘러 구 제국대학과 동격인 '국립종합대학'으로의 승격을 지향하는 방법 외에는 없었다.

이렇게 호쿠리쿠종합대학(가나자와), 기타니혼종합대학(니가타), 히로시마종합대학(히로시마), 주고쿠종합대학(오카야마), 미나미규슈종합대학(구마모토), 거기에다 시코쿠종합대학(에히메愛媛 · 가가와香川 · 도쿠시마德島 · 고치) 등 1947년 말부터 1948년 초에 걸쳐 '국립종합대학' 유치 운동이 한층 고양되었지만, 지방위양론의 소멸과 동시에 급격하게 시들어갔다.**16**

국립대학 설립의 11원칙

이후 문부성은 1948년 6월 책정한 「신제국립대학실시요강」(국립대학 설립의 11원칙)에 근거하여 모든 관립고등교육기관의 재편 통합을 구 제국대학 소재 도 · 부 · 현을 제외하고 '1현 1대학'을 원칙으로 진행한다. 그다음 해 5월 31일 '국립대학설치법' 공포에 따라 69개의 신제 국립대학이 일제히 발족했다. 같은 날 '국립종합대학령'은 폐지되었고 제국대학의 후신인 국립종합대학제도도 종지부를 찍었다. 각지에서 타올랐던 유치 운동은 제국대학제도가 보여준 최후의 잔영이라 해야 할지도 모르겠다.

이렇게 1886년 이후 제국대학제도는 그 60여 년 역사의 막을 내렸다. 하지만 제국대학이라고 불려왔던 대학, 혹은 조직 그 자체가 해체되고 소멸된 것은 아니었다. 구 제국대학은 다른 옷을 걸친 채, 한층 더 정비되고 확충되어 일본을 대표하는 '연구대학'으로 환생했으며, 지금도 성장을 계속하고 있다. 에필로그에서는 그 환생의 과정을 추적해보고자 한다.

연구대학이 되는 길

도쿄제국대학의 학제개혁안

앞장에서 언급한 대로, 점령군은 일본의 고등교육 시스템 중에서 특권적인 지위를 차지했던 제국대학 · 고등학교제도에 심하게 비판적이었지만, 그렇다고 폐지나 해체까지 요구했던 것은 아니다. 제국대학 · 고등학교제도에 대한 비판이나 폐지를 요구하는 목소리는 전전기부터 있었고, 전후에도 이른 시기에 제국대학 내부로부터 폐지론이 나오고 있었다.

종전 후 1년도 채 지나지 않은 1946년 3월에 도쿄제국대학에 설치된 교육제도연구위원회가 같은 해 4월에 공포한 소학교 5년 · 중학교 3년 · 고등학교 4년 · 대학교 4년 그리고 연한을 정하지 않은 대학원이라는 학제개혁안이 그것이다.[1]

이 개혁안에 따르면, 신제 '고등학교'는 "현 제도의 중등학교 제3학년 이상과 고등학교, 전문학교 제1학년을 합친" 것이며, '대학'은 "현제도의 고등학교, 전문학교 제2학년 이상 및 대학의 일부를 합쳐서 구성된다"라고 적혀 있다. 연한의 구분과는 관계없이, 6·3·3·4제와 거의 동일한 이 개혁안이 실시되면 고등학교·전문학교제도는 폐지되고, 제국대학은 다른 구제 대학과는 물론, 고등학교·전문학교·사범학교에서 '전환·승격'되는 대학과도 동격인 '신제 대학'으로 바뀌게 된다.

제국대학·고등학교제도의 폐지는 제국대학 측의 구상이기도 했던 것이다.

난바라 시게루와 아마노 데이유

다만 이 개혁안은 7개의 구 제국대학(국립종합대학)이나 구 고등학교의 처우, 위치 규정에 대해서는 아무 이야기도 하고 있지 않다. 제국대학·고등학교제도를 폐지하고 구체적으로 어떻게 새로운 학제에 의한 대학으로 이행시킬 것인가. 구체적인 대책은 내각 직속의 심의회였던 '교육쇄신위원회'(이하 쇄신위, 1946년 8월에 설치)에서 논의되었는데, 그 쇄신위의 부위원장과 훗날 위원장을 역임한 인물은 다름 아닌 도쿄제국대학의 난바라 시게루南原繁 총장이었다.

제국대학·고등학교의 관계자·졸업자 다수가 위원으로 참가했던 그 쇄신위에서 최초로 논의의 쟁점이 된 것은 고등학교의 이행 문제였다.

제국대학의 특권적인 지위를 보증하는 가장 중요한 장치로서 고등학교제도가 기능해온 것은 지금까지 살펴온 대로다. 사실상 제국대학 예과였던 이 제도가 폐지되면 고등교육 시스템 안에서 제국대학의 각별한 지위도 상실된다. 그것을 기정사실화했던 앞서 도쿄제국대학의 의견과는 대조적으로, 고등학교 졸업 후 교편생활을 하던 위원 중에는 제도의 존속을 바라는 목소리가 존재했다. 그 중심적인 논자가 제1고등학교 교장이었던 철학자 아마노 데이유天野貞祐였다.

쇄신위와 각별화(別格化) 구상

교육쇄신위원회에서 아마노 위원이 당초 주장했던 것은 고등학교의 존속론이 아니라 6 · 3 · 5제라는 대담한 학제 개혁안이었다.

패전 후 재정이 곤란했던 시대에 학문적 관심이 열악한 젊은이를 장기간 교육할 필요는 없다. 연한 단축을 위해 고등학교 · 전문학교 등 고등교육기관은 모두 재편 · 통합하여 9년간의 의무교육을 실시하고, '대학교'는 5년제로 연장한다. 졸업 후 학문 연구를 목적으로 하는 소수의 젊은이를 위해 '학문연구소' 혹은 '국립연구소'를 준비한다. 그 '연구소'야말로 '진정한 대학'이라는 것이 그의 주장이었다.

다시 말해, 고등학교나 전문학교를 새로운 '대학교'로 이행시킨 후,

제국대학은 별도의 '진정한 대학', '학문연구소'로 만들어 존속시키려는 것이 그의 구상이었다.

앞서 살펴본 대로, 연구 기능의 강화를 목적으로 제국대학을 연구소화하려는 논의는 이미 다이쇼 시대에 일부 도쿄제국대학 교수들 사이에서 있었다. 새로운 대학제도로 이행하는 것이 불가피하다고 여긴 아마노는 국가에 의해 중점적으로 물적·인적 자원이 투입되어온 제국대학을 일본을 대표하는 '최고학부'로서 실질적으로 존속시키기 위해서는 연구 기능을 강조하고, '연구소'화함으로써 다른 대학과 차별화를 꾀할 수밖에 없다고 주장했다.

그러나 이 대담한 6·3·5제의 제안에 동의를 얻을 수 없음을 깨닫자, 아마노는 이번에는 고등학교제도의 온존론으로 전환했다.

6·3·3·4제를 채택한다고 해도, 신제 고등학교에 3년제뿐 아니라 4년제 혹은 5년제도 인정하고 구제도의 고등학교를 거기로 이행시키면, 구 제국대학과의 접속 관계는 이제까지와 마찬가지가 된다. 그것이 어렵다면 구제 고교를 2년제의 '전기前期 대학'으로 하고, 대학 후기 과정으로 진학하는 것을 인정하면 어떨까 하는 구상이었다.

이와 같이 구제 고등학교의 이행을 전제로 한 4년제·5년제의 신제 고등학교 혹은 2년제의 전기 대학 설치에 관해서, 쇄신위에서는 그 시비를 둘러싸고 격렬한 논쟁이 있었지만, 결국 아마노는 이 논쟁에서도 패한다. 1947년 3월에 성립한 '학교교육법'은 아마노가 주장하는 예외를 인정하지 않고 6·3·3·4의 단선형 학교제도를 채택하는 것이었기 때문이다.

학술연구소 · 대학원화

구제 고등학교제도의 실질적인 온존책을 관철시키지 못한 아마노는, 포기하지 않고 학교교육법 성립 직후 다시금 제국대학제도의 온존책으로서 독립된 '연구소' 또는 '대학원'화를 주장했다.

논쟁은 쇄신위의 특별위원회를 무대로 펼쳐졌으며, 위원들 사이에서 찬반 의견이 갈렸는데, 최종적으로 "대학원은 종합학술연구소로서 독립적으로 설치할 수 있다", "현재의 제국대학은 이 대학원을 통해 주체로 삼는다"라는 아마노의 의견이 결정되었으며, 총회에서 심의에 부쳐지기까지 했다.

특별위의 고미야 도요타카小宮豊隆 주사(전 도호쿠제국대학 법문학부 교수)는 그 총회에서 언급하기를, 새로운 민주적 대학제도 아래에서 "민중의 수준이 고양된다 하더라도 학문은 세계적인 수준으로 높아질 수 없는 위험성이 충분히 있으니, 이런 종합학술연구소를 (중략) 독립적으로 설치할 수 있게 하지 않으면, 학교교육법에 의해 각각의 대학 내부에 부속되어 있는 것(신제 대학원)만으로는 지도 능력이 충분하지 않을 위험성이 있"으며, 또한 '종합학술연구소'를 새롭게 설립하는 것은 "일본의 현재 상태로는 도저히 불가능"하기 때문에, "현재 제국대학의 설비와 교수력을 가지고 그 종합연구에 매진하도록 하는 것이 일단은 가장 좋은 방법이며 가장 가능한 방법"이라고, 아마노의 견해를 좇아 장황하게 자신의 생각을 설명하고 있다.

하지만 이 대담한 구상도 이해를 구할 수 없었고, 결국 채택되지 않

은 채 끝났다. 가장 강력한 반대자는 위원장을 지낸 난바라 도쿄대 총
장이었다.[2]

종합대학과 복합대학

이렇게 아마노 등이 고집했던 구제 고등학교제도의 온존 혹은 구제
제국대학의 '연구소' 또는 '대학원'화와 같은 별격의 대학화 구상은
부정되었다.

하지만 제국대학에서 전문학교, 사범학교까지 모든 구제 고등교육
기관을 재편하고 통합하여 새로운 4년제 대학으로 이행시키는, 제도
의 민주화·평등화·대중화는 불가피했다. 그렇다면 고도의 종합성
과 연구 기능을 지닌 7개의 제국대학을 새로운 제도 안에 어떻게 위
치시킬 것인가. 1949년 봄에 이르러 신제 대학으로의 이행이 구체적
인 일정에 따라 진행되는 가운데, 신제도하에서 '국립종합대학'이라
고 명칭을 바꾼 구 제국대학의 처우는 여전히 중요한 정책 과제임에
변함이 없었다.

300개에 가까운 국립 영역의 대학과 학교를 신제도의 대학으로 이
행시키기 위해 1948년 5월에 문부성이 내세운 것은 지역 단위에서의
통합안이었다.

"신제 대학으로 전환하는 데는 특별한 경우를 제외하고 동일 지역
의 관립학교는 가능한 합병하여 하나의 대학으로 만들고, 1지역 1대

학을 실현하여 경비의 팽창을 막는 것과 함께 대학의 기초 확립에 힘쓴다"는 것이 그것이며, 구체적으로 제시한 것은 다음과 같은 가이드라인이었다.[3]

① '국립종합대학'은 "부속의 예과 전문부 등을 포괄함은 물론 특수한 대학을 제외하고 그 소재지의 고등전문학교 등과 합병하여 신제 종합대학으로 한다." ② 관립단과대학들도 마찬가지로 합병 통합을 추진하여 "종합 또는 복합대학"으로 한다. ③ 그 외의 학교는 "특수한 학교를 제외하고 그 지역마다 합병하여 복합적인 1대학으로 만든다." ④ "종합 또는 복합대학에 합병하지 않은 특수한 학교에 한하여 단과대학으로 한다."

각 대학·학교는 이 방침 아래 '국립종합대학'으로 이행 준비를 서두르게 되었다.

이행 문제에 대해서는 교육쇄신위원회에서도 논의가 이어졌으며, 1948년 7월의 결의「대학의 국토계획의 배치에 대하여」에서 ① "지역(블록)의 중심인 대도시의 국립종합대학에는 가능한 모든 부문을 망라하여 그 지역 문교의 중심이 되도록 할 것", ② "각 도都·도道·부府·현縣에는 가능한 한 복합대학(중략)을 두고 그 도·도·부·현 문교의 중심이 되도록 할 것"을 제언하고 있다.

신제도하에서도 구 제국대학을 계승하는 대학과 그 외의 대학·학교를 계승하는 대학은 차별적으로 취급되어야 한다는 의견이 문부성이나 쇄신위에서도 지배적이었음을 알 수 있다.

1현 1대학 원칙

이런 움직임을 통해 1948년 6월이 되면 더욱 구체적인 재편과 통합의 지침으로서, 앞서도 언급한 문부성의 「신제국립대학실시요강(국립대학설치의 11원칙)」이 각 대학·학교에 통지되었다.

이 '요강'에서 가장 중요한 것은 "국립대학은 특별 지역(홋카이도, 도쿄, 아이치, 오사카, 교토, 후쿠오카)을 제외하고 동일 지역에 있는 관립학교는 하나의 대학으로 합병하여 1부현府縣 1대학의 실현을 도모한다"고 했던 '제1원칙'이다. 거기에는 예외로 취급된 '특별한 지역명'이 명기되어 그 이외의 지역에서는 모두 현 단위의 합병과 통합, 즉 '1현 1대학의 실현'이 지시되어 있었다.

이 '요강'이 제시될 때까지는 부현府縣 지역을 초월한 통합이나 단독으로 이행·승격시킬 것을 구상하는 대학이나 학교가 적지 않았다. 하지만 제1원칙은 예외 없이 엄격하게 적용되어 38개의 지역에서 현 단위의 재편 통합이 실시되었고, 1949년 봄에는 훗날 '지방국립대학'이라 불리게 되는 '1현 1대학'의 국립대학 38개교가 일제히 발족했다.

'특별 지역'

그렇다면 예외로 취급된 6개의 '특별 지역'을 보자. 일견 분명한 것은 그것이 구 제국대학·국립종합대학의 소재지라는 점이다. 앞서 문부성의 구상이나 쇄신위의 결의가 그와 같은 형태로 실체화되었던 것이다.

　다만 거기에 도호쿠대학이 있는 미야기현의 이름만 빠졌다. 지역 인구 300만 명을 기준으로 했기 때문이겠지만, 그 결과 도호쿠대학만이 '1현 1대학' 원칙에 충실한 대학으로서 신제도로 이행하게 되었다. 하지만 그것은 도호쿠대학이 '지구(블록)의 중심' 국립종합대학이라는 틀에서 제외된 것을 의미하는 것은 아니었다. 뒤에서 보겠지만, 7개의 구 제국대학을 차별적으로 처우한다는 문부성의 정책 의도는 도호쿠대학의 경우에도 명확하게 일관되고 있었기 때문이다.

　1949년 봄, 신제 대학으로 이행할 때 모든 구 제국대학은 동일 지역 안의 구제 고교를 흡수 통합하여 일반교양교육 담당의 부국(교양학부 · 교양부 등)이 되었다. 구로메久留米공업전문학교(규슈), 하코다테函館수산전문학교(홋카이도), 사립오사카약학전문학교(오사카), 나고야경제전문학교 · 오카사키岡崎고등사범학교(나고야)와 같이 전문학교를 통합한 구 제국대학도 있었다. 도호쿠대학은 '1현 1대학' 원칙에 충실하게 센다이공업전문학교 · 현립미야기여자전문학교 · 미야기사범학교 · 미야기청년사범학교라는 같은 현 안의 관립 · 공립학교를 모두 합병하여 발족했다(훗날 사범 계열은 1965년에 미야기교육대학으로 분리 · 독립).

　7개의 구 제국대학은 이렇게 '블록의 중심'에 위치한 '신제 국립종합대학'으로서 전후의 발자취를 시작한다.

표 E-1 구 제국대학 · 국립종합대학(1952년 현재)

	학부 편성	구제도로부터 계승된 학교 등
도쿄 제국대학	교양학 · 문학 · 교육학 · 법학 · 경제학 · 이학 · 의학 · 공학 · 농학	도쿄제대(문학 · 법학 · 경제학 · 이학 · 의학 · 공학 · 농학) 1고 · 도쿄고 · 부속의전
교토 제국대학	문학 · 교육학 · 법학 · 경제학 · 이학 · 의학 · 공학 · 농학	교토제대(문학 · 법학 · 경제학 · 이학 · 의학 · 공학 · 농학) 3고 · 부속의전
도호쿠 제국대학	문학 · 교육학 · 법학 · 경제학 · 이학 · 의학 · 공학 · 농학	도호쿠제대(문학 · 법학 · 경제학 · 이학 · 의학 · 공학) 2고 · 부속의전 · 센다이공전 · 현립 미야기여전 · 미야기사범 · 미야기청사(靑師)
규슈 제국대학	문학 · 교육학 · 법학 · 경제학 · 이학 · 의학 · 공학 · 농학	규슈제대(문학 · 법학 · 경제학 · 이학 · 의학 · 공학 · 농학) 후쿠오카고 · 부속의전 · 구로메공전
홋카이도 제국대학	문학 · 교육학 · 법학 · 경제학 · 이학 · 의학 · 공학 · 농학 · 수학	홋카이도제대(법문학 · 이학 · 의학 · 공학 · 농학) 홋카이도대예과 · 부속의전 · 부속농전 · 하코다테수전
오사카 제국대학	문학 · 법학 · 경제학 · 이학 · 의학 · 치학 · 공학	오사카제대(법문학 · 이학 · 의학 · 공학) 오사카고 · 부립나니와(浪速)고 · 부속의전 · 사립오사카약전
나고야 제국대학	문학 · 교육학 · 법학 · 경제학 · 이학 · 의학 · 공학 · 농학	나고야제대(문학 · 법경제학 · 이학 · 의학 · 공학) 제8고 · 부속의전 · 나고야경전 · 오카자키(岡崎)고사

* 『전국대학일람』 1952년도에 입각해 작성.

강좌제에 대한 논의

그러나 "블록의 중심인 대도시의 국립종합대학"이라는 것만으로는 새로운 제도로 이행하는 시점에서 별격의 대우에 불과했고, 구 제국 대학이 메이지 시대 이후 향유해왔던 차별적이고 특권적인 처우가 약속된 것은 아니었다.

최고학부로서 이제까지 집약적인 자원 투입의 대상이라고 여겨왔 던 7개의 국립종합대학에 새로운 대학제도하에서 어떠한 방법으로 여타 대학과는 다른 처우를 약속할 것인가. 그 수단으로서 문부성이 중시했던 것은 '강좌제'라는 교육 연구 조직의 기본적인 단위였다.

앞서 언급한 대로 강좌제는 제국대학 특유의 제도였으며, 전전기를 통틀어 제국대학 이외의 관립대학에는 인정되지 않았고 공립·사립 대학도 강좌제와는 인연이 없었다.

교수의 전공 책임을 명확하게 하기 위해서 1893년에 도입된 강좌 제는 교육 연구상의 기본적인 조직 단위로 여겨졌고, 학부·학과는 그것을 기초로 강좌의 집합체로서 조직되어왔다. 예를 들어 민법, 물리학, 기계공학 등 강좌 명칭은 교육 연구의 대상으로 여겨야 할 학문 영역·전공 분야를 지칭했고, 교육과정의 편성만이 아니라 교원 인사 나 예산 배분까지도 원칙적으로는 강좌를 단위로 이뤄져왔다.

인사에 대해 말하자면, 당초에는 교수만 배치된 강좌가 많았지만, 다이쇼 시대에 들어서면서 각 강좌에 교수·조교수·조수라는 삼층 의 자리가 기본적으로 배치되었다. 또 예산의 적산積算·배분에 대해서도 강좌가 기초단위로 여겨졌다.

이에 비해서 강좌제를 채택하지 않은(채택을 허락하지 않은) 관립대학, 게다가 연구 기능을 기대하지 않은 관립전문학교가 채택한 것은 '(학)과목제'라 불렸던 조직 형태로서, 교육과정을 구성하는 수업과목에 호응하여 교수나 조교수 자리를 둔 것이었다. 그것은 사립대학이나 전문학교도 마찬가지였다.

제국대학에 고유하게 부여된, 그런 의미에서 특권적인 제도였던 이 강좌제를 모든 신제 대학에 도입할 것인지, 폐지할 것인지, 혹은 이를 대신하는 새로운 조직을 도입할 것인지는 새로운 학제로의 이행과 관련된 것으로서, 문부성의 입장에서는 피해갈 수 없는 문제였다.

이 중요한 문제의 심의를 담당했던 곳은 사실 교육쇄신위원회가 아니었다. GHQ의 강력한 지도와 지원 아래 설치된, 대학 관계자에 의한 민간단체 '대학기준협회'였던 것이다. GHQ는 미국 대학에는 없는 이 유럽 기원의 강좌제에 대해 비판적이었다. 또한 대학기준협회의 유력한 멤버였던 사립대학 관계자들 사이에서는, 교원 수의 증가로 이어지는 강좌제를 모든 대학에 일률적으로 도입하기에는 경영상 곤란하다는 의견이 강하여 논의는 옥신각신했다.[4]

대학기준협회에서의 논의는 결국 강좌제 그 자체의 부정까지는 이르지 않았지만, "대학은 그 목적과 사명을 구성하기 위해서 필요한 강좌 또는 그를 대신할 적당한 제도를 설치해야 한다"라며 애매하게 끝을 맺었다. 강좌를 대신할 "적당한 제도"란 무엇인지, 철저한 논의 없이 문부성은 국립대학을 포함한 신제 대학의 설립 인가 작업을 진행하게 된 것이다.

온존한 강좌제

문부성이 강좌제를 모든 신제 국립대학에 도입할 생각이 없었다는 점은, 예를 들어 패전 직후 적극적으로 추진된 제국대학 학부의 새로운 증설에 관해서, 『나고야대학 50년사』에 인용되어 있는 관계자의 회고담에서도 엿볼 수 있다.

이에 따르면, "문부성 쪽에서 구제 대학 중에 학부를 정비하라"고 요구해왔는데, 구제의 경우 "신제와 같이 대학 설립 신청서가 필요하지 않을" 뿐만 아니라, "구제라면 강좌제가 되"겠지만 "신제라면 학과목이 되기" 때문이라는 것이었다고 한다. 문부성이 강좌제를 유지하면서 그것을 제한적으로 도입할 생각을 일찍부터 가지고 있었음을 알 수 있다.

단지, 구 제국대학에만 강좌제를 인정한다는 것은 불가능하다고 생각했을 것이다. 신제 국립대학으로 이행할 때 문부성은 예를 들어 의과 · 공과 · 상과 · 문리과의 옛 관립대학을 계승한 대학과 학부, 거기에 6년제의 의학부 · 치학부에 한정하여 강좌제를 인정하는 방책을 취했다.

그 이유로 사용한 논리가 무엇보다도 대학 간 연구 기능의 차이였다는 것을, 1956년에 비로소 문부성령文部省令으로 채택된 '대학설치

기준'의 조문을 통해 알 수 있다.

그에 따르면 "대학은 그 교육 연구상의 목적을 달성하기 위해 학과목 또는 강좌를 설치하고, 거기에 필요한 교원을 둔다"면서, "강좌제는 교육 연구상 필요한 전공 분야를 정하고 그 교육 연구에 필요한 교원을 두는 제도", "학과목제는 교육상 필요한 학과목을 정하고 그 교육 연구에 필요한 교원을 두는 제도"라고 정의하고 있기 때문이다.

강좌제인가, 학과목제인가

즉 강좌제가 "교육 연구상"의 조직 형태인 데 비해서 학과목제는 "교육상"의 조직 형태라는 것이다. 문부성은 실제로 이 정의를 바탕으로 연구과를 설치하여 박사학위수여권을 인정받아온 구제도에 의한 대학·학부와 함께 박사과정 연구과를 반드시 설치해야 했던 의학부·치학부에만 신제 대학으로의 이행 때 강좌제를 인정했던 것이다.

그 원칙이 얼마나 엄정하게 적용되었는지는 구 제국대학 중에서도 제1고등학교를 계승한 도쿄대학 교양학부가 오래도록 강좌제를 인정받지 못했다는 점 그리고 '지방국립대학'의 경우에도 예를 들어 7개 학부를 지닌 고베대학에서는 구 고베경제대학을 계승한 법학·경제학·경영학 세 학부만, 6개 학부를 지닌 지바千葉대학에서는 구 지바의과대학을 계승한 의학부만이 강좌제 학부로 인정받았던 것에서도 알 수 있다.

구 제국대학·관립대학과 관계가 없는 순연한 신제 대학의 경우에는 모든 학부가 학과목제였다. 그리고 연구 기능에 착목한 이 강좌제·학과목제의 구별이 그 후 각 신제 국립대학, 그중에서 특히 7개 구 제국대학의 발전에 중요한 의미를 갖게 되는 것이다(또한 사립 대학의 경우 강좌제와 학과목제 중 어느 쪽을 채택할지는 자유였지만, 강좌제를 채택한 대학·학부는 사실상 전무했다).

대학원의 설치

1949년 봄 일제히 발족한 신제 국립대학에 다음으로 부여된 중요한 과제는 대학원의 설치였다.

학년 진행에서 보자면 신제 대학원은 신제 대학이 졸업생을 배출하는 1953년 봄에 발족하는 것이 맞다. 그 대학원에 대해 문부성이 분명히 한 것은 ① "신제 대학원은 구제 대학의 학위심사권을 갖고 있는 대학을 우선적으로 고려한다", ② "당분간 고등전문학교 등을 기반으로 성립한 대학은 우선 학부의 충실을 꾀하고 대학원은 계획하지 않는다", ③ "당분간 석사과정만의 대학원은 두지 않는다"는 방침이었다.[5]

이 방침에 따르면 대학 연구 기능의 상징인 대학원 박사과정과, 석사·박사학위수여권은 제국대학을 비롯하여 구제 대학을 계승한, 다시 말해 강좌제를 채택한 대학·학부에만 제한했다. 실제로 구제 7개의 제국대학 외에, 1953년 봄 대학원 연구과의 설치를 인정받은 것은 히토쓰바시(구 도쿄상과) · 도쿄공업 · 도쿄교육(구 도쿄문리과) · 고베 (구 고베상업) · 히로시마(구 히로시마 문리과) 등 5개 대학(의 구제학부)뿐 이었다(또한 구제 의과대학계의 대학원은 '6년제'인 관계로 1955년 이후에 개 설되었다).

강좌제와 대학원 연구과의 이런 대응 관계를 제도적으로 뒷받침한 것으로서 1954년에는 강좌가 "대학원에 설치되는 연구과의 기초가 되는" 것임을 명기한 '국립대학의 강좌에 관한 문부성령'이 정해졌다.

즉 새로운 학제 아래서 신제 국립대학은 강좌제 대학과 학과목제 대학, 연구 중심 대학과 교육 중심 대학, 대학원 연구과(학위수여권)을 지닌 대학원 대학과 그것을 갖고 있지 않은 학부 대학으로 크게 양분 되었다. 강좌제 · 연구 중심 · 대학원 대학들 가운데 다시금 사실상 모든 전문 분야에 관해 강좌제를 채택하고 연구과를 설치하여 학위수여 권을 지닌 7개의 구 제국대학계 국립종합대학들과, 구 관립대학계의 실질적인 단과대학들로 이분되었던 것이다.

자원의 중점 배분

이런 강좌제 · 학과목제의 구분은 그것이 교육 연구 조직의 차이뿐 만이 아니라 인원과 예산의 배분 단위로도 이용됨으로써 그 중요성이 한층 커지게 되었다.

인원에 대해 말하자면, 강좌제의 경우에는 강좌마다 교수 1명 · 조교수 1명 · 조수 1~3명이 배치된 것에 비해 학과목제에는 주요 학과목마다 교수 혹은 조교수 자리가 주어졌다. 여기에서 강좌제는 그 자체가 연구와 연구자(후계자) 양성을 전제로 한 조직임에 비해서 학과목제는 무엇보다도 교육을 위한 조직이었던 점을 알 수 있다.

이런 교원의 배치 · 배분 차이가 연구상의 인적 자원, 더 나아가서는 연구 활동 잠재력의 커다란 차이를 의미했던 것은 새삼 말할 필요도 없을 것이다.

예산에 관해서 말하자면, 전전기는 물론 신제 국립대학에 대해서도 적산교비제가 채택되었는데, 그 액수는 표 E-2에서 알 수 있듯이 1949년의 신제 대학 발족 때에는 강좌제와 학과목제 사이에 커다란 차이가 없었지만 그 후 확대일로를 걷게 된다.

학과목제를 100이라 환치했을 때, 1949년과 1953년 그리고 1963년도의 강좌제 금액을 보면 비실험계에서는 108, 217, 258, 실험계에서는 112, 219, 293으로 되어 있어 학과목제와 비교한 강좌제 교원의 1인당 적산교비가 1963년에 이미 실험계에서는 3배 가까이 그리고 비실험계에서도 2.5배를 초월했음을 알 수 있다.

더구나 그 적산교비는 전전기 이상으로 예산의 커다란 부분을 차지하게 되었고, 대학에 배분된 이후에는 연구비만이 아니라 교육비, 관리운영비로도 사용되어 강좌제 대학 · 학부와 학과목제 대학 · 학부 사이에서 교육 연구 수준의 격차를 낳았고 그것을 확대하는 역할을 했다.

표 E-2 국립대학 강좌 · 학과목당 적산교비(단위 천 엔)

	강좌제			학과목제	
	비실험	실험	임상	비실험	실험
1935년	4	8	10	1	5
1949년	89	273	302	82	244
1953년	274	802	876	126	367
1963년	654	2,579	2,799	253	879

＊ 문부성, 『우리나라의 고등교육』 1966년에 입각해 작성.

구 제국대학을 계승한 강좌제 대학과 구 관립대학계의 준(1부)강좌제 대학 그리고 그 이외의 학과목제 대학이라는 삼층 구조가 이렇게 형성되어갔다.

강좌제와 학과목제의 차이를 온존, 활용함으로써 문부성은 7개의 구 제국대학을 일본을 대표하는 국립종합 · 대학원 대학으로 훌륭하게 부활시키는 데 성공했다.

'연구대학'으로 가는 길

강좌제는 국립대학의 법인화와 함께 폐지되어 지금은 모습을 감췄다. 교육 연구 조직을 어떻게 편성할지는 각 대학의 자유에 맡겨졌다.

하지만 강좌제를 근거로 행해져온 예산과 인원 배분의 격차 구조는 운영비 교부금의 액수나 승계 교직원의 숫자 차이를 통해 지금도 여전히 각 국립대학 법인으로 계승되고 있다.[6]

그 변혁 과정에 대해서 언급하는 것은 이 책이 다루는 범위를 초월하지만, 1886년 이후 제국대학 제도는 지금까지 그와 같은 형태로 대학 경영에 그 분명한 흔적을 남겼고, 경쟁적인 연구비의 획득 액수나 박사학위의 수여 수, 거기에다 국제적인 학술 저널의 논문 게재 수 등에 관해서 7개의 구 제국대학이 일관적으로 상위를 차지할 수 있게 만들었던 것이다.

2009년에는 11개 대학에 의해 '학술연구 간담회 RU11'이라고 불리는 컨소시엄이 결성되었다. RU란 Research University(연구대학)의 약어이며, 멤버는 도쿄·교토·도호쿠·규슈·홋카이도·오사카·나고야의 7개 구 제국대학, 거기에다 도쿄공업대와 쓰쿠바대, 사립으로는 와세다대·게이오기주쿠대의 11개 대학이다.

리서치 유니버시티 즉 '연구대학'이란 무엇인가에 관해서 명확한 정의가 있었던 것은 아니다. 이 말이 처음 사용된 미국에서는 넓은 의미에서는 박사학위 수여와 연구비 획득 액수에서 상위에 있는 대학을 가리키며, 좁은 의미로는 그것을 또한 3등급으로 나눈 최상위 대학들(전체의 약 2.5퍼센트)을 '연구대학'이라 부르고 있다.

미국과 같이 공적인 대학 분류가 존재하지 않은 일본에서 연구 기능이 우수하다고 자부하는 11개 대학이 스스로 '연구대학'이라 자칭하기 시작했던 것이다. 이 11개 대학, 그중에서도 특히 7개의 구 제국대학이 연구 기능과 국제성을 중시하는 세계의 '대학 랭킹'에서 일본 세日本勢로서 상위를 차지한다는 점은 다시 말할 필요도 없을 것이다.

이 책의 서두에서 언급한 예일대학 도서관 책장에 지금 어떤 일본 대학들의 카탈로그나 자료가 놓여 있는지 확인할 도리는 없다. 하지만 일본을 대표하는 '연구대학'으로서 다시 태어나고, 새로운 길을 내딛기 시작한 7개 구제 제국대학의 후신인 연구대학이 글로벌한 대학과 학문 세계의 일원으로서 점차 커다란 존재감을 드러내고 있음은 의심의 여지가 없다.

130년 전에 시작한 제국대학의 서사는 지금, 재차 새로운 전개를 보이기 시작했다.

후 기

벌써 3년도 훨씬 지난 일이다. 학사회의 오사키 히토시大﨑仁 이사
(현 부이사장)에게서 『학사회 회보』에 제국대학의 역사를 주제로 연재
를 해보지 않겠느냐는 권유가 있었다.

학사회는 구 제국대학 졸업자의 모임이며 일종의 동창회다. 그러
나 제국대학제도가 소멸한 지 이미 70년에 가깝다. 왜 홋카이도·도
호쿠·도쿄·나고야·교토·오사카·규슈의 7개 대학이 자교의 동창
회와는 별도로 그런 조직을 가지고 있는 것일까 하는 충분한 지식이
없는 회원도 늘고 있다. 새롭게 7개 제국대학의 역사를 더듬어 봐주
었으면 좋겠다는 취지의 이야기였다. 매력적인 권유였지만, 나에게는
적지 않게 무거운 테마였다. 주저했지만, 대학의 역사에 관심을 가진
자에게는 피할 수 없는 주제여서 결국 감사하게 수락했다.

『학사회 회보』는 격월간이다. 「7 제국대학 이야기」라는 제목으로,
2014년 5월호부터 싣기 시작하여 2017년 1월호까지 17회, 3년 가까
이 연재되었다. 이 책은 그 연재에 가필과 수정을 더한 것이다.

7개의 제국대학이 국가의 극진한 비호 아래에서 성립하고 발전했으며, 지금도 다시 '연구대학'으로서 우리나라의 아카데미를 대표하는 대학들로 존속되고 있다. 일본의 대학과 학문의 역사뿐만이 아니라, 근대화의 역사 그 자체가 제국대학의 존재를 빼놓곤 말할 수 없다. 제국대학은 일본의 근대화를 지탱해왔던 가장 중요한 제도와 조직 중 하나라고 말해도 좋다.

그만큼 제국대학에 대해서는 이미 뛰어난 선행 연구가 많고, 일반 도서도 상당하며, 100년여 역사를 거쳐 각 대학으로부터 수없이 많은 학교사도 간행되어 있다. 그것들을 바탕으로 어떠한 시점에서, 더구나 어떤 식으로 개괄적인 역사 기술을 시도해야 좋을지 등 나름대로 여러 가지 궁리를 해보았지만, 그것을 이해시키기 위해서는 간단하게 '제국대학'과 나의 관계를 되돌아볼 필요가 있다고 생각했다.

책 표지에 실린 저자 약력에 나온 것처럼, 나는 구 제국대학을 계승한 대학의 '정통적'인 졸업자가 아니다. 구제 도쿄고등상업학교·도쿄상과대학의 후신인 히토쓰바시대학 경제학부를 졸업한 후, 학사입학제도를 이용해서 도쿄대학 교육학부에 재입학했기 때문에, 구제 제1고등학교를 계승한 고마바駒場 교양학부를 모른다. 게다가 신제 대학이 발족했을 때 신설된, 당시 '포츠담 학부'라 일컬어지던 교육학부 졸업자이며, 전공으로 선택한 교육사회학도 전후에 생겨난 '포츠담 학문'이었다. 그럭저럭 강좌 담당 교수가 되고, 강좌를 지키고 늘리기 위해서 노력을 해왔지만, 구제도를 계승한 전통적인 학부·강좌가 어떤 것인지, 체험적으로 알고 있을 리 없었다. 적임자는 따로 있지 않을까. 의뢰를 받았을 때 주저한 이유 중 하나다.

또 하나, 나는 교육사회학 연구자이며, 교육사와 대학사의 '정통적'인 연구자는 아니다. 연구자 생활을 시작했던 당시에 교육사회학계에서는 입학시험과 학력주의가 유행하던 테마였는데, 그와 관련해서 고등교육과 대학의 문제에 관심을 가지게 되었지만, 그것은 현대 일본 사회에서 이 문제들을 분석할 때 변수 가운데 하나인, 이른바 '여건'으로서의 이야기일 뿐, 고등교육과 대학의 문제 그 자체를 연구 대상으로 하고 있지는 않았다.

관심이 대학과 고등교육 시스템 그 자체에, 특히 역사로 향하게 된 것은 1960년대 말 대학 분쟁 때부터였다.

그때는 이미 취직했지만, 누군가의 권유로 '대학사연구회'에 참가하게 되었다. 과학사의 나카야마 시게루中山茂, 법제사의 우에야마 야스토시上山安敏, 서양교육사의 요코오 소에이橫尾壯英, 일본교육사의 데라사키 마사오寺崎昌男, 교육사회학의 우시오기 모리카즈 같은 쟁쟁한 얼굴들을 중심으로 한 연구자 모임이었다. 일본대학사연구회의 선배로 훗날 『도쿄대학 100년사』의 편집위원장을 역임하는 데라사키 씨가, 지도교수로부터 "대학사 연구로는 밥 먹고 살 수 없어요"라는 말을 들었던 시대였으며, 연구회의 참가자는 좋은 의미에서 각자의 전문 영역에서 비어져 나온 사람들이었다. 모두 당대의 석학이라고 할 만한 연구회 멤버들이 전개하는 자유롭고 활달한 논의는 기탄없고, 격렬하기 그지없었으며, 자극으로 가득하여 배우는 바가 지극히 많았다. 연구회는 나에게 '또 하나의 대학'이었다.

논의에 참여하면서 거기에서 석학들이 논의의 대상으로 거론한 것은 아카데미로서 '학문의 부府'였던 역사상의 대학, 일본으로 말하자면 구제도의 대학, 무엇보다도 제국대학이었다는 것을 알게 되었다. 그런데 교육사회학 연구자인 나의 관심은 그러한 '학문의 부'로서의 구제 대학뿐만이 아니라, 대중mass '교육의 장'으로서, 다수의 '신제 대학'을 포괄하여 제2차 세계대전 후에 출현한 현대 사회의 대학과 고등교육 시스템에 있었다.

대학진학률이 급상승하고, "엘리트로부터 대중으로"라는 고등교육의 단계 이행이 거론되었으며, 격렬한 대학 분쟁은 그런 변화의 표현이라고 여겨지던 시대였다. 역사적인 관심도 엘리트형의 구 제국대학보다는 매스mass형 대학의 기원, 구체적으로 말하자면 관립실업전문학교와 사립전문학교 두 가지 학교들을 주체로 한 '전문학교'의 생성과 발전 과정 쪽에 있었다. 『근대 고등교육 연구』라는 나의 최초의 역사 연구 성과는 그 전문학교에 초점을 맞춰 쓴 것이다.

젊은 치기로, 엘리트 대학 주체의 '제국대학사관史觀'에 대해서 대중고등교육 중시의 '전문학교사관史觀'을 그 대칭적 위치에 두어야 한다고 주장한 것인데, 학사회의 의뢰에 망설였던 또 하나의 이유는 연구자로서 출발할 당시에 품고 있었던 관심 대상의 차이로부터 미묘한 '위화감'을 감지했기 때문이었는지도 모르겠다.

그러한 경위도 있고 해서, 제국대학에 대해서는 부분적인 연구는 해왔지만, 어쨌든 그 후에도 장구한 제도와 조직 그 자체를 본격적인 연구 대상으로 삼지 않고 지내왔다. 그러나 고희가 지나 마지막 과업으로 일본의 고등교육 역사에 대해서, 포괄적이고 통사적인 책을 써보고 싶다는 생각이 10년여 전부터 있었는데, 그 후 제국대학과 그 예과로서의 고등학교는 피할 수 없는 연구 과제가 되었다.

전문학교만으로는 일본의 대학·고등교육의 역사를 쓸 수 없다. 아니, 그보다 제국대학·고등학교의 존재를 빼고 고등교육의 역사를 쓰는 것은 불가능하다. 2009년에 상재한 『대학의 탄생』 상권의 부제는 '제국대학의 시대'였다. 제국대학의 최초 발족부터 관립·공립·사립 대학의 설립 인가에 이르는 시기를 이 책에서 다뤘는데, 『대학의 탄생』 프롤로그의 일절은 제국대학에 대한 내 나름대로의 생각을 단적으로 표현한 것이었다.

거기(관립·공립·사립대학의 탄생)에 도달하는 40여 년은 일본 대학의, 말하자면 긴 회임 기간에 해당한다. 거기서 전개된 것은 태양계의 탄생과 유사한, 제국대학을 핵으로 다양한 대학의 탄생을 둘러싼 다이내믹한 드라마였다. 이 드라마에서 가장 중요한 주역은 당연히 일본 최초의 대학인 도쿄대학·제국대학이다. 그러나 이 드라마에는 그것과는 별개의 수많은 등장인물, 다양한 관립·공립·사립 고등교육기관이 존재했던 것을 간과해서는 안 된다. 그들이야말로 진정한 주역이며, 도쿄대학·제국대학은 조연, 아니 악역을 맡는 장면도 적지 않았다.

대학 탄생의 드라마는 도쿄대학·제국대학을 중심에 두면서도 대학을 지향하는 그 이외의 다양한 관립·공립·사립 고등교육기관들이 만들어내는, 복잡한 파란으로 가득 찬 다이내믹한 스토리로 이야기되지 않으면 안 된다.

대학·고등교육의 역사에 대해서는 그『대학의 탄생』(메이지 시대 초기부터 다이쇼 시대 전기)부터, 『고등교육의 시대』(다이쇼 시대 후기부터 1935년대 전기)를 거쳐, 『신제 대학의 탄생』(전중기부터 1945년대 전기)에 이르기까지, 3부작의 형태로 묘사하고 상재해왔다. 제국대학·고등학교제도에 대한 기술이 어디서나 중요하며 커다란 부분을 차지하고 있다는 것은 새삼 말할 필요도 없다.

그런데도 지금까지 제국대학에 관한 연구와 자료의 두터움을 생각해보면, 그 통사적인 저작들에서는 표층을 덧그리는 데 그친 것은 아닐까라는 생각이 남는다. 제국대학 그 자체를 본격적으로 거론하려면 재조사하지 않으면 안 되는 문제도 많고, 또한 수많은 뛰어난 저서와는 다른, 얼마간의 새로운 시점과 기축을 내놓을 필요가 있다는 것이 주저한 또 하나의 이유였다.

다만, 연구자로서 지금까지의 발자취를 되돌아보았을 때 나의 강점이 있다고 한다면, 그것은 무엇보다도 제국대학을 상대화해서 다룰 수 있도록 해준, 정통성orthodox으로부터 벗어난 주변적인marginal 위치에 있는지도 모른다. 이 또한 주저하다 고민 끝에 설정한 것이 제국대학의 제도와 조직을 한 측면에서는 다른 고등교육기관과 대비해서 상대화하고, 다른 한 측면에서는 그곳을 도량으로 삼아온 사람들의 집단, 구체적으로는 학생·교원이라는 인적 집단에 초점을 맞춰, 다시금 새롭게 파악하자는 두 가지의 시점이었다.

전전기의 고등교육 시스템은 본문 중에서 반복해서 거론한 것처럼, 제국대학·관립대학·공립대학·사립대학·고등학교·관립전문학교·공립전문학교·사립전문학교·고등사범학교·사범학교라는 다양한 고등교육기관으로 편성되어 있었다. 그 다양함뿐만 아니라 지극히 히에라르키적인 서열 구조를 특징으로 하는 시스템하에서 제국대학은 국가의 극진한 비호 아래 그 정점에서 군림했으며, 초월적이며 특권적인 지위를 차지해왔다. 구체적으로 말하면 제국대학은 구제 고등학교·강좌제·학위제도·특별회계제도 등 제국대학에만 인정된 갖가지 특별한 장치에 의해 지켜졌으며 지탱되어왔던 특이한 대학이다.

그 특이성은 제국대학을 다른 고등교육기관과의 관련 구조 속에서 파악함으로써, 이른바 히에라르키적인 서열 구조의 하부로부터 역투사하는 것을 통해 보다 선명히 드러나게 할 수 있는 것이 아닐까. 또한 종래의 제국대학 연구나 저작이 다루어왔던 법제사와 정치사, 과학사, 학술사적 접근에 교육사회학적·교육사회사적인 연구를 대칭적 위치에 둔다면, 그것은 제국대학에서 교육을 받고, 교육을 담당했던 사람들, 바꿔 말하면 그곳을 이용하고 통과했던 학생들과 거처로 삼았던 교수들의 집단으로서의 실태를 밝히는 것이 아닐까. 제국대학이라는 제도와 조직의 현실, 그 '성聖'스러운 부분만이 아니라 '속俗'스러운 부분이 그리고 '상부구조'만이 아니라 '하부구조'가 그것에 의해서 일단 선명하게 가시화되는 것은 아닐까.

　그러한 내 나름대로의 생각과 목표하에 매회 완결되는 연재 형식으로 써내려간 제국대학의 이야기였다. 원고 매수에 관해서나 연재 횟수에 관해서도 편집 담당이었던 오무라 마고토大村誠 씨에게 막무가내로 무리한 부탁을 했다. 그럼에도 독자 여러분의 기대에 얼마나 부응했는지 심히 걱정스러우며, 또한 지면의 관계도 있고 해서 집필자로서 못 다한 말을 남길 수밖에 없었던 문제도 적지 않다.

　다만, 제국대학을 연구 대상으로 삼는 것을 피해왔던, 혹은 도망쳐왔던(?) '전문학교 사관史觀'의 소유자로서는 새삼스럽게 배운 것, 깊이 생각할 기회가 지극히 많았던 것, 정말로 충실했던 3년여였다. 연구자 생활의 마무리로서 다시없는 기회를 준 오사키 히토시 부이사장과 이기적인 저자의 거듭되는 요구를 마냥 들어준 편집 담당 오무라 씨에게는 그저 감사할 뿐이다.

　오랜 기간에 걸친 연재를 책으로 만들기 위해 이번에도 주오공론신사中央公論新書에 수고를 끼치게 되었다. 같은 출판사의 마쓰무로 도오루松室徹 씨, 다나카 마사토시田中正敏 씨, 거기에 패기 넘치는 신진 편집자 요시다 료코吉田亮子 씨에게 진심으로 감사를 표하고 싶다.

2017년 새봄

아마노 이쿠오

옮긴이의 말

대학의 역사란 무엇일까. 그 나라나 지역의 정신사 혹은 학문사가
아닐까. 저자는 미국 예일대학교의 도서관 서가에 가득 차 있는 구미
일류 대학의 대학사나 대학일람을 보면서 압도당하는 기분이었다고
한다. 압도당하는 기분이란 달리 말하면, 콤플렉스다. 그 대학사 서가
에 일본 대학의 것으로는 도쿄제국대학의 영문 카탈로그 정도가 단출
하게 놓여 있었다는데, 그렇다면 과연 구미의 대학교 도서관에 한국
의 대학사 관련 자료는 얼마나 있을까.

저자는 구미 도서관 서가의 대학사 코너를 보면서 압도당했다고
말하지만, 실제로는 구미와 마찬가지로 일본의 대학 도서관 서가에
도 대학사 관련 코너가 별도로 설치되어 있고, 그 방면의 엄청난 축
적물로 채워져 있다. 일본에 체류하는 동안 그 앞에서 이 책을 옮긴
우리들도 콤플렉스를 느껴야만 했다. 이 책의 연구 대상인 '제국대학
Imperial University'을 기준으로 하더라도 130여 년이라는 일본 대학의
역사는 한국에 비하면 압도적이라고 할 수밖에 없다.

무엇보다 근대 한국 사회의 리더십을 형성한 지식인 및 관료 집단의 많은 이들이 이 '제국대학' 출신이라는 사실은 이 책이 단지 일본의 대학사에만 국한될 수 없다는 것을 일러준다. 최근 조사들에 따르면, 일본이 패전하는 1945년 8월 15일까지 도쿄제대 163명, 교토제대 236명, 도호쿠제대 106명, 규슈제대 162명, 홋카이도제대 62명 등모두 729명의 조선인이 5개 제국대학을 졸업했다. 이들 제국대학의조선인 졸업생들은 식민지 조선 사회의 중추를 형성했으며, 해방 이후 남북한 지식제도에서 핵심적인 역할을 수행했다. 더군다나 한국의대학사가 식민지 시대의 유일한 대학이었던 '경성제국대학'을 빼놓고논할 수 없다는 점에서 이 책에서 다루는 '제국대학' 역사로부터 자유로울 수 없다. 그런 사실들이 우리로 하여금 일본 도서관 서고의 대학사 코너 앞에서 한층 크게 콤플렉스를 느끼게 만들었던 것이다.

대학사는 "사상사와 제도사 사이의 공통의 영역"에 존재한다는 어느 연구자의 정의에 비춰보자면, 이 책은 '제국대학'이라는 제도사의측면에 초점을 맞추고 그 안에서 소속원들이 어떻게 성장하고 또 어떻게 그들만의 문화와 사상이 형성되어갔는지를 살핀 저서라고 할 수있다. 한편, '제국대학령' 제1조에서 "국가의 수요에 부응하여 학술기예學術技藝를 교수敎授하고 그 온오蘊娛를 공구攻究함을 목적으로"한다고 제국대학을 정의했듯이, '제국대학'은 국가와 불가분의 관계에있다. 누구는 근대 일본을 정의하기를 "아카데미즘의 성립에 의해 국가가 학문으로 무장한 체제"라고까지 했다. '근대 일본의 엘리트 육성장치'로서의 '제국대학'을 파악하려는 이 책의 본래 의도 때문이겠지만, '제국' 근대 일본이라는 국가 체제가 전제된 '제국대학'의 형상에 다소 무관심한 측면이 있다. 이 책을 소개하는 입장에서 다소 아쉽게 느끼는 지점이 국가주의와 대학의 관련을 좀 더 깊이 있게 추궁하지 못하고 있다는 점이다.

동아시아 삼국 중에서 가장 먼저 'University'를 대학 혹은 대학교로 번역한 일본은 다시금 그것을 '제국대학' 즉 'Imperial University'로 재번역/'순화domestication'의 방식으로 제도화해갔다. 그런 제국대학이 식민지에는 어떻게 이식되었는가를 밝히는 것은 한국 대학사에서 중요한 과제이기도 하다. 근대 한국 대학의 한 기원인 경성제국대학은 '식민지'에 설치되었지만, 동시에 '제국'대학이기도 했다. 그런데 이 책에서는 일본 본토의 7개 대학을 '형제'로, 식민지의 제국대학을 그것의 '자매'로 비유하는 수사에서 보는 것처럼, 경성제대와 타이베이제대를 식민 본국에 설립된 7개 제국대학의 바깥에 위치시키는 위계적 인식이 암암리에 작동하고 있다.

이런 문제에도 불구하고, 이 책은 한국의 대학사 연구에 중요한 아이디어를 시사하는 바가 있다. 그것은 대학이라는 제도 속에서 사람들이 어떻게 성장하고 또 그들만의 문화를 형성하고 생활했을까 하는 문제에 대한 접근 방법이다. 일본의 제국대학에 유학한 한국 사회의 중요 인물들의 인간 형성과 사고 구조를 이해하는 데에도 직접적인 참조가 될 것이다.

또한 이 책에서는 '제국대학'이 비록 패전 이후 새로운 학제에 의해 그 제도적 형식은 역사 속으로 소멸했지만, 제국대학의 경험이 비단

연구대학Research University이라는 제도로 변용되는 데 그치지 않고, 지금도 일본 사회의 기저에 그 정신과 이념이 관성적 차원에서 존재하고 있음을 밝히고 있는 점에 주목할 필요가 있다. 이 책의 출간 배경도 그런 사실과 무관하지 않다. 왜냐하면 이 책이 구 제국대학 출신자 모임이자 일종의 동창회인 '학사회' 관계자의 권유로 시작되었고, 또 기관지 『학사회 회보』에 연재되었기 때문이다.

이 책의 말미에 있는 참고문헌을 통해서도 알 수 있겠지만, 저자는 일본에서 대학사 혹은 고등교육사와 관련해서 가장 권위 있는 학자 중 한 사람이다. '제국대학'과 관련해서만도 이 한 권의 책으로는 담아낼 수 없는 풍부하고 폭넓은 연구 성과를 이미 학계에 제출한 바 있다. 그럼에도 아직 한국에서는 저자의 저서가 소개된 바 없기에 이 책의 번역을 서두르게 되었다. 부디 이 책을 통해 한국 독자들이 근대 일본 엘리트의 정신사를 탐색하는 기회를 얻고, 학계에서는 한국 고등교육사 연구의 새로운 전기가 마련되기를 바란다.

마지막으로 이 책의 한국어 번역을 허락해준 저자와 '주오공론신서' 관계자에게 감사드린다. 이 책은 인하대학교 한국학연구소 인문한국HK사업단의 지원을 받아 '동아시아한국학번역총서'(9)로 출간된 것이다. 연구소의 물심양면 지원에 감사드린다. 그리고 원고를 꼼꼼히 살피고, 한층 쉽게 책에 다가설 수 있도록 독자를 배려한 편집을 해준 도서출판 산처럼의 윤양미 대표님께도 감사의 마음을 전한다.

2017년 가을을 기다리며

옮긴이 박광현 · 정종현

프롤로그: 왜 제국대학인가

1. 『東京大學百年史資料 1』, 東京大學百年史編輯委員會 編, 1984－1987.

제1부 탄생과 발전

제1장 동서 양경(兩京)의 대학: 도쿄·교토

1. 『明治文化資料叢書』第八卷·敎育 編, 風間書房, 1961.

2. 『京都帝國大學史』, 京都帝國大學, 1943.

3. 斬馬劍禪, 『東西兩京の大學』, 講談社學術文庫, 1988.

제2장 일본열도의 남북으로: 도호쿠·규슈·홋카이도

1. 『東北大學五十年史』, 東北大學 編, 1960.

2. 『九州大學五十年史通史』, 九州大學創立五十周年記念會 編, 1967.

3. 같은 책.

4. 『東北大學五十年史』, 東北大學 編, 1960.

5. 『北大百年史通說』, 北海道大學 編, 1980－1982.

6. 『北海道帝國大學沿革史(創基五十年記念)』, 北海道帝國大學, 1926.

7. 같은 책.

제3장 확충과 증설: 오사카·나고야

1. 『東北大學五十年史』上, 東北大學 編, 1960.

2. 『九州大學五十年史通史』, 九州大學創立五十周年記念會 編, 1967.

3. 『東京大學百年史資料 1』, 東京大學百年史編輯委員會 編, 1984−1987.

4. 『大阪帝國大學創立史』, 西尾幾治 編, 1940.

5. 『名古屋大學醫學部九十年史』, 1961.

6. 『名古屋大學五十年史通史』, 名古屋大學史編集委員會 編, 1989−1995.

7. 『紺碧遙かに: 京城帝國大學創立五十周年記念誌』, 昭和49年京城帝國大學 創立五十年編輯委員會 編, 京城帝國大學同窓會.

8. 馬越徹, 『韓國近代大學の成立と展開』, 名古屋大學出版會, 1995.

9. 같은 책.

10. 陳瑜, 『日本統治下の台北帝國大學について』(上・下), 兵庫教育大學教育 學研究科紀要 10-11, 2004−2005.

제2부 고등학교 생활

제1장 예과와 교양교육 사이

1. 『第一高等學校六十年史』, 第一高等學校, 1939.

2. 『教育五十年史』, 國民教育獎勵會 編, 日本圖書センター, 1982.

3. 有松英義 編, 『小松原英太郎君事略』, 小松原英太郎君傳記實行編纂委 員會, 1924.

4. 『資料臨時教育會議』第3集, 文部省, 1979.

5. 國民新聞編輯局 編, 『教育改造論』, 啓成社, 1930.

6. 石川準吉, 『綜合國策と教育改革案』.

제2장 자유와 인간 형성

1. 『第一高等學校六十年史』, 第一高等學校, 1939.

2. 『向陵誌』, 第一高等學校寄宿寮, 1925.

3. 『第一高等學校自治寮六十年史』, 一高同窓會, 1994.

4. 高橋佐門, 『舊制高等學校研究: 校風·寮歌論編』, 昭和出版, 1978.

5. 『第二高等學校史』, 第二高等學校史編輯委員會, 1979.

6. 高橋佐門, 『舊制高等學校研究: 校風·寮歌論編』.

7. 같은 책.

8. 같은 책.

9. 大室貞一郎, 『學生の生態』, 日本評論社, 1940.

제3장 입시부터 진학까지

1. 天野郁夫, 『大學の誕生』下, 中公新書, 2009.

2. 『舊制高校全書』第3券.

3. 天野郁夫, 『試驗と學歷』, リクルート出版部, 1986.

4. 天野郁夫, 『高等教育の時代』下, 中央公論新社, 2013.

5. 天野郁夫, 『試驗と學歷』.

6. 天野郁夫, 『高等教育の時代』下.

7. 竹內洋, 『學歷貴族の榮光と挫折』日本の近代 一二, 中央公論新社, 1999.

8. 『東京大學百年史資料 1』, 東京大學百年史編輯委員會 編, 1984–1987.

9. 『教育時論』.

제3부 학생에서 학사(學士)로

제1장 엘리트들의 학생 생활

1. 潮木守一, 『京都帝國大學の挑戰』, 講談社學術文庫, 1997.

2. 『東京大學百年史通史 1』, 東京大學百年史編輯委員會 編, 1984–1987.

3. 『東京大學百年史通史 2』, 東京大學百年史編輯委員會 編, 1984–1987.

4. 『京都大學七十年史』, 京都大學七十年史編纂委員會 編, 1967.

5. 『東北大學五十年史』, 東北大學 編, 1960.

6. 寺崎昌男, 『東京大學の歷史』, 講談社學術文庫, 2007.

제2장 다이쇼 데모크라시 속에서

1. 『東京大學百年史資料 2』, 東京大學百年史編輯委員會 編, 1984 −1987.

2. 『資料臨時教育會議』第一集, 文部省, 1979.

3. 『東京大學百年史資料 2』.

4. 『京都大學七十年史』, 京都大學七十年史編纂委員會 編, 1967.

5. 『九州大學五十年史通史』, 九州大學創立五十周年記念會 編, 1967.

6. 『東京大學百年史』, 東京大學百年史編輯委員會 編, 1984 −1987.

7. 『學生生徒生活調査』, 文部省教學局, 1938.

8. 『東京帝國大學學生生活調査報告』, 東京帝國大學學生課, 1938.

9. 大室貞一郞, 『學生の生態』, 日本評論社, 1940.

제3장 관(官)에서 민(民)으로: 직업의 세계

1. 『秘書類纂 · 官制關係資料』, 秘書類纂刊行會, 1933 −1936.

2. 錦谷秋堂, 『大學と人物(各大學卒業生月旦)』, 國光印刷株式會社出版部, 1914.

3. 天野郁夫, 『高等教育の時代』下, 中央公論新社, 2013.

4. 壽木孝哉, 『學校から社會へ』.

5. 『學校福利施設の概況』(『思想調査資料』第二十八輯), 文部省思想局, 1935.

6. 같은 책.

7. 三木清 編, 『現代學生論』, 矢の倉書店, 1937.

8. 麻生誠, 『日本の學歷エリート』, 講談社學術文庫, 2009.

제4부 교수의 세계

제1장 교수가 되는 길

1. 『明治以降教育制度發達史』第2券, 教育資料調査會, 1964.

2. 寺崎昌男, 『東京大學の歷史』, 講談社學術文庫, 2007.

제2장 강좌제와 대학 자치

1. 木村匡,『井上毅君教育事業小史』, 1895.

2. 寺崎昌男,『東京大學の歷史』, 講談社學術文庫, 2007.

3. 같은 책.

4.『東京大學百年史通史 1』, 東京大學百年史編輯委員會 編, 1984-1987.

5. 山川健次郎,『男爵山川先生傳』, 故山川男爵記念會, 1937.

6. 天野郁夫,『大學の誕生』上, 中公新書, 2009.

7. 新堀通也,『日本の大學教授市場:學閥の研究』, 東洋館出版社, 1965.

제3장 학계의 지배자들

1. 舘昭,『東京帝國大學の眞實』, 東信堂, 2015.

2. 新田義之,『澤柳政太郎』, ミネルヴァ書房, 2006.

3.『京都大學七十年史』, 京都大學七十年史編纂委員會 編, 1967.

4. 같은 책.

5.『資料臨時教育會議』第1集, 文部省, 1979.

6. 같은 책.

7. 天野郁夫,『高等教育の時代』下, 中央公論新社, 2013.

8.『東京帝國大學一覽』, 1936.

9. 新堀通也,『日本の大學教授市場:學閥の研究』, 東洋館出版社, 1965.

제5부 종언과 환생

제1장 대학 재정의 문제

1. 天野郁夫,『大學の誕生』上, 中公新書, 2009.

2. 寺崎昌男,『日本における大學自治制度の成立』, 評論社, 2000.

3.『東京大學百年史通史 2』, 東京大學百年史編輯委員會 編, 1984-1987.

4.『明治文化資料叢書』第8卷・教育 編, 風間書房, 1961.

5.『東京大學百年史通史 2』.

6. 같은 책.

7. 같은 책.

8.『資料臨時教育會議』第一集, 文部省, 1979.

9.『東京大學百年史資料 2』.

10. 같은 책.

11.『名古屋大學五十年史』, 名古屋大學史編集委員會 編, 1989−1995.

12.『日本科學技術史大系』第四卷, 日本科學史學會 編, 第一法規出版, 1966.

13. 같은 책.

제2장 전시체제 아래에서

1.『東京大學百年史通史 2』, 東京大學百年史編輯委員會 編, 1984−1987.

2.『京都大學七十年史』, 京都大學七十年史編纂委員會 編, 1967.

3.『東京大學百年史通史 2』.

4. 같은 책.

5.『日本科學技術史大系』第4卷(通史4), 日本科學史學會 編, 第一法規出版, 1966.

6. 같은 책.

7.『文教維新の綱領』, 文政研究會 編, 眞紀元社, 1944.

8.『日本科學技術史大系』第4卷(通史4), 日本科學史學會 編, 第一法規出版, 1966.

9. 廣重徹,『科學の社會史 : 近代日本の科學體制』, 中央公論社, 1973.

제3장 국립종합대학으로

1.『東京大學百年史通史 2』, 東京大學百年史編輯委員會 編, 1984−1987.

2. 같은 책.

3. 天野郁夫,『新制大學の誕生』上, 名古屋大學出版會, 2016.

4. 같은 책.

5. 羽田貴史, 『戰後大學改革』, 玉川大學出版部, 1999.

6. 『東北大學五十年史』上, 東北大學 編, 1960; 『九州大學五十年史 通史』, 九州大學創立五十周年記念會 編, 1967.

7. 『北大百年史通說』, 北海道大學 編, 1980−1982.

8. 『大阪大學五十年史 通史』, 大阪大學五十年史編輯實行委員會 編, 1983.

9. 『名古屋大學五十年史通史』, 名古屋大學史編集委員會 編, 1989−1995.

10. 天野郁夫, 『新制大學の誕生』上·下, 名古屋大學出版會, 2016.

11. 같은 책.

12. 大崎仁, 『大學改革一九四五~一九九九』, 有斐閣, 1999.

13. 『東京大學百年史通史 3』, 東京大學百年史編輯委員會 編, 1984−1987.

14. 日高第四郎, 『教育改革への道』, 洋洋社, 1954.

15. 같은 책.

16. 天野郁夫, 『新制大學の誕生』下, 名古屋大學出版會, 2016.

에필로그: 연구대학이 되는 길

1. 『東京大學百年史資料 2』, 東京大學百年史編輯委員會 編, 1984−1987.

2. 『教育刷新委員會教育刷新審議會會議錄』, 日本近代教育史料研究會 編, 岩波書店, 1995−1998.

3. 『岡山大學二十年史』.

4. 『大學基準協會十年史』, 大學基準協會 編, 1957.

5. 海後宗臣·寺崎昌男, 『前後日本の教育改革九大學教育』, 東京大學出版會, 1969.

6. 天野郁夫, 『國立大學·法人化の行方』, 東信堂, 2008.

인용 · 참고문헌

연구서 · 일반서 등

- 麻生誠, 『日本の學歷エリート』, 講談社學術文庫, 2009.
- 天野郁夫, 『試驗と學歷』, リクルート出版部, 1986.
- _____, 『近代日本高等教育研究』, 玉川大學出版部, 1997.
- _____, 『教育と近代化』, 玉川大學出版部, 1997.
- _____, 『日本の高等教育システム』, 東京大學出版會, 2003.
- _____, 『大學の誕生』 上·下, 中公新書, 2009.
- _____, 『高等教育の時代』 上·下, 中央公論新社, 2013.
- _____, 『新制大學の誕生』 上·下, 名古屋大學出版會, 2016.
- 有松英義 編, 『小松原英太郎君事略』, 小松原英太郎君傳記實行編纂委員會, 1924.
- 伊藤彰浩, 『戰間期日本の高等教育』, 玉川大學出版部, 1999.
- 今岡和彦, 『東京大學第二工學部』, 講談社, 1987.
- 岩田弘三, 『近代日本の大學敎授職』, 玉川大學出版部, 2011.
- 『岩波講座·敎育科學』 第一七, 岩波書店, 1931.
- 潮木守一, 『京都帝國大學の挑戰』, 講談社學術文庫, 1997.
- 馬越徹, 『韓國近代大學の成立と展開』, 名古屋大學出版會, 1995.
- 扇谷正造 編, 『ああ玉杯に花うけて: わが舊制高校時代』, 有紀書房, 1967.
- 大久保利謙, 『日本の大學』, 創元社, 1943.
- 大﨑仁, 『大學改革一九四五～一九九九』, 有斐閣, 1999.

- 大室貞一郎,『學生の生態』, 日本評論社, 1940.
- 大山達雄·前田正史 編,『東京大學第二工學部の光芒: 現代高等教育への示唆』, 東京大學出版會, 2014.
- 海後宗臣·寺崎昌男,『前後日本の教育改革九大學教育』, 東京大學出版會, 1969.
- 木村匡,『井上毅君教育事業小史』, 1895.
- 『教育ノ效果ニ關スル取調(未定稿)』, 文部省, 1904.
- 國民新聞編輯局 編,『教育改造論』, 啓成社, 1930.
- 佐藤憲三,『國立大學財政制度史考』, 第一法規出版, 1964.
- 斬馬劍禪,『東西兩京の大學』, 講談社學術文庫, 1988.
- 實業之日本社 編,『中學卒業就學顧問』, 1914.
- 新堀通也,『日本の大學敎授市場: 學閥の研究』, 東洋館出版社, 1965.
- 高橋佐門,『舊制高等學校研究: 校風·寮歌論 編』, 昭和出版, 1978.
- 竹内洋,『學歷貴族の榮光と挫折』日本の近代 一二, 中央公論新社, 1999.
- _____,『大學という病: 東大紛擾と教授群像』, 中央公論新社, 2001.
- 館昭,『東京帝國大學の眞實』, 東信堂, 2015.
- 橘木俊詔,『東京大學: エリート養成機關の盛衰』, 岩波書店, 2009.
- 立花隆,『天皇と東大』上·下, 文藝春秋, 2005.
- 陳瑜,『日本統治下の臺北帝國大學について』上·下, 兵庫教育大學教育學研究科紀要 10-11, 2004-2005.
- 寺崎昌男,『日本における大學自治制度の成立(增補版)』, 評論社, 2000.
- _____,『東京大學の歷史』, 講談社學術文庫, 2007.
- 筧田知義,『舊制高等學校教育の成立』, ミネルヴァ書房, 1975.
- _____,『舊制高等學校教育の展開』, ミネルヴァ書房, 1982.
- トク ベルツ 編,『ベルツの日記』, 菅沼龍太郎譯, 岩波文庫, 1951.
- 中野實,『東京大學物語 まだ君が若かつたころ』(歷史文化ライブラリ- 七一), 吉川弘文館, 1999.

- _____, 『近代日本大學制度の成立』, 吉川弘文館, 2003.
- 中山茂, 『歷史としての學問』, 中央公論社, 1974.
- _____, 『帝國大學の誕生』, 中央公論社, 1978.
- 錦谷秋堂, 『大學と人物(各大學卒業生月旦)』, 國光印刷株式會社出版部, 1914.
- 新田義之, 『澤柳政太郎』, ミネルヴァ書房, 2006.
- 秦郁彦, 『舊制高等物語』, 文春新書, 2003.
- 花見朔巳 編, 『男爵山川先生傳』, 大空社, 2012.
- 羽田貴史, 『戰後大學改革』, 玉川大學出版部, 1999.
- 日高第四郎, 『教育改革への道』, 洋洋社, 1954.
- 廣重徹, 『科學の社會史：近代日本の科學體制』, 中央公論社, 1973.
- 渡辺實, 『近代日本海外留學生史』上・下, 講談社, 1977.

통사 · 자료집 등

- 『學士會百年史』, 學士會, 1991.
- 『學制八十年史』, 文部省 編, 1954.
- 『學校福利施設の概況』(『思想調查資料』第二十八輯), 文部省思想局, 1935.
- 『教育五十年史』, 國民教育獎勵會 編, 日本圖書センター, 1982.
- 『教育刷新委員會教育刷新審議會會議錄』 全一三卷, 日本近代教育史料研究會 編, 岩波書店, 1995-1998.
- 『近代日本總合年表』第四版, 岩波書店編輯部 編, 岩波書店, 2001.
- 『資料集成 舊制高等學校全書』 全八卷・別卷一, 舊制高等學校資料保存會 編著, 昭和出版, 1980-1985.
- 『資料臨時教育會議』第一〜五集, 文部省, 1979.
- 『大學基準協會十年史』, 大學基準協會 編, 1957.

- 『日本近代教育史事典』, 日本近代教育史事典編輯委員會編, 平凡社, 1971.
- 『日本科學技術史大系』第四卷(通史四), 日本科學史學會 編, 第一法規出版, 1966.
- 『文教維新の綱領』, 文政研究會 編, 眞紀元社, 1944.
- 『明治以降教育制度發達史』第3卷, 教育資料調査會, 1964.
- 『明治文化資料叢書』第八卷・教育 編, 風間書房, 1961.

대학사(大學史)・학교사(學校史) 등

- 『大阪帝國大學創立史』, 西尾幾治 編, 1940.
- 『大阪大學五十年史』, 大阪大學五十年史編輯實行委員會 編, 1983.
- 『岡山大學二十年史』, 岡山大學二十年史編さん委員會 編, 1969.
- 『お茶の水女子大學百年史』, お茶の水女子大學百年史刊行委員會 編, 1984.
- 『九州大學五十年史』, 九州大學創立五十周年記念會 編, 1967.
- 『京都大學七十年史』, 京都大學七十年史編纂委員會 編, 1967.
- 『京都大學百年史』, 京都大學百年史編纂委員會 編, 1998.
- 『京都帝國大學史』, 京都帝國大學, 1943.
- 『神戶大學百年史』, 神戶大學百年史編輯委員會 編, 2002.
- 『向陵誌』, 第一高等學校寄宿寮, 1925.
- 『紺碧遙かに: 京城帝國大學創立五十周年記念誌』, 昭和49年 京城帝國大學創立五十年編輯委員會 編, 京城帝國大學同窓會.
- 『神陵史: 第三高等學校八十年史』, 三高同窓會, 1980.
- 『第一高等學校六十年史』, 第一高等學校, 1939.
- 『第一高等學校自治寮六十年史』, 一高同窓會, 1994.
- 『第二高等學校史』, 第二高等學校史編輯委員會, 1979.

- 『東京大學百年史』, 東京大學百年史編輯委員會編, 1984－1987.

- 『東京帝國大學五十年史』, 東京帝國大學, 1932.

- 『東京帝國大學學術大觀』, 東京帝國大學 編, 1942.

- 『東北大學五十年史』, 東北大學 編, 1960.

- 『東北大學百年史』, 東北大學百年史編輯委員會 編, 2003－2010.

- 『名古屋大學醫學部九十年史』, 1961.

- 『名古屋大學五十年史』, 名古屋大學史編集委員會 編, 1989－1995.

- 『北大百年史』, 北海道大學編, 1980－1982.

- 『北海道帝國大學沿革史(創基五十年記念)』, 北海道帝國大學, 1926.

제 국 대 학 관 련 연 표

도쿄대학 이전

연도	월	사항
1868년	6	쇼헤이(昌平)학교, 의학소(醫學所) 설립.
	9	개성소(開成所) 설립.
1869년	6	쇼헤이학교를 대학교, 의학소를 의학교, 개성소를 개성학교로 개칭.
	12	대학교를 대학, 개성학교를 대학남교(南敎), 의학교를 대학동교(東敎)로 개칭.
1871년	7	문부성을 설립, 대학을 폐지하고, 대학남교는 남교, 대학동교는 동교로 개칭.
	8	공부성에 공학료(工學寮) 설립.
	9	사법성에 명법료(明法寮, 법학교) 설립.
1872년	4	개척사가학교(開拓使假學校) 설립.
	8	'학제' 공포. 전국을 8대학구(大學區)로 하여, 각 학구에 대학 설립을 구상. 남교는 제1대학구 제1번 중학, 동교는 제1대학구 의학교가 됨.
	9	사법성명법료 수업 시작.
1873년	4	8대학구를 7대학구로 개정. '학제 2편 추가'를 공포('전문학교'에 관한 규정 등). 제1대학구 제1번중학을 개성학교, 제3대학구 오사카 제1번 중학교를 개명(開明)학교로 개칭.
	7	공부성공학료(공학교) 개교.
	8	도쿄외국어학교 설립.

연도	월	사항
1874년	4	오사카개명학교를 오사카외국어학교로 개칭.
	5	개성학교를 도쿄개성학교로 개칭.
	12	도쿄외국어학교의 영어과를 분리하여 도쿄영어학교를 설립. 오사카외국어학교를 오사카영어학교로 개칭.
1875년	5	사법성명법료를 사법성법학교로 개칭.
	7	개척사가학교를 삿포로학교로 개칭.
1876년	4	내무성농사수학장(農事修學場)을 설립.
	8	개척사삿포로학교를 삿포로농학교로 개칭.
1877년	1	공학부 공학료(공학교)를 공부대학교로 개칭.
	2	내무성농사수학장 수업 시작.

도쿄대학 시대

연도	월	사항
1877년	4	도쿄개성학교와 도쿄의학교를 합쳐 도쿄대학(법학 · 이학 · 문학 세 학부와 의학부)으로 하고, 도쿄영어학교를 같은 학교의 예비문으로 하고, 의학부에 예과를 설립.
	10	내무성 농사수학장을 농학교로 개칭.
1879년	4	오사카영어학교를 오사카전문학교로 개칭.
1880년	12	오사카전문학교를 오사카중학교로 개칭.
1881년	4	농상무성을 설치하고, 내무성농학교를 이관.
1882년	3	개척사 폐지에 따라, 삿포로농학교를 농상무성으로 이관.
	5	농상무성 농학교를 고마바(駒場)농학교로 개칭.
	12	농상무성에 도쿄산림학교를 설립.

1884년	12	사법성법학교를 문부성으로 이관하고 도쿄법학교로 개칭.
1885년	7	오사카중학교를 대학 분교로 개칭.
	9	도쿄법학교를 도쿄대학법학부로 합병.
	12	도쿄대학 이학부의 학과를 분리하고, 공예(工藝)학부를 설치. 문학부의 정치학과를 법학부로 옮기고, 법정학부로 개칭. 공부성 폐지에 따라 공부대학교를 문부성으로 이관.

제국대학 시대

연도	월	사항
1886년	3	'제국대학령'을 공포. 도쿄대학을 제국대학(법학·의학·공학·문학·이학의 각 단과대학), 대학 예비문을 제1고등중학교, 대학 분교를 제3고등중학교로 개칭. 공부대학교는 제국대학으로 통합.
	4	'중학교령' 공포(고등중학교제도의 발족).
	7	농상무성의 고마바농학교와 도쿄산림학교를 합병하여 도쿄농림학교로 함.
1887년	4	제2(센다이), 제4(가나자와)의 각 고등중학교를 설립.
	5	제5(구마모토) 고등중학교를 설립.
	8	고등중학교에 의학부를 설치(설치 장소는 제1 지바, 제2 센다이, 제3 오카야마, 제4 가나자와, 제5 나가사키).
1889년	7	제3고등중학교에 법학부를 설치.
	9	제3고등중학교를 교토로 이전.
1890년	6	도쿄농림학교를 문부성에 이관하고, 제국대학농과대학을 설립.

1893년	8	'제국대학령' 개정(강좌제 도입과 단과대학교수회 설치 등).
1894년	6	'고등학교령' 공포. 고등중학교를 고등학교로 개칭. 제3고등학교에 법학·의학·공학 세 학부, 다른 고등학교에 의학부 및 대학예과를 설치.
1895년	4	농상무성의 삿포로농학교를 문부성으로 이관.

교토제대의 신설

연도	월	사항
1897년	4	제3고등학교에 대학예과, 제5고등학교에 공학부를 설치.
	6	교토제국대학을 설치. 제국대학을 도쿄제국대학으로 개칭.
	9	교토제대 이공과 대학 개설.
1899년	9	교토제대에 법과대학·의과대학 개설.
1900년	3	제6고등학교(아오야마)를 설립.
1901년	4	제7고등학교 조시칸(造士館, 가고시마)을 설치. 제1·제2·제3·제4·제5고등학교의 의학부를 독립하여 지바·센다이·아오야마·가나자와·나가사키의 각 의학전문학교로. 제3고등학교의 법학부·공학부 폐지.
1903년	3	'전문학교령' 공포. 교토제대 제2(후쿠오카) 의과대학 설치.
1905년	8	도쿄제대 법과대학 도미즈 히로토(戶水寬人) 교수, 휴직 처분.
1906년	4	제5고등학교공학부 독립. 구마모토고등공업고교로.

연도	월	사항
1907년	3	'제국대학특별회계법' 공포.
	6	도호쿠제국대학을 설치. 삿포로농학교는 도호쿠제대 농과대학으로.
1908년	4	제8고등학교(나고야)를 설치.
	7	도쿄제대 법과대학에 경제학과를 설치.
1910년	12	규슈제국대학을 설치.
1911년	1	도호쿠제대에 이과대학, 규슈제대에 공과대학을 개설.
	3	교토제대 후쿠오카의과대학을 규슈제대 의과대학으로 함.
	7	'고등중학교령'을 공포.
1913년	3	'고등중학교령'의 시행을 무기 연기.
1914년	1	교토제대 '사와야나기(澤柳) 사건' 일어남.
	7	교토제대 이공과대학을 이과대학과 공과대학으로 분리. 기쿠치 다이로쿠 전 도쿄제대 총장 '학예대학교안'을 발표.
1915년	7	도호쿠제대에 의과대학을 개설.
1917년	9	'임시교육회의'(내각총리대신의 자문기관 설치).
1918년	4	홋카이도제국대학 설치. 도호쿠제대 농과대학을 홋카이도제대 농과대학으로 함.

연도	월	사항
1918년	12	'대학령'을 공포. 제국대학 이외의 관립·공립·사립대학의 설치를 인정함. '고등학교령'을 공포.(고등학교를 대학예과로부터 고등보통교육의 기관으로).
1919년	2	'제국대학령'을 개정(단과대학은 학부로 명칭 변경). 도쿄제대에 경제학부, 홋카이도대학에 의학부, 규슈제대에 농학부를 설치.
	4	니가타·마쓰모토·야마구치·마쓰야마의 각 고등학교를 설치.
	5	도호쿠제대에 공학부, 교토제대에 경제학부를 설치.
	11	오사카부립 오사카의과대학(최초의 공립대학)의 설치 인가.
1920년	1	도쿄제대 '모리토(森戸) 사건' 일어남.
	2	게이오기주쿠대학·와세다대학의 설립 인가(이후 사립대학 설립이 이어짐).
	4	도쿄상과대학을 설치(최초의 관립대학, 도쿄고등상업학교의 승격).
	11	미토(水戸)·야마가타·사가(佐賀)의 각 고등학교 설립.
1921년	3	'대학특별회계법' 공포.
	4	제국대학·고등학교의 학년 시작을 9월로부터 4월로 변경.
	11	도쿄·오사카·우라와(浦和)·후쿠오카의 각 고등학교를 설립.
	12	무사시(武藏)고등학교(사립)의 설립 인가.
1922년	3	니가타·아오야마 두 의과대학을 설치(의과전문학교의 승격).
	8	도호쿠제대에 법문학부를 설치. 시즈오카(静岡)·고치(高知) 두 고등학교 설립.

1923년	1	고난(甲南)고등학교(사립)의 설립 인가.
	2	지바 · 가네자와 · 나가사키 각 의과대학을 설치(의학전문학교의 승격).
	10	도야마(富山)고등학교의 설립 인가(공립. 뒤에 관립 이관).
	11	교토제대에 농학부를 설치.
	12	히메지(姬路) · 히로시마의 2개 고등학교 설립.
1924년	5	경성제국대학 설립.
	9	규슈제대에 법문학부, 홋카이도제대에 공학부 설치.
1925년	2	세이케이(成蹊)고등학교의 설립 인가(사립).
1926년	3	나니와(浪速. 공립) · 세이조(成城. 사립) 두 고등학교 설립 인가.
	4	경성제대에 의학부 · 법학부 개설.
1928년	3	타이베이제국대학 설립.
1929년	1	부립도쿄고등학교 설립 인가.
	4	도쿄공업대학 · 오사카공업대학(고등공업학교의 승격), 고베상업대학(고등상업학교의 승격), 도쿄문리과대학 · 히로시마문리과대학(고등사범학교를 병설)의 각 관리대학 설립.
	5	구마모토의과대학 설립(현립구마모토의과대학의 이관).
1930년	4	홋카이도제대에 이학부 설치.

오사카 · 나고야제대의 신설

연도	월	사항
1931년	4	오사카제국대학을 설치. 이학부 · 의학부를 개설(의학부는 부립오사카의과대학의 이관). 나고야의과대학을 설치(아이치현립의과대학의 이관).

1933년	4	오사카제대에 공학부 설치(오사카공업대학을 합병).
	5	교토제대에서 '다키가와 사건'이 일어남.
1937년	12	'교육심의회'(내각총리대신의 자문기관)를 설치.
1938년	4	'국가총동원법' 공포.
	8	'학교졸업자사용제한령'을 공포. 문부성에 '과학진흥조사회'를 설치.
1939년	3	나고야제국대학을 설치. 이공학부·의학부를 개설. (의학부는 나고야의과대학의 이관)

전중(戰中)으로부터 전후로

연도	월	사항
1941	10	대학의 수업 연한을 임시 단축.
1942	3	도쿄제대에 제2공학부를 설치.
1943	9	대학원·연구과에 '특별연구생'제도를 설치함.
	10	대학생의 징병유예조치의 정지(이공과계통을 제외).
	12	'학도 출진' 시작.
1944	3	'학도 동원 실시 요강'을 결정.
1945	4	대학 수업을 1년간 정지.
	8	대학 수업 재개.
	12	도쿄여자고등사범학교가 '도쿄여자제국대학' 설립을 신청.
1946	1	제국대학의 항공 관계 강좌 폐지.
	3	미국 교육사절단이 보고서를 제출.
	8	'교육쇄신위원회'(내각총리대신의 자문기관)를 설치. 문부성은 '학교정비방침안'을 작성. 제국대학의 종합대학화를 도모함. 그때부터 각지에 '국립종합대학' 유치 운동이 일어남.

1947	3	'교육기본법', '학교교육법'을 공포.
	4	홋카이도제대에 법문학부, 도호쿠제대에 농학부 설치.
	5	제국대학총장회의에서 교명의 '제국'을 폐지하는 것을 결의.
	10	'제국대학령' 폐지, '국립종합대학령' 공포. 제국대학의 명칭을 '국립종합대학'으로 고치고, 교명을 변경.
1948	2	도쿄대학은 제2공학부 폐지를 결정.
	4	신제12대학 발족(공립·사립).
	6	문부성 '신제국립대학실시요강'(국립대학설치의 11원칙)을 책정.
	9	오사카대학에 법문학부 설치. 나고야대학에 문학부·법경학부를 설치.
1949년	4	도호쿠대학·규슈대학의 법문학부 해체 후 재조직. 법학부·경제학부·문학부를 설치.
	5	'국립학교설치법'을 공포, '국립대학총합령', '고등학교령' 폐지. 신제 국립대학이 일제히 발족.

＊『학제 80년사』, 『일본근대교육사사전』, 『근대일본총합연표』 등에 입각해 작성.

찾아보기

제국대학
근대 일본의 엘리트 육성 장치

지은이 아마노 이쿠오
옮긴이 박광현 · 정종현
펴낸이 윤양미
펴낸곳 도서출판 산처럼

등   록 2002년 1월 10일 제1-2979호
주   소 서울시 종로구 사직로8길 34 경희궁의 아침 3단지 오피스텔 412호
전   화 725-7414
팩   스 725-7404
홈페이지 www.sanbooks.com
E-mail sanbooks@hanmail.net

제1판 제1쇄 2017년 8월 30일

ISBN 978-89-90062-81-9 -93910

값 18,000원

* 잘못된 책은 서점에서 바꾸어 드립니다.
* 이 책은 2007년 정부(교육과학기술부)의 재원으로 한국연구재단의 지원을
  받아 수행된 연구임(NRF-2007-361-AM0013)